全国高等学校外语教师丛书·理论

外语教师教育
重点问题研究

徐浩　主编

Major Issues in Foreign Language
Teacher Education

外语教学与研究出版社
FOREIGN LANGUAGE TEACHING AND RESEARCH PRESS

图书在版编目 (CIP) 数据

外语教师教育重点问题研究 / 徐浩主编 . — 北京：外语教学与研究出版社，
2016.6（2018.4 重印）
（全国高等学校外语教师丛书 . 理论指导系列）
ISBN 978-7-5135-7746-5

I . ①外… II . ①徐… III . ①外语教学－师资培养－研究 IV . ①H09②G451.2

中国版本图书馆 CIP 数据核字 (2016) 第 136639 号

出 版 人　蔡剑峰
项目负责　解碧琰
责任编辑　毕　争
责任校对　解碧琰　王丛琪
封面设计　外研社设计部　彩奇风
出版发行　外语教学与研究出版社
社　　址　北京市西三环北路 19 号（100089）
网　　址　http://www.fltrp.com
印　　刷　北京九州迅驰传媒文化有限公司
开　　本　650×980　1/16
印　　张　19
版　　次　2016 年 6 月第 1 版　2018 年 4 月第 5 次印刷
书　　号　ISBN 978-7-5135-7746-5
定　　价　69.90 元

购书咨询：（010）88819926　电子邮箱：club@fltrp.com
外研书店：https://waiyants.tmall.com
凡印刷、装订质量问题，请联系我社印制部
联系电话：（010）61207896　电子邮箱：zhijian@fltrp.com
凡侵权、盗版书籍线索，请联系我社法律事务部
举报电话：（010）88817519　电子邮箱：banquan@fltrp.com
法律顾问：立方律师事务所　刘旭东律师
　　　　　中咨律师事务所　殷　斌律师
物料号：277460101

目　录

总　序

　　"全国高等学校外语教师丛书"是外语教学与研究出版社高等英语教育出版分社精心策划、隆重推出的系列丛书，包含理论指导、科研方法和教学研究三个子系列。本套丛书既包括学界专家精心挑选的国外引进著作，又有特邀国内学者执笔完成的"命题作文"。作为开放的系列丛书，该丛书还将根据外语教学与科研的发展不断增加新的专题，以便教师研修与提高。

　　笔者有幸参与了这套系列丛书的策划工作。在策划过程中，我们分析了高校英语教师面临的困难与挑战，考察了一线教师的需求，最终确立这套丛书选题的指导思想为：想外语教师所想，急外语教师所急，顺应广大教师的发展需求；确立这套丛书的写作特色为：突出科学性、可读性和操作性，做到举重若轻，条理清晰，例证丰富，深入浅出。

　　第一个子系列是"理论指导"。该系列力图为教师提供某学科或某领域的研究概貌，期盼读者能用较短的时间了解某领域的核心知识点与前沿研究课题。以《二语习得重点问题研究》一书为例。该书不求面面俱到，只求抓住二语习得研究领域中的热点、要点和富有争议的问题，动态展开叙述。每一章的写作以不同意见的争辩为出发点，对取向相左的理论、实证研究结果差异进行分析、梳理和评述，最后介绍或者展望国内外的最新发展趋势。全书阐述清晰，深入浅出，易读易懂。再比如《认知语言学与二语教学》一书，全书分为理论篇、教学篇与研究篇三个部分。理论篇阐述认知语言学视角下的语言观、教学观与学习观，以及与二语教学相关的认知语言学中的主要概念与理论；教学篇选用认知语言学领域比较成熟的理论，探讨应用到中国英语教学实践的可能性；研究篇包括国内外将认知语言学理论应用到教学实践中的研究综述、研究方法介绍以及对未来研究的展望。

　　第二个子系列是"科研方法"。该系列介绍了多种研究方法，通常是一本书介绍一种方法，例如问卷调查、个案研究、行动研究、有声思维、语料库研究、微变化研究和启动研究等。也有的书涉及多种方法，综合描述量化研究或者质化研究，例如：《应用语言学中的质性研究与分析》、《应用语言学中的量化研究与分析》和《第二语言研究中的数据收集方法》等。凡入选本系列丛书的著作人，无论是国外著者还是国内著者，均有高度的读者意识，乐于为一线教师开展教学科研服务，力求做到帮助读者"排忧解难"。例如，澳大利亚安妮·伯恩斯教授撰写的《英语教学中的行动研究方法》一书，从一线教师的视角，讨论行动研究的各个环节，每章均有"反思时刻"、"行动时刻"等新颖形式设计。同时，全书运用了丰富例证来解释理论概念，便于读者理解、思考和消化所读内容。凡是应邀撰写研究方法系列的中国著作人均有博士学位，并对自己阐述的研究方法有着丰富的实践经验。他们有的运用了书中的研究方法完成了硕士、博士论文，有的是采用书中的研究方法从事过重大科研项目。以秦晓晴教授撰写的《外语教学问卷调查法》一书为例，该书著者将系统性与实用性有机结合，根据实施问卷调查法的流程，系统地介绍了问卷调查研究中问题的提出、问卷项目设计、问卷试测、问卷实施、问卷整理及数据准备、问卷评价以及问卷数据汇总及统计分析方法选择等环节。书中各个环节的描述都配有易于理解的研究实例。

第三个子系列是"教学研究"。该系列与前两个系列相比，有两点显著不同：第一，本系列侧重同步培养教师的教学能力与教学研究能力；第二，本系列所有著作的撰稿人主要为中国学者。有些著者虽然目前在海外工作和生活，但他们出国前曾在国内高校任教，也经常回国参与国内的教学与研究工作。本系列包括《英语听力教学与研究》、《英语写作教学与研究》、《英语阅读教学与研究》、《英语口语教学与研究》、《翻译教学与研究》等。以《英语听力教学与研究》一书为例，著者王艳博士拥有十多年的听力教学经验，同时听力教学研究又是她博士论文的选题领域。《英语听力教学与研究》一书，浓缩了她多年来听力教学与听力教学研究的宝贵经验。全书分为两部分：教学篇与研究篇。教学篇中涉及了听力教学的各个重要环节以及学生在听力学习中可能碰到的困难与应对的办法，所选用的案例均来自著者课堂教学的真实活动。研究篇中既有著者的听力教学研究案例，也有著者从国内外文献中筛选出的符合中国国情的听力教学研究案例，综合在一起加以分析阐述。

教育大计，教师为本。"全国高等学校外语教师丛书"内容全面，出版及时，必将成为高校教师提升自我教学能力、研究能力与合作能力的良师益友。笔者相信本套丛书的出版对高校外语教师个人专业能力的提高，对教师队伍整体素质的提高，必将起到积极的推动作用。

文秋芳

北京外国语大学中国外语教育研究中心

2011 年 7 月 3 日

序一

　　应邀作序实在不是我的长项，因此只好尽己所能来为本书增添一束新的光亮。本书的出版不仅给教师教育研究者带来了大量的信息和重要的启示，更值得一提的是它给我们带来的那份无限欣喜。从 2001 年我们在北京外国语大学中国外语教育研究中心首次承担"中国高校英语教师师资培养模式研究"社科基金项目开始，至今已有 15 年了。这期间我们目睹了我国外语教师教育研究队伍的逐渐壮大，从一开始很多人把外语教师教育研究与外语教学研究混为一谈，到逐渐厘清它的内涵与边界，到两年一次的"全国外语教师教育与研究研讨会"的参会人数不断增多，直到今天一大批从事外语教师教育研究的青年学者活跃在教师教育研究的各个领域中。这充分说明高校外语教师群体的自我意识在不断觉醒，他们从事研究的能力在不断提升，他们中很多人已经看到了研究教师和教师教育的价值。

　　通过本书各章作者的辛勤探索，我们可以触摸到外语教师教育研究的各个领域和多个视角，尽管这些"问题"的选择可能还是挂一漏万的尝试。教师教育研究涉及的研究对象是人，是世间最为复杂的生物体，可以说该研究涉及人的方方面面，包括教师职业生涯的各个阶段、各个方面，既可以描述我们看得见的教师成长的外部环境和发展轨迹，也可以探究我们看不到的教师的内心世界、身份认同、知识结构或是她们的认知与信念。因此对教师教育的研究常常涉及跨学科的领域、跨学科的知识，它要求研究者必须具备或掌握包括社会学、教育学、心理学和应用语言学等多领域的基本知识才能更加清楚地认识同行，认识自己，分析自己，理解自己。这也就是为什么会在本书中看到那么多研究主题和研究方向。因为教师首先是一群思维活跃、经历丰富的人，是需要研究者有足够的智慧和方法来发现、认识和理解的研究对象。

　　教师作为人类社会发展进程中的一个重要群体，既具有每一个普通人所拥有的喜怒哀乐，又肩负着培养下一代、提升民族素质的社会责任，因此人们常常期待他们是一群有知识、有理想、有责任、有担当的高素质人才。面对普通人的个体诉求和社会人的高标准期待，教师常常被置于两者之间的张力和冲突之中，因此也更易感受到自身的职业困惑、痛苦和荣誉。新时代的教师已不愿只做牺牲自己照亮别人的蜡烛，他们希望成为不仅能给别人带来光明，又能不断获得充电机会的手电筒；他们不再是唯一掌握了知识的权威者，而是在课堂上与学生平等的探索者；他们懂得教师应该成为年轻人梦想的引领者，但残酷的生活和职业现实似乎不断磨蚀着他们的理想之光。当教师面临着种种矛盾的角色时，他们彷徨、困惑、不知所措。教师应该如何应对这个职业带给自己的挑战呢？在我看来，只有清楚地认识自己，才能更好地认识自己的职业。作教师研究的人最先得到的收获应该是在研究他人时更加清醒地认识自己，明确了解自己是否适合做一名教师。因为在今天的形势下，教师已不再只是一个受人尊敬的、稳定的职业，而是一份肩负社会重任和充满挑战的行当。如果一个人难以承受这个职业所要求他必须具备的牺牲精神、博爱胸怀和探究能力，那他就无法化解前面所述的职业矛盾，也无法摆脱这些冲突所带来的焦虑、不安和困惑。因此每一个目前还从事着教师职业的人都需要自己选择，是应对挑战还是逃避责任，是不断学习还是放弃努力，是在时代变迁的大趋势下与学生共同成长进步，还是墨守成规、得过且过地在教师队伍里终老一生，贻害他人。如果我们还愿意做负责任的人，这是必须思考和必须作出的选择。

我们选择从事教师和教师教育研究，不仅是为了找到一个自己钟情的专业研究领域，更重要的是选择了致力于提升教师队伍整体素质的事业，并决心在这个过程中不断提高自己的综合素质和人文情怀。因为研究人的工作总是能够在认识别人的同时反省己身。希望本书的读者不拘泥于本书所提供的"重点"问题研究上，特别是还没有确定研究方向的教师们不要以为只有这些主题才是可行的、值得研究的，因为外语教师教育研究领域还有很多尚待开发的处女地，只要把选题定在自己深度关切和亟待解决的问题上，从此出发搜索文献，寻找恰当的研究方法，踏踏实实地按照科学研究的规范一点点做起来，就会使研究领域不断地得以拓展和延伸，如此更多的教师才有可能逐渐成长为真正的教师和教学研究者。相反，如果只把自己的研究兴趣锁定在那些可以快速出成果或比较便于发表的研究上，那教师教育研究的路也可能会越走越窄。因为从事人的研究往往需要较多的投入和较长的周期才能见到结果。

　　本书的价值在于为有志于从事教师教育研究的同行们提供宝贵的思路和大量信息资源，使更多人进一步了解这个领域，从而把外语教师教育的研究推向一个更加广阔的平台，让更多的教师在作研究的过程中对自己的职业、身份、情感和责任产生新的理解和认识。感谢我的年轻同事徐浩老师为此书的出版所付出的大量心血，感谢参与各章撰写的学者们无私的分享，你们为广大教师所开启的教师教育研究之门，必将迎来更多的同行加入我们的行列。

周燕

北京外国语大学英语学院

2015 年 9 月

序二

2015年3月，在加拿大多伦多举行的美国应用语言学协会年会上，我碰到徐浩博士。大家聊了很多，从自身学术研究发展的心路历程到各自专业领域的最新动态，我们对很多问题的看法颇为相近。其中印象最深的话题是关于目前国内大中小学教师所面临的生活和工作压力，以及在重重压力之下如何保持积极平和的心态以寻求持续性的个人专业发展的问题。我们都深感这不是通过单纯的个人行为就能轻而易举做到的事情，而是需要整个系统和体制的支撑。在中国综合国力快速提升的背景下，我们与海外的交流日益频繁。在过去的15年间，国家通过课程改革对21世纪外语人才的培养问题已经有了一定的认识，也积累了相当的经验。可是，对于需要什么样的外语教师以及怎样才能培养出具有能动性和自我专业判断力的教师的讨论却寥寥无几。要找到这些问题的答案需要大量的实证研究的支持以及理论构建方面的探讨。在2007年，吴一安教授指导完成了《中国高校英语教师教育和发展研究》一书。这是国内外语教师教育研究的一个重要发展，该书的重点是实证研究。而徐浩博士主编的《外语教师教育重点问题研究》一书可以说又有另一番重要意义，它着眼于理论构建。通过对目前外语教师教育研究的前沿课题以及创新方法进行批判性的综述，该书为新一轮的全国性、大规模的实证研究夯实理论基础，也为初涉外语教师教育研究领域的科研人员以及广大在一线从事教学工作的大中小学外语教师提供了完备的参考资料。

本书各章节的作者均为目前国内从事教师教育研究的中流砥柱。他们有丰富的实际操作经验，对教师教育的相关理论更有着独到的见解。当徐浩博士联系我，让我为本书撰写序言时，我着实有些犹豫，主要是担心不能够把国内同行和前辈学者们的一些精妙论述说清楚。但是身为外语教师教育研究人员，我还是希望能够参与到这样一个对该领域具有深远意义的项目中来，为中国的外语教师教育事业尽自己的一点绵薄之力。对我个人而言，这本书也有着非常特殊的意义。十多年前，我来到英国求学，主攻教师发展方向。出国前，我对国内外语教师教育研究的资料做了一些整理工作，发现相关研究非常匮乏。于是很想编一本类似的书，但也一直只是停留在想的阶段。所以当我看到这本书的全稿时，内心的激动之情不言而喻。对于这本书，我是带着一个学习者的期待与崇敬读完的。从某种意义上说，这篇序言也可以说是我对自己个人专业发展的一次总结、一种反思、一份感悟。下面我想粗浅地谈三点认识。

首先，我想谈一谈外语教师教育研究方法和范式的问题。在全球化和科技进步的影响下，传统意义上对研究的界定已经变得非常模糊。使用单一的研究理念和方法已经很难对人与环境的动态关系进行准确的描述。例如，传统的课堂教学模式受到了计算机辅助教学以及大规模开放式网络课程（MOOC）的强烈冲击。如果我们对教师角色的研究还停留在提问、回答、评估的模式上，那根本触及不到诸如新时代教与学的动态关系之类的深层次问题。所以，我认为教师教育研究应该放在一个更宽泛的、跨学科的理论框架下进行多维度的研究。这不仅是一个研究的定位问题，同时牵涉到研究方法的融合问题。从早期的课堂行为研究，到 20 世纪八九十年代的教师认知研究，再到近期的教师合作、教师社群、教师权利等研究可以看到，教师发展研究的重点已经从单一的行为研究，过渡到涵盖认知、情感、动机、身份、话语、社会参与以及社会公平等方方面面的研究。研究的方法也从早期的课堂观察延伸到了实验、问卷、个案、叙事、话语、民族志等等。甚至近期还出现了关于如何把神经科学和核磁共振等研究手段应用到教师和课堂研究的讨论。总而言之，教师教育研究已经逐渐从单一化走向多样化。因此，我们需要通过跨学科、跨领域，并采用多种研究手段对事物的本质进行更准确的描述。这需要一个非常宏大的研究方案来实现。此类方案应该具有类后现代主义的包容性和多样性：我们应该既鼓励教师进行类似行动研究的个人探索，即"点"的研究，同时也应该注重加强对长期的、持续的、系统的"大数据"（big data）的收集，即"面"的研究。只有做到点面结合，我们才能使外语教师教育研究更具包容性，才能让更多的人参与进来，并为政策的制定提供各种不同类型的证据。徐浩博士主编的本书在理念上迈出了关键的一步。它涵盖了各类研究，并且把各类研究的脉络进行了分析归类，为今后攻克一些外语教师教育的"大"问题作充分的准备。

其次，我想谈一谈外语教师教育研究的本土化和国际化的问题。如果说研究的界定问题属于哲学范畴，那么研究的内展性和外延性则是一个更为应用型的问题。很多与外语相关的学科都经历过相似的发展过程。早期由于开放度的原因，很多国内的研究都局限在一个内部的视野，主要是想解决一些当时当地的实际问题。随着开放度的增加、资源的共享以及国际合作的加强，国内的研究对西方的借鉴逐渐增多。无论是研究选题、研究方法、研究理念，甚至引用的研究文献都受到很多西方经验主义的影响，再加上外语学科本身所固有的外向性，很多研究越来越"西化"。从国际化的角度来看，这使得学术交流愈发容易，是一件好事。然而，与此同时，一些学者也开始质疑我们在挖掘本土的东西方面是否做得还不够。在国际化和本土化的实际操作中，我们也遭遇了一些瓶颈。一是西方不理解蕴含中国文化哲学的教学理念，或者对此根本不感兴趣；二是国人读不懂过于西化的研究或是并不认可这些研究的发现。很多有海外留学经历并且正在从事外语教学研究工作的学者都面临两难的窘境。这个问题的关键在于我们是否能够以研究的方式来呈现中国几千年的哲学智慧和文化沉淀。要解决这个问题需要很多的思考和实践。徐浩博士主编的本书可以说在这方面进行了一些很好的尝试。本书各章节的作者虽然目前身在国内，但大多都有海外经历；他们都在从事与外语相关的研究，同时也非常了解中国的文化和国情。可以说本书本身就是一个本土和国际相结合的典范，所以非常值得借鉴。这一试炼最后成功与否有待读者的进一步检验。

最后，我想简单谈一谈我对教师教育和教师教育研究本质的一些认识和感想。在中国传统观念中，教师不仅仅是知识的传递者，更是灵魂的工程师和心灵的塑造者。所以，我认为教师教育工作的根本是讲"心"，一切皆需从"心"开始。我在出国前的两年曾担任低年级交际教学法的教学工作，并有幸得到中国交际教学法创始人李筱菊教授的指导。在一次交谈中，她谈到交际教学法的精髓在于"教无定法"、"以人为本"。当时，我并没有真正地理解这句话的精妙之处。多年以后，我逐渐意识到教师所从事的工作不仅仅是教一本书或是按一份教学大纲传授一门课，而更多的是需要有一种人文精神和人文关怀。无论用什么方式，教师的工作本身其实就是要以真诚的态度和个人的关怀打动受教育者的心，并使其成长的过程。因此，作为教师教育者或是教师教育研究者，我们都应该以一种纯粹和真诚的态度对待我们的工作，在探究教师教育普遍问题的同时，重视培训和研究对教师个体发展的意义，对教师的成长心怀一份关怀和关爱。再科学、再系统、再丰富的方法，如果没有关注到人本身或是打动不了人心，那就称不上是一种好方法，更谈不上是一种成功的方法。知易行难，要打动人心的确很难，而唯一的方法就是"用心"。在本书中，我深切感受到了徐浩博士和各章节作者在撰写书稿时的用心和对教师教育工作的热诚。最后我希望与国内从事外语教师教育工作的同行们共勉，一起用心，静心、尽心地去做我们所热爱的教师教育和研究工作。

刘永灿

剑桥大学教育学院

2015 年夏

前　言

《外语教师教育重点问题研究》主要针对从事外语教师教育研究的高校、研究机构研究者（尤其是师范院校外语专业教师）、各地中小学教研部门、各级各类学校管理者、一线外语教师和硕士、博士研究生而编写。全书围绕外语教师教育研究的九个重点议题以及两个研究方法议题，对外语教师教育研究的主要领域作了全景式却又重点突出的介绍、分析和解读，并提供了研究选题及研究方法方面的具体建议。

本书共 11 章，其中第 1—9 章分别聚焦教师知识、教师职业认同、教师动机、教师合作、教师课堂话语、教师行动研究、职前教师教育、在职教师培训、教师教育者共 9 个本领域的重点、热点问题。这些问题都是外语教师教育研究乃至整个教师教育研究的核心问题。第 10、11 章聚焦教师研究的社会文化视角和生态学视角，属于研究方法方面的议题，但同时也蕴含着重要的理论思想。在第 1 章之前有一个引言，对外语教师教育作为一个学科领域进行了界定和解读，并从整体角度提出了从事本领域研究的一些建议。

本书中每一章的开始为本章简介或引言，对本章的议题和相关理论作界定，并介绍本章主要内容。第二，梳理涉及该议题的相关研究的研究脉络和发展历程，如问题/理论的缘起，以及此类研究在不同发展阶段的特点。第三，对代表性成果进行介绍和评述。第四，对争议性问题或热点问题进行解读和探讨，供读者在进行研究选题时参考。第五，对经典研究案例进行分析，尤其注重对研究方法的使用进行剖析与评价，或探讨研究过程中需要特别注意的问题。最后是研究资源介绍，主要包括推荐书目、推荐文章、重要期刊、网站、数据库等。总之，在编写的过程中，我们秉承"简洁、易懂、有用、好用"的原则，希望能够真正为广大读者提供参考和借鉴。

本书各章的作者均为实际从事外语教师教育研究、经验丰富的知名学者和青年学者，在国内外均有诸多高水平著述，相信本书不仅囊括了他们对相关领域理论、知识和方法所作的介绍，更体现着他们宽阔的理论视野和独特的研究经验。因此，首先要感谢全体作者所付出的努力和辛劳，他们是（按章节顺序）：蒋宇红（西南大学，主笔第一章）、刘熠（东北大学，主笔第二章）、刘宏刚（东北师范大学，主笔第三章）、陶坚（香港大学，主笔第四章）、高雪松（香港大学，主笔第四章）、张莲（北京外国语大学，主笔第五章）、王蔷（北京师范大学，主笔第六章）、胡亚琳（北京师范大学，主笔第六章）、程晓堂（北京师范大学，主笔第七章）、栗娜（北京师范大学，主笔第七章）、陈则航（北京师范大学，主笔第八章）、国红延（北京师范大学，主笔第八章）、颜奕（清华大学，主笔第九章）、罗少茜（北京师范大学，主笔第九章）、张凤娟（吉林大学，主笔第十章）、杨鲁新（北京外国语大学，主笔第十章）、彭剑娥（汕头大学，主笔第十一章）。我们还衷心感谢吴一安教授、文秋芳教授、程晓堂教授和外研社高英分社的段长城老师在本书选题策划、结构设计的过程中所提供的宝贵建议和反馈，同时感谢杨鲁新教授和刘宏刚副教授帮忙推荐作者，还亲自撰写了稿件。本书各章在完成初稿后承蒙多位专家审阅并提出宝贵修改意见，我们也表示衷心感谢！他们是（按姓氏音序）：濮实博士（剑桥大学）、王雪梅教授（上海外国语大学）、杨鲁新教授（北京外国语大学）、张莲教授（北京外国语大学）、周燕教授（北京外国语大学）和邹为诚教授（华东师范大学）。还要感谢北京师范大学外文学院的博士生赵连杰同学认真、高效地作了统稿和校对工作。最后还要感谢本书的责任编辑毕争、执行编辑解碧琰和王丛琪，是她们的辛勤付出，使得本书最终与读者见面。

　　书中一定存在诸多不足，望各位读者不吝赐教，以便修订时更好地完善。我们衷心希望本书能为广大读者提供一些信息，带来一些启发，为我国外语教师教育研究的进步和发展作出一点微薄的贡献。

徐浩

北京外国语大学中国外语教育研究中心

2015 年 6 月

引 言

　　有人的地方就有教育，有教育的地方就有教师。但"教师"从一种职业逐渐演变为一个专业（profession），却并不是很久远的事。对外语教师来说，专业化（professionalism）的问题似乎提出得更晚一些（Leung，2009），但却引发了持续的关注。作为一个专业，外语教师有着不同于其他专业的高层次的专门知识，同时在社会分工中享有独立性和自主性（Doyle，1990；Evans，2010）。今天，从事外语教师教育研究和实践的人很多，对这一领域感兴趣的人更多。外语教师教育的质量在很大程度上决定着外语教育的质量，因此我们对外语教师教育有着很多的关切和期待。

　　外语教师教育研究从兴起到逐渐发展为一个相对独立的学科领域，应该是近30年的事。它是否称得上一个独立的学科，还存在一些争议，也有待观察。一般认为，外语教师教育既是教师教育学的一个分支，又是应用语言学的重要组成部分。但作为一个研究领域，我们应当对它作一个比较清晰的界定，这有利于研究，也便于新手学习。界定一个研究领域，通常有两种方法，一个是考察这个领域覆盖了哪些主要的议题（major themes）（Hulstijn，2013）；一个是考察这个领域的重要理论是如何提出并解释可观察到的核心现象的（examine how and to what extent its major theories address and explain certain important observations）（Towell & Hawkins，1994；VanPatten & Williams，2007）。而在外语教师教育领域，我们似乎更倾向于通过第一种方法来作界定，即对外语教师教育的研究主题进行分类，例如，教师知识、教师认同、教师动机、教师合作、教师课堂话语等。当然，这也不完全是人为界定的，更多是在研究实践中自然形成并经过归纳、提炼的。这其中的很多研究主题实际上也是外语教师教育教学生活的真实映射。总之，这样的界定属于外延式界定。

　　第二种界定的方法则更体现研究领域的学科内涵，属于内涵式界定。对于任何一个学科或学科领域来说，都有自身的研究对象（subject matter），即研究者进行探索并努力作解释的现象或现象群。进行解释的依据通常是基于实证或非实证研究建构的理论。因此，简单地说，我们是在用理论来解释现象。但这有一个前提，即要对核心现象作出明确的描述。我所了解的国内外文献，似乎尚未有对外语教师教育中的核心现象所作的系统描述（更多的还是对研究主题或议题所作的归类，即采用了第一种界定方法）。就我的观察和思考，外语教师教育中至少包括如下八个核心现象：

1. 外语教师的外语能力是其教学能力的基础；

2. 外语教师的知识结构中需要包含与外语学习规律有关的内容；

3. 外语教师在个体和群体经验的基础上建构新的经验；

4. 外语教师在职前教育中尚未接触真实实践，因此其专业发展会受到一定程度的限制；

5. 外语教师职后发展的特点和规律与职前教育阶段存在显著的差异；

6. 教师合作与教师自主对外语教师来说是一对矛盾；

7. 外语教师的专业实践受到宏观社会文化因素（如国家教育政策）和微观社会文化因素（如学校管理风格）的影响；

8. 外语教师的发展不仅仅是专业发展，更是可持续的人的发展。

这八个核心现象有些体现了所有教师的共性，有些则突出了外语教师的特殊性。目前，很多关于外语教师教育的理论都在或多或少地解释着这八个核心现象；正在进行的不少研究和项目也围绕着这些现象展开。

通过理论所解释的核心现象来界定学科或学科领域，相对于通过对研究主题进行归类而言，具有一定的优势。研究主题的归类，很容易造成学科或学科领域的"内裂"（徐浩，2012），即各个主题逐渐独立起来，且相互之间的联系和互动日益削弱。究其原因，可能与这些主题本身就来源于某一其他学科领域有关。例如，对教师知识的研究，很大程度上来源于认知科学，而对教师课堂话语的研究，却与话语研究、话语分析密切相关。因此，教师知识和教师课堂话语两个研究主题就容易发生上述问题。另一个原因是，通常很少有人对外语教师研究的方方面面都有涉猎且发展成专长。研究者通常都有自己的聚焦，这一方面有助于对某一问题的认识不断深入，但另一方面，却容易使研究者获得对所聚焦小领域的强烈的学科认同。而强烈的认同会影响研究者的视野和主观倾向性，有时甚至会导致某种封闭心态，即只关心某一具体问题，甚至认为只有这一问题才真正重要。最近，在微信朋友圈中看到朋友转发的凤凰新闻客户端主笔王路的一篇文章，其中提到这样一件有趣的事：

一场考试，满分是 100 分，你有一道题不会，丢了 20 分，别的都会，加一起也丢了 2 分，考了 78 分。如果给你一次重考的机会，你是想先把这 20 分补回来，还是先补那 2 分？ …… 其实……大家都是 78 分上下，可他们几乎所有人的修改都只盯着细节。要知道，这时候没有人知道满分是多少，但每个人都知道细节上有 2 分的改进余地，所以在很多人眼里，满分就是 80 分。他们从第一遍改到第十遍，每一遍都是在细节上翻来覆去。他们不知道，只要……动一下刀斧，就可以轻松逼近 98 分。

而不动这一下"刀斧"的原因，或许要归结于学科或学科领域的"内裂"。"内裂"使得我们很难看到小领域以外的出路和可能性，使得这个小领域也越做越窄，终于也就做不下去了；"内裂"还使得我们"出发了太久，却忘了为什么出发"，在一条路上不断前行，却忽略了外语教师教育研究的核心问题是什么。因此，我强烈建议我们在尊重外语教师教育研究各个小领域业已取得的丰硕成果的基础上，更加关注以核心现象驱动的核心问题，更加关注理论如何能够更好地解释现象，并更有效地解决现实问题。这样或许也更利于理论建构和学科建设。

在外语教师教育研究的学习和探索中，我觉得自己是比较幸运的。我读博士前，基本只作二语习得和心理语言学方面的研究，并没有作过外语教师教育研究，因此属于"半路出家"的那种学生。我当时也没有系统学习过相关的理论和方法，学习的内容是比较混杂的，学习的过程也是比较跳跃的，基本算是"野路子"。但这却让我较少地受到学科框框的束缚，而更多地关注活生生的现象和问题。这应该感谢我的导师文秋芳教授，是她鼓励我开始探索一个对我来说非常陌生的未知领域，也给了我足够的耐心和宽容，让我没有在最开始就出现"内裂"的心态，而是长时间保持了开放和包容的心态。

因此，基于我的个人经历和上述思考，建议刚刚开始从事外语教师教育研究的同行和同学，在系统、全面学习各个"小领域"成果的同时，也对核心现象和核心问题多一些关注和思考，努力促成研究主题与核心问题的融合与互通。具体来说，我有如下三点建议：

第一，注重理论和实践的结合。这听起来像是陈词滥调，但怎么强调都不为过。外语教师教育作为一个研究领域，其本质属性是实践性——没有外语教师教育的实践，也就没有这个研究领域了。在实践中发现问题，并通过理论和实践的互动分析问题、解决问题，是至关重要的。因此，在实践中应树立更加强烈的问题意识，在广阔的理论视野的支撑下，将研究不断向前推进。

第二，注重研究方法和反思能力的结合。对研究方法的掌握，尤其是实证研究的方法和方法论，对研究者来说是基本功中的基本功。在这一点上，我们国内在过去的十年中取得了很大的进步，在某些方面甚至有了可喜的突破。但对研究方法的扎实掌握仍是一项艰巨任务。我们仍或多或少存在着对方法论理解不深、对具体方法的使用不规范、操作不科学的问题。另外，也不应提倡唯"方法"论。研究方法是获取数据和资料的手段和途径，而对这些证据的使用却是一件很主观的工作，需要研究者有清晰的逻辑和较强的反思能力。反思的过程才真正是研究结论和学科理论进行建构的过程。因此，研究方法和反思能力需齐头并进，不可偏废。

第三，注重"顶天"和"立地"的结合。这里的"顶天"并非指满足国家战略需求，而是指要多一点哲学上的思考。华东师范大学的叶澜教授是我国教育学界的大家，她就总建议学生多读读《哲学研究》这本杂志。哲学会使人看得高，想得深，有了高度和深度，才有可能作出真正经得起时间检验的经典研究。而"立地"则指从实践中来，还要回到实践中去。前半句容易做到，后半句则需要付出更多艰辛和努力。"立地"的研究不仅"能够"解决问题，还应"真正"解决问题。但"顶天"和"立地"不应该是冲突的，而应该是统一的。

徐浩
北京外国语大学中国外语教育研究中心

参考文献

Doyle, W. (1990). Themes in teacher education research. In W. R. Houston, M. Haberman, & J. Sikula (Eds.), *Handbook of research on teacher education* (pp. 3-24). New York: Macmillan.

Evans, L. (2010). Professionalism, professionality, and the development of education professionals. *British Journal of Educational Studies, 56* (1), 20-38.

Hulstijn, J. H. (2013). Is the second language acquisition discipline disintegrating? *Language Teaching: Surveys and Studies, 46* (4), 511-517.

Leung, C. (2009). Second language teacher professionalism. In A. Burns, & J. C. Richards (Eds.), *The Cambridge guide to second language teacher education* (pp. 49-58). Cambridge: Cambridge University Press.

Towell, R., & Hawkins, R. (1994). *Approaches to second language acquisition.* Clevedon: Multilingual Matters.

VanPatten, B., & Williams, J. (Eds.) (2007). *Theories in second language acquisition: An introduction.* Mahwah: Erlbaum.

徐浩，2012，实践取向的外语教学论学科建设构想——从"内裂外解"的学科基本立场危机谈起，《课程·教材·教法》(7)，54-59。

第一章　教师知识

蒋宇红　西南大学外国语学院

1.1　本章简介

从 20 世纪 80 年代到 21 世纪初期，教师知识问题一直是世界教师教育研究的一个焦点问题，尤其是 20 世纪 90 年代以来，研究者把教师知识的研究放在教师专业发展的大背景下展开，于是教师知识发展成为教师专业发展的重要内容之一，教师知识对教师专业发展的重要性日益凸显出来。

1.1.1　教师知识的定义

Dewey（1933）对教师知识进行过相应的论述，他说"教师不仅需要所教学科的知识，而且需要教育技术性的知识"。在这里，"技术性的知识"是指"专业性的知识"。他还指出这种专业性知识有时被看成是一套固定的行为程序的规则，当这种专业知识和自己对于一种情境的常识性的判断不相一致时，最好的办法是奉行自己的判断。这也说明教师奉行的还是自己实践中的知识，因此，Dewey 强调"做中学"，强调教师知识来源于实践，Dewey 所讲的教师知识是一种实践意义上的知识。Connelly & Clandinin（1986）区分了"教师的知识"和"给教师的知识"。"给教师的知识"被视作教师可以获得和指导的财产、物品；而"教师的知识"则是根植于其生活、通过生活获得的知识形式。Clandinin 提出在职前教师教育和继续教育中，应不仅仅关注"给教师的知识"，而且要把"教师的知识"考虑在内；课程开发者应该以教师、学生和家长的知识与生活为中心；把"教师的知识"作为教师协调课程生活的立足点，有可能帮助教师教育者和教育研究者重塑教育工作。Dewey 和 Clandinin 的教师知识思想其实是一脉相承的，都区分了"给教师的知识"

和"教师的知识"，他们都更重视"教师的知识"，也就是教师在教育教学实践中生成的知识。

纵观西方国家对教师知识的研究历程，研究者们主要占据了两大阵营：一是研究教师知识基础的阵营，二是研究教师实践性知识的阵营。教师知识这个概念引起中国学者关注的时间大约是在20世纪90年代初，与国外两大阵营不同的是，教师知识研究在中国有着四种不同的取向（朱晓民、张德斌，2006）：学科知识＋教育学知识取向、功能取向、学科教学取向和实践取向。

因此，教师知识（teacher knowledge 或 teachers' knowledge）既包括"给教师的知识"，也包括"教师的知识"。它既有理论性的一面，也有经验性的一面，因为教师知识一方面同医生、律师之类的专业人员所具备的专业知识一样，教师人群也要求具备专业的"知识基础"（knowledge base），另一方面，教师知识又是教师在课堂教学中实际运用的"实践性知识"（practical knowledge）。

同普通教育相一致，在外语教育领域，教师知识研究在过去的30年中也经历了从行为主义理论框架下的"外语教师必须掌握哪些知识"到认知心理学理论下的"外语教师如何在实践中运用知识"的重大转向。研究者借鉴普通教育研究背景下的教师知识分类模型，提出了外语教师的知识模型，探索了外语教师的知识结构。

1.1.2 本章概览

本章首先就教师知识的研究脉络进行回顾，然后对西方有关教师知识研究的"两大阵营"和国内的"四种取向"分别进行梳理，接着对该领域的代表性著作进行回顾及评述，并就教师知识研究现阶段存在的热点问题进行一些思考和讨论。最后，提供一些丰富的研究资源，供该领域的研究者进行深入的研究。

1.2 研究脉络

1.2.1 研究缘起

教师知识研究是在对行为主义"过程—结果"（process-product）教学研究范式批判之后迅速兴起与发展起来的。20 世纪 50 年代至 80 年代，西方国家有关教师和教师教育的研究，大多是在以科学而著称的行为主义的"过程—结果"研究范式下展开的。这种研究范式注重从数量上分析独立变量与从属变量的相关关系，从而揭示其因果关系。比如寻求与学生成绩之间有统计意义的相关的教师知识，而不关心教师知识的结构或维度。然而，这类研究只关注教学过程中的两个变量，即教师与学生，而忽略了教学的其他影响因素，比如，教师教学行为背后的知识背景和认知过程。

20 世纪 70 年代中期，随着认知心理学的兴起，信息加工理论备受瞩目，教师教学效能研究开始转向教师行为背后的思维过程或认知过程研究。该理论认为可观察的教师教学行为受其内在的思维和认知过程的制约。这一时期的研究主要围绕教学计划和课堂决策而展开，这类研究发现专家教师和新手教师在课堂决策方面有很大差别，然而却未能指出造成这些差别的原因。

20 世纪 80 年代中期，有关学者转而开始了"专家—新手"教师对比研究（expert-novice research），侧重比较他们加工课堂信息过程中知识运用的差异，以求借助专家教师的认知图式建立一套行之有效的教师知识体系，以备新手教师学习。然而，"专家—新手"教师对比研究发现了二者不同的认知方式，却未能揭示专家教师掌握了什么知识以及这些知识是如何获取的；还发现与新手教师相比，专家教师的一个明显的特征在于拥有大量的本领域知识。于是教师教学效能研究转向了教师知识研究。

20 世纪 80 年代后期，西方国家兴起了教师专业化运动。1986 年美国卡内基促进教学基金会主席 Shulman（1986）在《教学研究手册》对行为科学的教学研究进行了根本性批判，认为"过程—结果"的研究缺乏"3C"，即内容（content）、认知（cognition）、语境（context）。他指出，倘若要推进教师专业化，就必须证明存在着保障专业属性的"知识基础"，阐明教师职业里发挥作用的专业知识领域与结构。至此，对教师知识的研究开始盛行起来。

1.2.2 各个研究发展阶段的特点

1.2.2.1 国外教师知识研究发展状况

自 20 世纪 80 年代后期，西方国家教师专业化运动以来，研究者们建立了不同的框架和模型去探索教师进行有效的教学所需要的知识，因此不同的研究者依据不同的标准，对教师的知识进行了不同的分类。在这一阶段，研究者们通常对教师知识的"应然状态"进行理论的探讨，其中最具影响的当推 Shulman（1987）建构的七类教师知识基础（knowledge base）框架，这七类教师知识分别是：学科内容知识（content knowledge）；一般教学法知识（general pedagogical knowledge），包括课堂管理和组织的一般性策略、课程的知识；学科教学法知识（pedagogical content knowledge），包括学科知识的呈现知识和学生关于特定学科的前知识或已有知识；学生知识（knowledge of learners）；教育环境的知识（knowledge of educational context），包括小组、班级、社区等的知识；有关教育目的、价值以及教育哲学、历史基础的知识（knowledge of educational aims, purposes, values, and their philosophical and historical grounds）。后来，Grossman（1989）在 Shulman 的理论基础上拓展了教师知识的内容，用更加宽泛的六类知识来定义教师的知识基础，这六类分别是：内容知识、学习者与学习的知识、一般性教学法知识、课程知识、教育环境知识和自我的知识。Gilbert, Hirst, & Clary（1987）认为教师知识结构不是平面的，而应该是有层次的，于是他们把教师的知识分为了四个层次：第一层，学校作为机构的知识；第二层，关于学生的知识；第三层，教学知识；第四层，实际应用的知识。随着越来越多研究者的关注，教师知识的内涵不断丰富，外延不断拓展，涌现出了许多种教师知识的分类，如表 1.1 所示。

表 1.1 不同研究者的教师知识分类表

研究者	教师知识分类
F. Elbaz (1983)	学科知识，包括学科内容知识、与学习相关的理论；课程知识，指如何组织学习经验和课程内容等的知识；教学法知识，指课堂组织和管理的知识；关于自我的知识；关于学校背景的知识
Shulman (1987)	学科内容知识 (content knowledge)；一般教学法知识 (general pedagogical knowledge)，包括课堂管理和组织的一般性策略、课程的知识；学科教学法知识 (pedagogical content knowledge)，包括学科知识的呈现知识和学生关于特定学科的前知识或已有知识；学生知识 (knowledge of learners)；教育环境的知识 (knowledge of educational context)，包括小组、班级、社区等的知识；有关教育目的、价值观和教育哲学、历史基础的知识 (knowledge of educational aims, purposes, values, and their philosophical and historical grounds)
Grossman (1989)	内容知识 (knowledge of content)，包括学科内容知识和学科教学法知识；学习者与学习的知识 (knowledge of learners and learning)；一般教学法知识 (knowledge of general pedagogy)，包括课堂管理与组织的知识和教学的一般方法；课程知识 (knowledge of curriculum)，指学科知识间的联系与发展及各年级课程发展的知识；教育环境知识 (knowledge of context)，包括学生、班级、家庭、社区甚至对整个国家的知识；自我的知识 (knowledge of self)，包含教师个人的价值观、意向、优缺点、教育哲学观点、对学生的期望以及教学的目的等知识
Berliner (1995)	学科专长 (subject matter expertise)，包括特定的学科内容和学科知识结构；课堂管理专长 (classroom management expertise)；教学专长 (instructional expertise)，包括教学策略与教学方法的内隐知识和外显知识；诊断专长 (diagnostic expertise)，包括全部学生和个别学生的知识
Borko & Putnam (1995)	一般教学法知识 (general pedagogical knowledge)，包括课堂管理策略、一般教学策略、学生及学生学习的知识；学科知识 (subject matter knowledge)，包括学科内容知识、学科的内容结构、学科的句法结构、关于学科知识讨论方式和学科知识发展的知识；学科教学法知识 (pedagogical content knowledge)，包括学科教学目的的知识、有关学生学科学习的知识、课程和课程材料的知识、特定学科知识的呈现和教学策略的知识

总的来说，这类研究揭示了教师胜任教学需要的知识结构，在这些知识范畴中，学科教学法知识是特别重要的，是教师知识的"核心"，因为它确定了教学与其他学科不同的知识群，体现了学科内容与教育科学的整合，是最能区分学科专家与教师的不同的一个知识领域（王艳玲，2007）。

自上世纪90年代以来，研究者逐渐开始将视线投向外语教育领域，涌现出一系列关于外语教师知识的理论和实证研究。值得一提的是，在将上述"学科内容知识"、"一般教学法知识"、"学科教学法知识"等概念运用到外语教学时，其分类界限并不像其他学科教学那样清晰（Freeman, 2002）。这是因为，在外语教学中，语言既是所教的学科内容，又是教学手段。而且，像二语习得（SLA）这样的学科内容知识，也是外语教学法知识的组成部分（刘学惠，2008）。Johnson（1996）区分了理性知识和感性知识，并阐明了两者各自在教师教学实践活动中的作用。Richards（1998）依据Shulman（1987）普通教育领域的教师知识分类模式，提出了一个六维度的外语教师知识结构模式，即教学理论、教学技能、交际能力、学科知识、科学推理和环境知识。Gatbonton（1999）通过研究有经验的二语教师在课堂教学过程所用到的知识，总结出三大类最常用的知识类别，它们分别是：语言管理类（如"利用上下文说明词义"等）、学生类（如"了解学生的能力、性格"等）和程序类（如时间、任务间过度等）。

无论是在普通教育领域还是外语教育领域，面对这些种类繁多的"教师知识"，赵宏琴（2009）提到，一些研究者试图将其归纳成更简单的分类，但他们逐渐发现这些分类在向着两个端点发展，一个端点即上述提到的教师知识基础，这个端点强调"正式的知识"——即教师应该具备或需要具备的知识，而另一个端点强调教师"基于实践"而得来的知识——即教师在实践中实际展示出来的那些真正被运用的知识，这是因为一些研究者认为教师所拥有的知识是一种独特的知识，把教师的知识看成是直觉的和缄默的，强调知识的"实践性"、"个人性"和"情境性"。例如，最早的研究来自于Elbaz（1983），她在对一个有丰富经验的中学教师Sarah研究后得出结论，教师以一种独特的方式拥有一种特别的知识，她把这种知识称为"实践知识"，这种实践性知识包含五个范畴的知识：学科知识、课程知识、教学法知识、关于自我的知识和关于学校的背景知识。Connelly & Clandinin（1988）继承了 Elbaz 采用的对话、访谈等叙事研究方法，深入到教师日常工作和生活的各种场景中对教师进行研究，提出了教师个体实践知识（personal practical knowledge）的概念。他们突出了实践知识的个人化特点，认为个人的不同经历对其实践性知识的形成有着不可替代的影响，个体实践知识体现于教师的工作实践之中，存在于教师过去的经验与现在的身心活动中，也同样存在于教师未来的教学计划与教学活动中。他们非常强调教师知识的个人特点，即"个人的实践知识"。他们认为这种知识源于对个人的记叙，旨在满足某一特定情景的需要，是实践性的，具有个体性、情境性、反思性、经验性、整体性与建构性等特征。

1.2.2.2　国内教师知识研究发展状况

不同于国外教师知识研究者的两大阵营，朱晓民、张德斌（2006）认为我国大陆地区有关教师知识的研究主要有以下四种取向。

学科知识+教育学知识取向。例如，南京师范大学《教育学》编写组（1984）把教师的知识分为两大类，一是各门基础知识和专业知识，二是教育科学知识和心理科学知识。李秉德、李定仁（1991）把教师知识划分为三部分：专业知识、文化知识与教育科学知识。叶澜、白益民、王枬、陶志琼（2001）突破以往教师知识研究平面化的局限，认为教师的知识结构是多层复合的，主要有三层。最基础层面：有关当代科学和人文两方面的基本知识，以及工具性学科的扎实基础和熟练运用的技能、技巧；第二层：一门学科的专门性知识与技能，这是教师胜任教学工作的基础性知识；第三层：教育学科类，由帮助教师认识教育对象、教育教学活动和展开教育研究的专门知识构成。这三个层面的知识相互支撑，相互渗透，并能有机整合。

功能取向。林崇德（1999）从教师知识功能的角度把教师的知识结构分为四部分：本体性知识、文化知识、实践性知识与条件性知识。傅道春（2001）把教师知识结构分为三部分：学科知识、条件性知识和教育情境知识。类似的还有申继亮、辛涛（1999）的分类：本体性知识、条件性知识、一般文化知识和实践性知识。这些分类有个共同特点，就是注重研究教师知识的性质、范式、组织和内容。

学科教学取向。我国大陆地区一些年轻的学者借鉴西方教师知识研究的成果，从侧重学科教学的角度提出教师知识结构的观点。叶澜等（2001）认为教师的知识结构有五个部分，即普通文化知识、专业学科知识、一般教学法知识、学科教学法知识与个人实践知识。刘清华（2004）提出教师知识结构由八个部分构成：学科内容知识、课程知识、一般性教学知识、学生知识、教师自身知识、教育情景知识、教育目的及价值知识与学科教学知识。

实践取向。陈向明（2003）根据教师知识实际存在方式的不同，把教师知识分成两类，理论性知识与实践性知识。前者通常呈外显状态，可以为教师和专业理论工作者所共享，是教师知识冰山露出水面的部分，具有可表述性，比较容易把握。后者通常呈内隐状态，基于教师的个人经验和个性特征，镶嵌在教师日常的教育教学情境和行动中，深藏在知识冰山的下部，实践性知识往往因其隐蔽性、非系统性、缄默性而很难把握。实践性知识包括教育信念、自我知识、人际知识、情境知识、策略性知识与批判反思知识。近三年来，国内以实践取向来研究教师知识的论文无论在数量上和研究方法的规范性上都有显著提升，并且逐渐走向大样本、深度化的实证研究。在下一部分中我们将作详细介绍。

1.3 代表性成果与评述

1.3.1 L. S. Shulman 的研究

Shulman（1986，1987）在教师知识的研究领域作了开创性的研究，一是明确提出了教学所需要的知识种类；二是提出了"学科教学知识"（pedagogical content knowledge）的概念。Shulman 提出教师应掌握如下知识：（1）学科知识，包括内容知识（如具体的概念、规则）、实体知识（如学科内的范式）、句法知识（如学科内部间的联系）；（2）一般教学法知识，包括如何激发学生学习动机，如何有效地管理课堂，如何设计与实施测验的知识等；（3）课程知识，意指对教学媒体与教学计划的熟练掌握；（4）学科教学法知识，即如何专门针对具体要教的内容施教的知识；（5）学生及其发展特点的知识，包括学生的个体发展与个体差异方面的知识；（6）教育背景的知识，包括小组或班级的活动状况，社区与地域文化的特点等知识；（7）有关教育宗旨、目的、价值与其哲学、历史背景的知识。

Shulman 对教师知识的分类为后来教师知识领域的研究奠定了重要的基础。在以上的教师知识类型中，Shulman 提出了一种体现教师专业特性的知识——"学科教学知识"。这种知识强调，教师不仅仅对自己所教的学科有深入的理解，还要懂得如何将学科知识按照儿童容易理解的方式表达出来，即以适合儿童的思维与学习特点来重新表征学科知识，包括教师讲解某一主题所可能运用的例子、解释、演示、举例与类比等方式，学生可能遇到的困难和错误的理解等。学科教学知识反映了特定内容的学科知识与一般教学法的整合，是体现教师专业特性的一个重要方面。这一概念的提出，弥补了几十年来师范教育中学科知识与一般教学法知识一直分离的"两张皮"现象。Shulman 指出，学科教学知识的发展是促进教师从新手到专家教师的关键性因素，并提出通过一个"教育推理"（pedagogical reasoning）过程，可以帮助将新教师的学科知识转化为教学的内容知识，这一过程包括理解、转化、教学、评价、反思、新的理解，通过这样一个持续的教育推理过程来指导教学行为，促进专业知识的增长。

1.3.2　P. L. Grossman 的研究

Grossman（1994）认为教学工作与其他职业最主要的差异在于教师专业知识的特殊性，上文中提到她延展了 Shulman 七类教师知识结构，将教师知识分成了六类，分别是：（1）内容知识（knowledge of content），包括学科内容知识和学科教学法知识；（2）学习者与学习的知识（knowledge of learners and learning），包含学习理论的知识、学生的身心特征和认知发展、动机理论及运用，以及学生的背景（如性别、家庭环境等差异）等；（3）一般教学法知识（knowledge of general pedagogy），包括课堂管理与组织的知识和教学的一般方法；（4）课程知识（knowledge of curriculum），包含课程发展的过程，学科知识间的联系与发展以及各年级课程发展的知识；（5）教育环境知识（knowledge of context），包括学生、班级、家庭、社区甚至对整个国家的知识；（6）自我的知识（knowledge of self），包含教师个人的价值观、意向、优缺点、教育哲学观点、对学生的期望以及教学的目的等知识。

从 Grossman 对教师知识成分的看法可见，其分类与 Shulman 的有很大的相似之处，Grossman 使用了更为广义的词汇来划分教师知识。Shulman 所说的内容知识主要指学科内容知识，而 Grossman 则将 Shulman 的学科内容知识和教学内容知识统称为内容知识，并且认为内容知识在教师专业知识中处于中心地位，并与其他几种知识存在相互作用。

1.3.3 F. Elbaz 的研究

加拿大学者 Elbaz（1981，1983）最早开始对教师实践性知识进行系统的研究。1981 年，她通过开放性访谈，对一个有着丰富教学经验的加拿大的中学英语教师 Sarah 的故事展开研究，主要集中探讨 Sarah 在教学内容、教学方法、学生和学校环境等方面的基本状况，试图理解她在教师工作中如何作出选择和形成决策。这项研究有一个基本假设，即实践性知识是存在的，通过检视教师的日常教学行为和这些行为背后的思想以及让教师讲述他们教学的故事，理解这种知识的本质及规定性特征。Elbaz 的研究得出如下结论：教师以独特的方式拥有一种特别的知识，她称这种知识为"实践性知识"（practical knowledge），将教师知识理解为教师对教学情境反应的一个函数。她发表了研究报告《教师实践性知识：案例研究报告》（*The Teacher's "Practical Knowledge": A Report of a Case Study*）（1981），她在报告中叙述了教师实践性知识的来源和性质，识别出实践性知识的五种取向（orientations）：情境取向（situational orientations）、理论取向（theoretical orientations）、个人取向（personal orientations）、社会取向（social orientations）和经验取向（experiential orientations）。

1983 年，Elbaz 出版专著《教师思想：实践性知识研究》（*Teacher Thinking: A Study of Practical Knowledge*）。她通过与这位中学英语教师的"回顾式访谈"（retrospective interviews），主要探究了教师的经验世界（experiential world），呈现了教师获取和使用关于自身工作的知识的考察方式。她在一系列"开放式讨论"(open-ended discussions)中探究教师的"实践性知识",关注教师在实验课程开发中的参与程度,处理各种各样的问题,包括教师对于教学和学习的态度,教师在英语和阅读这两个领域中关于学科内容(subject matter)的观念,以及价值观、职业承诺(commitments)和生涯规划(career plans)。她通过对教师在教室和读书中心(reading center)的活动进行两个周期的观察,使这些讨论得以补充完整。她一系列的讨论和观察记录提供了如下信息资料:(1)实践性知识与教师的"经验性学习"(experiential learning),(2)实践性知识的内容,(3)实践性知识的取向和结构、认知风格以及对这个领域中的研究活动的反思和方法论。

关于实践性知识的内容,Elbaz 将其归纳为五类:一是关于自我的知识(knowledge of self),即自我作为资源(self as resource)与自我作为个体(self as individual);二是关于环境的知识(knowledge of the milieu),包括课堂、教师与领导的关系、政治关系和社会环境的创造;三是学科内容知识(subject matter knowledge),以英语教学为例,包括英语学科内容知识、学习和研究技能、阅读和写作;四是课程知识(knowledge of curriculum),包含学习课程的开发、开发过程和阶段(明确问题、确定学生需要、组织、开发课程内容、评价)、课程开发作为小组活动,阅读中心的课程开发等;五是教学知识(instructional knowledge),包括学习理论(learning theory)、学生和教学(如教学信念、教学组织、师生互动关系和评价)。

Elbaz 的这些研究产生了广泛影响,随着她的研究报告和学术著作的问世,"教师实践性知识"开始受到人们的广泛关注。

1.3.4 F. M. Connelly 和 D. J. Clandinin 的研究

在教师实践性知识的研究者中,还有两位特别值得一提,他们是加拿大学者 F. M. Connelly 和 D. J. Clandinin。自 20 世纪 80 年代中期以来,Connelly 和 Clandinin 在关于教师个人实践知识的一系列研究中进行了大约 20 多年的合作,他们在"教师个人实践知识"(teachers' personal practical knowledge)的研究方面取得了大量富有创造性的成就,一直致力于探究教师个人实践知识、专业知识场景和教师专业身份之间的关系,追求完善教育研究的"叙述探究"方法和"专业知识场景"的术语和概念等方面的研究。他们的研究工作在《课程探究》(*Curriculum Inquiry*) 杂志中得到特别的关注,推出了"个人实践性知识系列",并且联合创办了新闻信札《教师之间:经验与探究》(*Among Teachers: Experience and Inquiry*)。Connelly 和 Clandinin 对于教师个人实践知识的探究主要集中在以下三个方面。

第一方面,有关教师个人实践知识对学校改革的影响的研究。

Connelly 和 Clandinin 对教师个人实践知识的前期研究工作始于 1981 年。他们在多伦多市中心的一所小学进行了为期三年的研究,主要探索教师个人实践知识对于学校改革的影响。研究主要考察整个学校,通过透视教师、校长和其他负责学校政策的人员的视野来展开调查研究。这项研究追踪学校委员会的种族关系政策和中心城市语言开发政策的情境,研究者记录了校长、教师的活动,尤其是一个教师如何决定在学校和课堂中影响他们实践的关键因素,然后按照教师个人实践知识的形式进行阐述。研究成果于 1984 年分为四卷呈现出来(转引自姜美玲,2008)。

第一卷:《教师个人实践知识在影响委员会政策中的角色 1:问题、方法与指导观念》(*The Role of Teachers' Personal Practical Knowledge in Effecting Board Policy. Volume 1: Problem, Method, and Guiding Conception*)。第二卷:《教师个人实践知识在影响委员会政策中的角色 2:多伦多教育委员会关于种族关系政策的制订和实施》(*The Role of Teachers' Personal Practical Knowledge in Effecting Board Policy. Volume 2: Development and Implementation of a Race Relations Policy by Toronto Board of Education*)。第三卷:《教师个人实践知识在影响委员会政策中的角色 3:教师个人实践知识》(*The Role of Teachers' Personal Practical Knowledge in Effecting Board Policy. Volume 3: Teachers' Personal Practical Knowledge*)。第四卷:《教师个人实践知识在影响委员会政策中的角色 4:教师个人实践知识与种族关系》(*The Role of Teachers' Personal Practical Knowledge in Effecting Board Policy. Volume 4: Teachers' Personal Practical Knowledge and Race Relations*)。

第二方面,有关教师个人实践知识与叙事探究的研究。

20 世纪 80 年代中后期至 90 年代中期,Clandinin 和 Connelly 开始关注用

"叙事"（narrative）的方法来研究教师个人实践知识，发表了大量研究成果，具有代表性的著述如下。

《教学的节奏：课堂中教师个人实践知识的叙事研究》（Rhythms in teaching: The narrative study of teachers' personal practical knowledge of classrooms）（1986），文章指出，用叙事体或故事体来研究和理解课堂，允许研究者观察整体一致性、连续性和节奏，但不能通过分析某一部分来发现整体的性质。叙事把教师和人类经验研究的其他方面联系起来，洞察一个教师的发展过程。

《论叙事方法、个人哲学和教学故事的叙事主题》（On narrative method, personal philosophy and narrative unities in the story of teaching）（1986），在该文中，Connelly & Clandinin 阐述了课堂研究的叙事方法，认为叙事方法的主要特征是依据课堂参与者（classroom participants）的叙事主题（narrative unities）来重构课堂的意义，通过与 Schön 的"反思性实践家——专家是如何思考的"之思想进行比较和对比，揭示其研究的理论特征。

《经验的故事和叙事探究》（Stories of experience and narrative inquiry）（1990），该文章阐述了教育研究中叙事探究的调查形式，列举了多种标准、方法和写作形式，包括日志记录、访谈文稿、观察、讲故事、写信、自传写作、课堂计划、新闻信札和其他写作形式。按照开始讲故事、体验故事和选择故事的方式进行描述，进而建构和重建叙事情节。

《教师作为课程规划者：经验叙事》（*Teachers as Curriculum Planners: Narratives of Experience*）（1988），该书的目的在于强化教师在课程编制和课程开发中的专业角色，主要关注教师行为和职责，运用情境叙事（contextual narratives）、文献分析、隐喻、个人的惯例、原则、信念、意象和哲学等形式来描述第一手经验资料；运用案例研究，探究个体教师如何在课程层次上阐述他们关于课程和教学计划的经验。叙事作为一种关键方法渗透在研究之中，即通过叙事去发现教师和学生如何在他们的生活中创造意义。

第三方面，有关教师个人实践知识与专业知识场景以及专业身份之间关系的研究。

20 世纪 90 年代中期至今，Connelly 和 Clandinin 开始从事探讨教师个人实践知识和专业知识场景以及专业身份之间的关系，主要成果如下。

《教师专业知识场景》（*Teachers' Professional Knowledge Landscapes*）
（1995），该研究是一项开创性工作，作者深入地从多个层次（multi-layered）
探讨教师专业生活（professional lives），把道德的、历史的、个人的、认识论
的教师生活世界融合起来；运用隐喻语言（language of metaphor），作者探究
了教师知识的领域以及如何将其应用到教师的生活之中。该书关注到"场景"
（landscapes）的不同方面，真实的教师——新手教师和富有经验的教师——
所讲述的个人故事，都与教师专业发展、教师成长甚至失败息息相关。

《教师专业知识场景：教师故事—教师的故事—学校故事—学校的故
事》（Teachers' professional knowledge landscapes: Teacher stories–stories of
teachers–school stories–stories of schools）（1996），该文主要探讨了：专业知
识情境或场景如何促进形成有效教学（effective teaching）和教师知识？什么
知识被认为是教学的本质要素？谁被授权去生产教学的知识？文章通过叙述
三个故事，阐明这种争论，并依据专业知识场景来对每个方面作出解释。

《专业知识场景中的教师个人实践知识》（Teachers' personal practical knowledge
on the professional knowledge landscape）（Connelly，Clandinin，& He，1997），
该文通过对一位中国教师的案例研究，阐述了研究教师个人实践知识发展与表
达的方法，包括现场笔记、研究采访、交谈、日志、自传材料、教师故事、家
族故事、照片、记忆箱、其他个人作品、口头叙事、简史和纪事、信件等，并
指出了分析这些信息所要涉及的理解意象（images）、规则（rules）、实践原则
（practical principles）、个人哲学（personal philosophy）、隐喻（metaphor）、周期
（cycles）、节奏（rhythms）以及叙事主题（narrative unities）。

《专业身份的塑造：教育实践的故事》（*Shaping of Professional Identity:
Stories of Educational Practice*）（1999），该书是对"个人实践性知识"研究工作
的拓展，主要探讨了教师专业身份是如何形成的。本书包含了丰富的关于教师
专业生活、管理者和课程编制情境（curriculum-making setting）的故事，是对专
业场景、教师知识和教师身份三方信息融会贯通后所作的叙述。作者对这些故
事的深刻阐释，为教师教育、专业发展和学校改革提供了许多富有价值的启示。

《讲述和重述我们的专业知识场景故事》（Telling and retelling our stories on
the professional knowledge landscape）（2001），该文通过为期三年的个案研究，

集中关注专业知识场景对富有经验的教师的个人实践性知识的影响作用。文章首先探讨教师在不同的时空中如何形成故事，其次是探讨分享故事是否会为重述和重新体验故事引发新的想象。除了分享和探究了一个母亲和一个教师之间发生争执的故事外，同时也关注研究者在学校中讲述故事时做了什么事情，以及研究者离开学校场景后讲故事时做了什么事情。文章最后认为，教师源自于学校共同体的故事可以更加有意义地塑造知识场景。

1.3.5 D. Beijaard、N. Verloop 和 P. C. Meijer 等的研究

20 世纪 90 年代中后期至今，荷兰莱顿大学教育研究院的 D. Beijaard、N. Verloop 和 P. C. Meijer 等学者，开始从事教师实践性知识研究，他们一方面以 Elbaz、Connelly 和 Clandinin 的研究成果为基础，另一方面也实现了很大的超越，他们不再仅仅拘泥于对教师实践性知识本身的研究，而是把研究视野扩展到具体的学科教学（阅读理解教学和科学教育等）、教师评价、新手教师和富有经验的教师的比较以及专业身份等方面的研究。例如，在《评价教师实践性知识》(Assessing teachers' practical knowledge)（Beijaard & Verloop, 1996）中，作者认为教师实践性知识是教师素质的内核，因此它也是教师评价的重心。文章试图对教师实践性知识的评价展开丰富多彩的讨论，认为实践性知识决定或指导着教师在实践中的行动，它源自于教师个人经验和专业经验，教师不能预先对其进行描述，而是以一种复杂的方式运用到计划和执行教学活动的过程中，因此这类知识是高度情境化的，必须寻找多元的方法论对其展开研究。

他们还将具体的学科教学与教师实践性知识紧密结合，使得对教师实践性知识的研究更加具体，更加贴近课堂。例如，《探究语言教师关于阅读理解教学的实践性知识》(Exploring language teachers' practical knowledge about teaching reading comprehension)（1999）一文探究的是语言教师有关阅读理解教学的实践性知识。研究基于这样一个假设：教师是专业人员，可以去界定他们有哪些可分享的知识（shared knowledge）。然而，除了可分享的知识之外，研究结果还强调了教师实践性知识的广泛多样性，因此必须要发展实践性知识的类型学，而不仅仅是去界定那些可分享的知识。研究指出，关于阅读理解教学的实践性知

识主要有三类：(1) 学科内容知识（subject matter knowledge）；(2) 学生知识（student knowledge）；(3) 学生学习和理解的知识（knowledge of student learning and understanding）。他们提出的建议是：教师需要在一定范围内分享实践性知识，同时利用实践性知识促进新手教师的培养。

Beijaard 和 Verloop 还关注了师范生实践性知识的生成和培养。例如，在《师范生吸收指导教师的实践性知识及其与自我信念的比较》（Student teachers eliciting mentors' practical knowledge and comparing it to their own beliefs）（2001）一文中指出，师范生获取各种教学信息的来源包括：自我信念、指导教师的实践性知识和理论。因为实践性知识通常是隐性的，作者研究的意图就是探索表达这种知识的方法，"概念图"（concept mapping）和"写作"（completing sentences）这两种方法，不仅可以诱发教师描述如何教学，而且可以诱发其描述隐含于教学之中的认知，如实践性知识。作者运用上述两种方法，调查了荷兰教师培训机构的 35 位师范生及其他们的指导教师。随后，师范生总结了他们的自我信念、指导教师的实践性知识和理论，并且作出相互比较。师范生的报告显示，总体而言，他们能够部分吸收指导教师的实践性知识。研究结论是：教学技能的亲历实践对于师范生的学习过程具有重要价值。在《师范生如何吸收有经验的教师的实践性知识：工具、建议和意义》（How can student teachers elicit experienced teachers' practical knowledge? tools, suggestions, and significance）（2002）一文中，他们认为系统地考察有经验的教师的实践性知识，可以去洞察教师教学如何引人注目，而且为把这些潜在的思想与师范生在教师教育中遇到的理论和众多抽象概念联系起来提供了机会，从而引导师范生更加透彻地理解其他教师的教学，并且发展自己的实践性知识。

1.3.6 G. D. Fenstermacher 的研究

教育哲学学者 Fenstermacher（1994）从哲学认识论的视角出发，对前人有关教师知识研究进行了梳理和评论。作者指出，虽然文献中不乏对教师知识研究的回顾和总结，但认识论视角不同于其他研究视角，因为它更关注知识的本质，包括知识的形式（forms），知识与相关概念如"信念"（belief）、"观点"（opinion）之间的区别，以及它是如何被列入科学与人类推理的不同概念之中。作者更多地关注教师在教学实践中产生的知识，即教师实际拥有哪些知识以及这些知识是如何产生的，而非教育研究者所提出的理论知识。作者区分了命题知识（propositional knowledge）与表现知识（performance knowledge），前者指科学知识（scientific knowledge）、信息化知识（informational knowledge）或理论知识（theoretical knowledge），后者指技能知识（skill knowledge），即关于知道怎么做的知识（knowing how）。作者认为，虽然上述两类知识有本质的差异，但是两者却是相互依存的。而且，表现知识与命题知识对教师来说同等重要。

此外，作者还就前人关于教师实践知识的研究进行了评论。在他看来，Connelly 和 Clandinin 是比较坚定的持有实践知识概念的教师知识研究者，但他们较少关注知识应该被检验的问题，他认为"Schön 和 Clandinin 等学者的一些研究过于轻率"。很多有关教师实践知识的研究，清楚地表现了教师的信念、直觉、感觉、反思的知识，但这里的认识论难题是，这些心智活动不一定会带来真正的知识，被推断表达出来的心智活动内容必须经过认知价值的检验，如果缺乏认知价值，不管什么样的教师理解、信念或者觉识都不能被定义为知识，至少不是有认知价值的知识，占有认识论价值，才可能被确定为知识。对实践知识的使用要慎重，实践中生成的东西也是需要检验的。

1.3.7 J. C. Richards 的研究

Richards（1998）由剑桥大学出版社出版的《超越专业技术训练》（*Beyond Training*）一书堪称二语教师教育领域的一部经典著作。该研究致力于为二语教师教育领域建构一个行之有效的理论框架，内容涉及了二语教师教育领域的六个方面，也可以说是教师专长、知识或技能的六个维度，即教学理论（teaching theory）、教学技能（teaching skills）、交际技能（communication skills）、学科知识（subject matter knowledge）、教学推理（pedagogical reasoning）以及决策制定（decision making）。全书可分为四个部分，包括：（1）二语教学理论（theories of second language teaching），（2）关于教师思维的看法（perspectives on teacher thinking), (3) 教师教育实践调查 (examining teacher education practices), (4) 进入语言教学现场 (entering the field of language teaching)。第一部分从科学—研究、理论—哲学、艺术—技巧三个方面分析了二语教学, 并探索了教师准则; 第二部分探讨了教师信念系统和交互式决策制定的问题, 呈现了两个关于教师教学推理技能以及有经验的教师和缺乏经验的教师在使用教学计划时的差异的研究; 第三部分对教材进行了一个概述, 包括其使用、影响和出版; 第四部分对我国香港地区五名刚入职的英语教师进行了研究。研究过程和结果将在经典案例一节中进行详细的阐明。

1.3.8 K. E. Johnson 的研究

美国宾夕法尼亚州立大学应用语言学教授 K. E. Johnson 于 2009 年推出一本新著《第二语言教师教育——社会文化视角》(*Second Language Teacher Education: A Sociocultural Perspective*)。该书堪称语言教师教育这一研究领域的又一力作。该书从社会文化视角对人类学习的认识论基础进行了综述, 并在此基础上, 对如何思考第二语言教师教育的理论与实践进行了全面而深入的阐述, 探讨了社会文化视角对语言教师教育的贡献。教师教育研究的社会文化转向也对传统二语教师知识基础研究提出了挑战。Johnson 指出, 在二语教师教育领域, 知识基础包括三大类: (1) 二语教师教育项目的内容, 即二语教师需要知道什么; (2) 二语教师教育项目中教授的教学法知识, 即二语教师应该如何教学; (3) 内容与教学法知识的传授方式, 即二语教师如何学习教学。Johnson 认为, 知识基础并不是静态或中立的, 相反, 它根植于某一特定专业社群所共享的价值观念 (views)、假设 (assumptions) 以及解释 (interpretations) 之中。她反对传统实证主义认识论中针对学科知识与教学法知识的绝对划分, 认为教师在语言学等课程中获得的学科知识、在教授语言时使用的知识以及学生为了学习该语言所需要的知识应该是相同的。与此同时, 她还认为教师并不能在教学生涯开始之际就掌握他们所需要的所有知识, 因为教师不可能在一种环境下学习教学知识, 却在另一环境中观察和练习教学, 更不能在第三种环境下发展自己的有效教学行为。

1.3.9 吴一安等的研究

《中国高校英语教师教育与发展研究》(2007) 一书是由中国外语教育研究中心吴一安教授领衔、由全国 10 所大学和教育机构的 23 名英语教育专家共同参与研究和编著、历时 5 年的呕心沥血之作。该成果是国内第一个关于外语教师教育和发展的大规模实证研究。该课题组成员提出了"外语教师知识"这一构念来阐述他们对外语教学领域中教师知识的理解,他们认为外语教师知识包含两个维度:(1) 外语学科知识和外语教学知识的融通,即"外语学科教学知识",其特点是其非客观性:教师的外语学科教学知识折射出他们的教学观和学科教学能力;(2) "解放性"知识,其特点是精神的,涉及教师的观念、态度、自省和发展意识、德行、境界、追求等,这类知识是教师发展所必需,也是人的发展所需的,是优秀外语教师的专业素质和教师专业发展的重要基础。"解放性知识"这一概念是研究者们根据德国哲学家、社会学家 Habermas 对知识的分类所提出来的。Habermas (1978) 认为知识可以是技术性的 (technical)、实践性的 (practical)、解放性 (emancipatory) 的。何谓解放性?人的发展就是人的解放,即"人发展成为人,人解放成为人"。当外语教师把教育不仅仅只是当成自己的责任,而且也是一种享受,一种自我价值实现的方式,一种获得快乐的源泉之一时,教师就获得了解放。这时,外语教师与环境高度和谐,并将反过来积极作用于环境。

1.3.10 陈向明等的研究

陈向明及其课题组 (2011) 更多的是关注教师的实践性知识,因为他们认为,实践性知识是对教师的专业发展更为重要的知识,是一名新手教师成为优秀教师的必需知识。该课题组在"北京市教育科学规划重点课题'教师的实践性知识'"研究中将教师实践性知识定义为:"教师对自己的教育教学经验进行反思和提炼后形成的,并通过自己的行动做出来的,对教育教学的认识",它体现的是教师的一种专业生活方式,这个概念突出了"实践"的优先性。课题组最初提出教师实践性知识的六大类型:教师的教育信念、自我知识、人际知识、情景知识、策略性知识以及批判反思知识，到课题结束时，又把这六大类型整合成"四方面"知识：关于自我的知识、关于科目的知识、关于学生的知识和关于教育情景的知识，并且，这四个方面的内容受到教师关于教育本质的信念的影响。陈向明课题组提出的教师实践性知识内容类型是一个层级式的、开放式的实践性知识系统，位于顶位的是"教师关于教育本质的信念"，位于中层的是上述的四个方面的知识，而在四个方面知识下，又分别有一些更为具体的知识，并且是开放式的，可以增加知识条目，这更加符合教师实践性知识发展的实际情况，教师的知识发展伴随着专业发展，因此，教师的知识系统必须是开放式的而非封闭式的。因此，这也是较以往的分类中更为先进的地方。陈向明关于教师实践性知识的内容系统如图 1.1 所示。

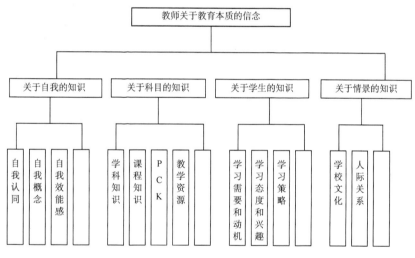

图 1.1　教师实践性知识的内容图（陈向明，2011）

1.4 热点问题

从上文的回顾中，我们可以看到，有关教师知识的研究已经取得了相当数量的成果，但仍然存在一些颇具争议的问题，如教师知识应该由研究者来定义，还是由教师来定义？教师知识基础和教师实践性知识，在教师的专业发展中究竟哪一个起了更大的作用？

　　关于这两个问题，我们要辩证地看待。教师知识基础作为教师认知研究的重要组成部分，是有关教师认知的静态研究，是学者们通过观察、比较、归纳而得来的；其来源是教师教育研究者对教师群体外加的知识要求，具有理论性、系统性和客观性等特征；是教师职业成为专业的前提，也是教师专业的标志性内容之一。然而，在教师教学实践和情境中，经过教师不断反思产生的，具有建构性、社会性和情境性等特征的实践性知识，不断丰富着教师的教学经验，对教师专业发展同样具有重要意义。教师知识基础为教师实践知识的发展提供知识基础，而教师实践知识则是分类知识的必然发展方向。教师实践性知识研究是动态的研究，是随静态研究的变化而变化的。教师认知的发展并不是学科理论知识的积累，而是教师在教学实践中形成和发展的理论与实践相结合的复合式个人知识；教师的发展并不只是积累理论知识的结果，也不是单凭教师自己的反思实践获得的，而是在改善教师学习环境以及完善教师学习机制的前提下，在教学实践中使教师持续建构和发展教师个人对教学理解的过程。

　　对教师知识研究的两种取向表明，对教师知识的分析视角不同，则基于不同视角的教师知识的来源、特点及其对教师专业发展范式的影响也不同。因此，基于对教师知识研究发展的回顾，本文得出两点启示：

　　第一，应该强调教师的主体性发展，强调教师是专业发展的主人，教师发展的本质就是发展的自主性。教师是人，人是不断发展的，因此调动教师的主体发展意识及需求，是教师专业发展的一个重要方面。教师不仅仅是知识消费者，同时也是教师个人实践知识的建构者。只有充分发挥教师的自我发展意识，才能在瞬息万变的教学情境中，有意识地建构知识，否则将一无所获。教师的主体性发展对学生主体性的培养也有重要影响。

　　第二，要求教师在实践中求发展。教师是在班级、学校和社会的具体情境中建构教师行动知识的。教师专业发展关注教师对实践的探究，把教师看成学习者，同时还将教师看成"反思实践者"。教学实践证明，教师实践知识不是在教学实践中自然习得，而是使理论和实践高度结合的个性化知识。教师发展也不只是学习理论知识的过程，更是受教学实践中多种潜在因素影响的结果。教师在已有的理论知识的基础上，对教学实践中所出现的问题进行内省并展开思考，力求找到解决问题的方法和策略，以达到教师自我发展的目的。反思不仅是教师自我发展的有效途径，更是提高教师专业素质的必经之路。

总之，在教师教育与发展的实践中应有机融合这两种知识，从而促进教师专业发展范式间的融会贯通，以求教师的全面和谐发展。今后，应加深对教师专业知识的全面认识，突出教师的主体地位和作用，使教师专业发展的理论研究走向多元化，并进行基于理论的实证研究，从而真正促进教师全面和谐地发展。

1.5 经典研究案例

1.5.1 F. Elbaz 的研究

在 Schwab 提出教师的知识是"实践性的"之后，Elbaz（1981, 1983）通过长期的参与观察、访谈、记录个人日志等手法对一名教师的实践性知识进行了案例研究。在研究中，Elbaz 首先对教师在课程开发中所处的地位进行了批判，并指出，传统上教师被当作是忠实地把开发的课程传输给学生的"导管"，研究者往往居高临下，把教师当作研究客体，指出教师运用课程时的失败和不足，并以专家的身份指示教师进行改良，此时的教师缺乏主动性和个性。而 Elbaz 指出，对教师的研究应该更加关注教师在日常实践中使用的特别技能，尊重教师个性，从教师的角度去关注、理解其所处的状况和环境，即应该重视教师在教室中运用的实践性知识。

Elbaz 从"情境取向"、"个人取向"、"社会取向"、"经验取向"、"理论取向"等方面对教师的实践性知识进行了归纳和总结，揭示了教师在教室中运用实践知识的结构和内涵。

Elbaz 的教师实践性知识的提出具有重大的意义。其一，从内容上说，教师实践性知识将原本处于隔离状态的教师被赋予的知识和他们在实践过程中产生的认识及情感领域联结起来了；其二，从方法论上讲，Elbaz 将处于隔离状态的理论模式与实践模式研究方法联结起来了，并结合了数字实证研究和现象学研究。

1.5.2 J. C. Richards 的研究

Richards（1998）的研究首先记述和分析了五名初任中学英语教师的教学新手在第一年教学工作中的表现，重点介绍了这五名华人青年教师如何把自己学得的知识、技能和对英语教学的思考应用到教学实践中去，以及他们在第一年教学期间碰到的一些问题。这五名青年教师都是刚毕业的香港城市大学第二语言教育专业的学生，受过三年正规的职前英语师范教育。通过这五个实例，内地英语教师不仅能了解到香港地区同行们的情况，而且可以推测以"交际语言教学理论"为指导的世界其他地区第二语言（英语）教育的成果和第二语言（英语）教学的实际情况。更重要的是，内地中学英语教师和高校英语教师可以借助这里的记述比照自己的成长过程和教学情况，并从中得到启发。此外，该研究还通过教师自述和访谈，对一名有经验的 ESL（英语作为第二语言）教师进行了个案研究，发现他在课堂上会根据实际情况临时调整计划，而他们所有人在作决策时都会考虑参与、计划、秩序、鼓励、准确、效率、一致和赋权等教学原则(maxim)。

从 Richards（1998）对语言教师专业发展的讨论中我们可以清楚地看到英语教师各种专业知识具体融合的形式。作者提出了一个六维度的外语教师知识结构模式：（1）教学理论，涉及正统教学理论和个人教学理论；（2）教学技能，指课堂教学与管理的基本技能；（3）交际能力，包括一般沟通能力和目的语使用能力；（4）学科知识，包括系统的语言知识、二语习得和语言教学知识；（5）教学推理，以及课前准备和课堂互动中的教学选择及其推理；（6）环境知识，指对学校体制、课堂特点、所教学生等因素的了解。

Richards 所描述的外语教师专业知识，事实上包括与语言、学习、教学、测试、环境等一切与语言教学相关的概念，构成语言教学的理论基础（韩刚、王蓉，2005）。在教学过程中，教师必须根据自己对教学的理解和学生的实际需要，在瞬息万变的教学环境中选择自己的教学目标、内容、方法与过程，监测自己的教学行为，并不时根据学生的反应来调整自己。由上可见，教师知识的各要素之间存在着密切的联系。

1.5.3 徐碧美的研究

香港大学教育学院讲座教授徐碧美（Tsui, 2003）以研究教师专长（expertise in teaching）为目的，历时一年半，探究了香港地区二语环境下四名中学 ESL（英语作为第二语言）教师（马丽娜、婧、艾佳和珍妮）专业成长的过程。这四位 ESL 教师的学业背景各不相同，其中包括两名有五年教学经验的教师（婧和艾佳），一名刚踏入第八年教学生涯的专家教师（马丽娜）以及一名新手教师（珍妮）。该研究是一个多案例个案研究。研究者对这四位教师教学的各个环节进行了观察、访谈和记录，并对各位教师所写的个人教学反思进行了分析。就教师知识方面来看，研究者从哲学研究和人类学的角度，重新定义了教师知识，考察了教师知识的四个方面：（1）教师知识是一个整体，不能分成截然不同的知识领域；（2）教师个人的教与学的理念在他们的教学与学习处理中扮演着重要角色；（3）学科教学法知识包括两个重要组成部分——学习处理（即一般教学技能）和课程实施（即对所教学科的有效表征）；（4）教师知识和他们的实践行为之间存在着辩证关系。

除此之外，研究者还阐明了专家教师和非专家教师知识基础的特点以及二者的不同之处。研究发现，专家型教师具备完备的学科内容知识和学科教学知识，但他们的知识以融通、整合的方式体现在教学行动之中。专家和非专家教师的区别不在于他们各自在课堂中能做或不能做什么，而在于他们对自己行为的感知和理解不同。

1.6 研究资源

1.6.1 推荐书目

Clandinin, D. J., & Connelly, F. M. (1999). S*haping of professional identity: Stories of educational practice*. New York: Teachers College Press.

Connelly, F. M., & Clandinin, D. J. (1984). *The role of teachers' personal practical knowledge in effecting board policy. Volume 1: Problem, method, and guiding conception* (ERIC Document Reproduction Service No. ED 271 535). Toronto: Ontario Inst. for Studies in Education.

Connelly, F. M., & Clandinin, D. J. (1984). *The role of teachers' personal practical knowledge in effecting board policy. Volume 2: Development and implementation of a race relations policy by Toronto Board of Education* (ERIC Document Reproduction Service No. ED 271 536). Toronto: Ontario Inst. for Studies in Education.

Connelly, F. M., & Clandinin, D. J. (1984). *The role of teachers' personal practical knowledge in effecting board policy. Volume 3: Teachers' personal practical knowledge* (ERIC Document Reproduction Service No. ED 271 537). Toronto: Ontario Inst. for Studies in Education.

Connelly, F. M., & Clandinin, D. J. (1984). *The role of teachers' personal practical knowledge in effecting board policy. Volume 4: Teachers' personal practical knowledge and race relations* (ERIC Document Reproduction Service No. ED 271 538). Toronto: Ontario Inst. for Studies in Education.

Connelly, F. M., & Clandinin, D. J. (1988). *Teachers as curriculum planners: Narrative of experiences.* New York: Teachers College Press.

Connelly, F. M., & Clandinin, D. J. (1995). *Teachers' professional knowledge landscapes.* New York: Teachers College Press.

Dewey, J. (1933). *How we think: A restatement of the relation of reflective thinking to the educative process.* Buffalo: Prometheus Books.

Elbaz, F. (1983). *Teacher thinking: A study of practical knowledge.* London: Croom Helm.

Habermas, J. (1978). *Knowledge and human interests (2nd edition).* London: Heinemann.

Johnson, K. E. (2009). *Second language teacher education: A sociocultural perspective.* New York: Routledge.

Richards, J. C. (1998). *Beyond training.* Cambridge: Cambridge University Press.

Tsui, A. B. M. (2003). *Understanding expertise in teaching: Case studies of second language teachers.* Cambridge: Cambridge University Press.

陈向明，2011，《搭建实践与理论之桥——教师实践性知识研究》。北京：教育科学出版社。

姜美玲，2008，《教师实践性知识研究》。上海：华东师范大学出版社。

刘清华，2004，《教师知识的模型建构研究》。北京：中国社会科学出版社。

吴一安，2007，《中国高校英语教师教育与发展研究》。北京：外语教学与研究出版社。

叶澜、白益民、王枬、陶志琼，2001，《教师角色与教师发展新探》。北京：教育科学出版社。

1.6.2 推荐文章

Clandinin, D. J., & Connelly, F. M. (1986). Rhythms in teaching: The narrative study of teachers' personal practical knowledge of classrooms. *Teaching and Teacher Education, 2* (4), 377-387.

Clandinin, D. J., & Connelly, F. M. (1996). Teachers' professional knowledge landscapes: Teacher stories-stories of teachers-school stories-stories of schools. *Educational Researcher, 25* (3), 24-30.

Connelly, F. M., & Clandinin, D. J. (1986). On narrative method, personal philosophy and narrative unities in the story of teaching. *Journal of Research in Science Teaching, 23* (4), 293-310.

Connelly, F. M., & Clandinin, D. J. (1990). Stories of experience and narrative inquiry. *Educational Researcher, 19* (5), 2-14.

Connelly, F. M., & Clandinin, D. J. (2001). Telling and retelling our stories on the professional knowledge landscape. *Teachers and Teaching: Theory and Practice, 7*(2), 143-156.

Connelly, F. M., Clandinin, D. J., & He, M. F. (1997). Teachers' personal practical knowledge on the professional knowledge landscape. *Teaching and Teacher Education, 13* (7), 665-674.

Elbaz, F. (1981). The teacher's "practical knowledge": A report of a case study. *Curriculum Inquiry, 11* (1), 43-71.

Fenstermacher, G. D. (1994). The knower and the known: The nature of knowledge in the research on teaching. In L. Darling-Hammond (Ed.), *Review of Research in Education* (pp.3-56). Washington D. C.: AERA.

Freeman, D. (2002). The hidden side of the work: Teacher knowledge and learning to teach. *Language Teaching, 34,* 1-13.

Grossman, P. L. (1989). A study in contrast: Sources of pedagogical content knowledge for secondary English teachers. *Journal of Teacher Education, 40* (5), 24-32.

Grossman, P. L. (1994). Teachers' knowledge. In T. Husen, & T. N. Postlehtwaite (Eds.), *The international encyclopedia psychology.* New York: Pergamon.

Johnson, K. E. (1996). The role of theory in L2 teacher education. *TESOL Quarterly, 30,* 765-772.

Shulman, L. S. (1986). The paradigms and research programs in the study of teaching: A contemporary perspective. In M. Wittrock (Ed.), *Handbook of research on teaching,*

(3rd Ed., pp. 3-36). New York: Macmillan.

Shulman, L. S. (1987). Knowledge and teaching: Foundation of the new reform. *Harvard Educational Review, 15* (2), 4-14.

陈向明，2003，实践性知识：教师专业发展的知识基础，《北京大学教育评论》（1）：104-112。

1.6.3 网站、数据库类

中国教师教育网：http://www.teacheredu.cn/

中国高等学校教师网：http://www.ccf.edu.cn/

全国特级教师网：http://www.tejijiaoshi.cn/

中国幼儿教师网：http://www.yejs.cn/Index.html

英语教师网：http://www.ewteacher.com/r1t94.html

中国英语教师网：http://enteacher.cn/index/

易百特中小学教师资源网站：http://www.ebaite.com/

参考文献

Beijaard, D., & Verloop, N. (1996). Assessing teachers' practical knowledge. *Studies in Educational Evaluation, 22* (3), 275-286.

Beijaard, D., & Verloop, N. (2001). Student teachers eliciting mentors' practical knowledge and comparing it to their own beliefs. *Teaching and Teacher Education, 17* (6), 725-740.

Beijaard, D., & Verloop, N. (2002). How can student teachers elicit experienced teachers' practical knowledge? Tools, suggestions, and significance. *Journal of Teacher Education, 53* (5), 406-419.

Berliner, D. C. (1995). Teacher expertise. In L. W. Anderson (2nd Ed.), *International encyclopedia of teaching and teacher education* (pp. 46-51). London: Pergamon Press.

Borko, H., & Putnam, R. T. (1995). Expanding a teacher's knowledge base: A cognitive psychological perspective on professional development. In T. R. Buskey, & M.

Huberman (Eds.), *Professional development in education: New paradigms and practices* (pp. 35-66). New York: Teachers College, Columbia University.

Clandinin, D. J., & Connelly, F. M. (1986). Rhythms in teaching: The narrative study of teachers' personal practical knowledge of classrooms. *Teaching and Teacher Education, 2* (4), 377-387.

Clandinin, D. J., & Connelly, F. M. (1996). Teachers' professional knowledge landscapes: Teacher stories-stories of teachers-school stories-stories of schools. *Educational Researcher, 25* (3), 24-30.

Clandinin, D. J., & Connelly, F. M. (1999). S*haping of professional identity: Stories of educational practice.* New York: Teachers College Press.

Connelly, F. M., & Clandinin, D. J. (1984). *The role of teachers' personal practical knowledge in effecting board policy. Volume 1: Problem, method, and guiding conception* (ERIC Document Reproduction Service No. ED 271 535). Toronto: Ontario Inst. for Studies in Education.

Connelly, F. M., & Clandinin, D. J. (1984). *The role of teachers' personal practical knowledge in effecting board policy. Volume 2: Development and implementation of a race relations policy by Toronto Board of Education.* (ERIC Document Reproduction Service No. ED 271 536). Toronto: Ontario Inst. for Studies in Education.

Connelly, F. M., & Clandinin, D. J. (1984). *The role of teachers' personal practical knowledge in effecting board policy. Volume 3: Teachers' personal practical knowledge.* (ERIC Document Reproduction Service No. ED 271 537) Toronto: Ontario Inst. for Studies in Education.

Connelly, F. M., & Clandinin, D. J. (1984). *The role of teachers' personal practical knowledge in effecting board policy. Volume 4: Teachers' personal practical knowledge and race relations.* (ERIC Document Reproduction Service No. ED 271 538) Toronto: Ontario Inst. for Studies in Education.

Connelly, F. M., & Clandinin, D. J. (1986). On narrative method, personal philosophy and narrative unities in the story of teaching. *Journal of Research in Science Teaching, 23* (4), 293-310.

Connelly, F. M., & Clandinin, D. J. (1988). *Teachers as curriculum planners: Narrative of experiences.* New York: Teachers College Press.

Connelly, F. M., & Clandinin, D. J. (1990). Stories of experience and narrative inquiry. *Educational Researcher, 19* (5), 2-14.

Connelly, F. M., & Clandinin, D. J. (1995). *Teachers' professional knowledge landscapes.*

New York: Teachers College Press.

Connelly, F. M., & Clandinin, D. J. (2001). Telling and retelling our stories on the professional knowledge landscape. *Teachers and Teaching: Theory and practice, 7* (2), 143-156.

Connelly, F. M., Clandinin, D. J., & He, M. F. (1997). Teachers' personal practical knowledge on the professional knowledge landscape. *Teaching and Teacher Education, 13* (7), 665-674.

Dewey, J. (1933). *How we think: A restatement of the relation of reflective thinking to the educative process.* Buffalo, NY: Prometheus Books.

Elbaz, F. (1981). The teacher's "practical knowledge": A report of a case study. *Curriculum Inquiry, 11* (1), 43-71.

Elbaz, F. (1983). *Teacher thinking: A study of practical knowledge.* London: Croom Helm.

Fenstermacher, G. D. (1994). The knower and the known: The nature of knowledge in the research on teaching. In L. Darling-Hammond (Ed.), *Review of research in education* (pp.3-56). Washington D. C.: AERA.

Freeman, D. (2002). The hidden side of the work: Teacher knowledge and learning to teach. *Language Teaching, 34,* 1-13.

Gatbonton, E. (1999). Investigating experienced ESL teachers' pedagogical knowledge. *The Modern Language Journal, 83* (1), 35-50.

Gilbert, W., Hirst, L., & Clary, E. (1987). The NCA workshop's taxonomy of professional knowledge. In D. W. Jones (Ed.), *Professional knowledge base: NCATE approval fortieth annual report of the North Central Association teacher education workshop.* Flagstaff: University of North Arizona.

Grossman, P. L. (1989). A study in contrast: Sources of pedagogical content knowledge for secondary English teachers. *Journal of Teacher Education, 40* (5), 24-32.

Grossman, P. L. (1994). Teachers' knowledge. In T. Husen, & T. N. Postlehtwaite (Eds.), *The international encyclopedia psychology.* New York: Pergamon.

Habermas, J. (1978). *Knowledge and human interests (2nd Ed.).* London: Heinemann.

Johnson, K. E. (1996). The role of theory in L2 teacher education. *TESOL Quarterly, 30,* 765-772.

Johnson, K. E. (2009). *Second language teacher education: A sociocultural perspective.* New York: Routledge.

Meijer, P. C., Verloop, N., & Beijaard, D. (1999). Exploring language teachers' practical knowledge about teaching reading comprehension. *Teaching and Teacher Education,*

15 (1), 59-84.

Richards, J. C. (1998). *Beyond training.* Cambridge: Cambridge University Press.

Shulman, L. S. (1986). The paradigms and research programs in the study of teaching: A contemporary perspective. In M. Wittrock (Ed.), *Handbook of research on teaching* (3rd Ed., pp. 3-36). New York: Macmillan.

Shulman, L. S. (1987). Knowledge and teaching: Foundation of the new reform. *Harvard Educational Review, 15* (2), 4-14.

Tsui, A. B. M. (2003). *Understanding expertise in teaching: Case studies of second language teachers.* Cambridge: Cambridge University Press.

陈向明，2003，实践性知识：教师专业发展的知识基础，《北京大学教育评论》(1)，104-112。

陈向明，2011，《搭建实践与理论之桥——教师实践性知识研究》。北京：教育科学出版社。

傅道春，2001，《教师的成长与发展》。北京：教育科学出版社。

韩刚、王蓉，2005，英语师范生教师教育课程的专业化目标，《教师教育研究》(3)，25-30。

姜美玲，2008，《教师实践性知识研究》。上海：华东师范大学出版社。

鞠玉翠，2003，《教师个人实践理论的叙事探究》。上海：华东师范大学博士论文。

李秉德、李定仁，1991，《教学论》。北京：人民教育出版社。

林崇德，1999，《教育的智慧》。北京：开明出版社。

刘清华，2004，《教师知识的模型建构研究》。北京：中国社会科学出版社。

南京师范大学《教育学》编写组，1984，《教育学》。北京：人民教育出版社。

申继亮、辛涛，1999，《教师素质论纲》。北京：华艺出版社。

王艳玲，2007，近20年来教师知识研究的回顾与反思，《全球教育展望》(2)，39-43。

吴一安，2007，《中国高校英语教师教育与发展研究》。北京：外语教学与研究出版社。

叶澜、白益民、王枬、陶志琼，2001，《教师角色与教师发展新探》。北京：教育科学出版社。

赵宏琴，2009，《发展关于教师的专业知识》。杭州：浙江大学出版社。

朱晓民、张德斌，2006，近二十年来教师知识结构研究评述，《陕西师范大学学报》（社会科学版）(2)，136-139。

第二章　教师职业认同[1]

刘熠　东北大学外国语学院

2.1 引言

　　多年来，第二语言（以下简称二语）教育研究的重心为学习者，教师研究一直处在从属地位。20 世纪 80 年代以来，西方应用语言学家逐渐认识到教师在教学中的重要作用，开始了相关探讨，90 年代出现了越来越多的关于语言教师的实证研究（Velez-Rendon，2002）。Johnson（2006）把过去 40 年的外语教师教育研究划分为三个发展阶段：70 年代中期，研究重心是教师对教学法和教学内容的掌握及其对学习者的学习成果的影响；80 年代中期，重心转为对教师知识、教师决策与教学实践的研究；90 年代中期，外语教师教育研究出现了社会—文化转向，即教师被看作是社会文化共同体中的参与者，教师发展更多关心教师的"内在自我"（inner self）的发展，许多研究发现教师的"内在自我"对于教师如何理解教学及其在课堂上的教学行为方面有着至关重要的影响（Weisman，2001）。认同作为人的内在自我的一个重要组成部分，近年来引起了教师发展研究者的极大兴趣。他们认为教师在其职业方面的认同影响了他们的职业效能、职业发展、应对教育改革并在教学实践中实施改革的能力和意愿（Beijaard，Verloop，& Vermunt，2000），教师如何发展其职业认同以及他们在职业发展中对职业认同的理解对其职业发展有着至关重要的作用，吴宗杰（2008）指出教师发展的本质是其职业认同的发展。

　　受其本身与人类交际和文化的紧密关系的影响，语言教学需要教师投入更多情感因素参与到教学过程中，Varghese，Morgan，Johnston，& Johnson（2005）

1　本章部分内容发表在《外语与外语教学》2012 年第 10 期和 2011 年出版的专著《叙事视角下的大学英语教师职业认同建构研究》中。

强调理解语言教学的关键是理解教师，理解他们自己所拥有的或被他人所指定的职业、文化、政治和个人认同。针对二语教师职业认同的研究始于 20 世纪末及 21 世纪初（Duff & Uchida，1997；Johnston，1997；Jones，Young，& Rodriguez，1999；Weisman，2001）；在中国，英语作为外语教学领域中关于教师教育与发展的研究刚刚起步，多以教师掌握语言知识和语言学理论为主导，而忽视了非语言和个人因素（周燕，2008）。改革开放以来，英语作为一个在高度全球化情境下与世界交流的主要工具，一直是中国教育关注的一个焦点。随着国家教育部所倡导的大学英语教改的大力推行，原有的传统教学理念面临着巨大的冲击，而担当实施教学改革重任的英语教师的职业发展亦引起了研究者的关注（夏纪梅，2002；吴一安，2005；吴一安等，2009；周燕，2005）。通过搜索二语教师职业发展的相关文献，笔者发现近年来出现了不少关于二语教师信念（Pajares，1992）、教师知识（Freeman & Johnson，1998）、教师态度（Clemente，2001）和教师认知（Borg，2003）的研究。而这些对于教师内心活动的关注将教学因素与个人因素分离开来，没有从教师作为"社会人"的整体视角来研究教师的生活世界和职业发展，而能够探究教师内心自我的研究课题正是教师认同的研究。搜索中国教师教育与发展领域相关文献，我们发现"职业认同"、"专业认同"、"认同"和"身份认同"在文献中各有使用。由于这些定义都与教师职业紧密相关，为论述方便，此文统称其为职业认同。本章针对外语教师职业认同的研究发展脉络、研究成果和争议性问题作全面梳理和综述，并提供了两个经典研究案例和相关研究资源。

2.2 研究脉络

教育领域的职业认同概念主要源于西方的认同理论，作为西方哲学和逻辑学的一个主要概念，"认同"及其同源词的历史最早可以追溯到古希腊时期，人们用它来探讨"变化中的永恒"以及"多样化中的统一"之类的哲学问题（Brubaker & Cooper，2000）。被引入到当代社会科学后，"认同"成为了一个无处不在的复杂概念，以各种不同的方式（如：self-perception, self-concept, face, subjectivity, self, selfhood, role, membership, self-identity）出现在心理学、社会学、历史学、教育学、政治学等诸多学科中。"认同"定义的多样性和不确定性，说明人们对认同的理解不尽相同且复杂多样。本节我们将全面梳理一下外语教师职业认同研究理论发展脉络。

2.2.1　西方早期认同理论的发展

早期研究认同的学者 C. H. Cooley 倾向于把认同看作不受外界环境和经验影响的一元、统一且稳定的本质；而近代学者倾向于从建构的视角来看待认同，将其看作是一个动态、互动、持续、与个人的社会经历相关的过程。这种建构视角是由 20 世纪 90 年代美国出现的互动主义发展起来的，互动主义认为意义（meaning）是在个体之间的互动中产生的，其中最有影响力的认同理论包括：符号互动理论、拟剧化理论和认同理论。

符号互动理论是由 Mead（1934）基于早期心理学家 James 的"社会自我"理论和作家 Cooley 的"镜中自我"理论之上提出来的，他们认为认同是不受外界环境影响的单一的、稳定的本质。与早期学者不同，Mead 认为自我是一个社会产物，是一个发展的过程；在这个过程中，个体不断地通过使用符号与社会文化背景进行协商。

拟剧化理论是美国社会学家 Goffman 在符号互动理论的基础上发展起来的，该理论认为日常交际是人们在社会大舞台上以不同的角色、通过符号交换而进行的互动"演出"。在这种受环境和观众的影响的演出中，演员需要给他人留下与其所期望达到的交际目的相一致的印象；要想成为某一特定类型的人，仅仅具有所要求的特征是不够的，还需要具有其所属团体加之于其上的行为标准（Goffman，1959）。Goffman 与 Mead 的认同理论的共同之处在于，他们都认为认同是通过社会交往建构的。与 Mead 不同的是，Goffman 认为人具有多个自我，每个自我在不同的时间和场景实施不同的角色，Goffman 的认同定义被批评为忽略了符号互动中的个人能动性，缺乏对于互动过程的描述。

著名理论家 Erikson 的认同理论主要是基于 Freud 的思想之上提出的，但其发展了 Freud 关于人的认同在童年之后停滞发展的假设，指出认同是发展的、阶段性的、历史性的，是与个人经历（尤其是童年和青年时期的经历）相关的。这种将认同看作是连续的、发展的、随着时间变化而变化的观点使该理论区别于 Mead 与 Goffman 的认同理论。Erikson 还强调了认同的社会性，即人的认同与其所处的共同体以及与外界世界的互动紧密相关。然而该认同理论被批评是过分强调了认同形成过程中单独个体的作用，而忽视了社会文化因素的影响。

这三个早期理论主要应用于社会学与心理学领域，尽管与更早的一元认同理论相比更具建构性，开始意识到人与外界环境的互动，但仍具有明显的结构主义倾向，虽然后期教师认同研究对此仍旧有一定的历史沿袭，但在建构主义盛行时期才出现的教师认同研究，多为采用更具建构性的认同思想。

2.2.2 社会心理学的认同理论发展

20 世纪 70 年代至 80 年代，在社会心理学领域影响最大的两个认同理论是"社会认同理论"和"认同理论"，这两个理论都是在符号互动理论基础上发展起来的，分别源于 Henri Tajfel 的早期著作（Tajfel，1959）和 Sheldon Stryker 的早期著作（Stryker，1968）。前者强调个人在一个团体中的"成员身份"（membership），该理论承认自我的多面性及其与社会结构之间的互动性；后者强调的认同是一个共同体内部成员的"角色"。由于这两种理论所定义的认同都有相对较强的限定性和静态性，给予主体的认同发展的自由空间相对较少，因此被认为具有结构主义倾向。尽管没有研究直接使用该理论，但将认同看作是"角色"或"成员身份"的定义也常出现在近期外语教师职业认同文献中。如 Varghese（2006）认为教师职业身份认同关注个体如何看待自我的问题，包括个体在不同环境中扮演职业角色的方式。Richards（2008）将外语教师身份认同定义为外语教师在教学过程中对所承担的社会和文化角色的确定和认同。而"角色"和"身份"仍过于结构化，不能深刻揭示教师职业认同的复杂性和动态性。

近几十年来，在符号互动理论和后现代主义思潮的影响下，建构主义视角的认同理论在各个社会学科中发展起来。建构主义视角下的认同不是一个产品，而是一个过程，具有如下特点：(1) 认同发生在具体的、互动的场景下；(2) 认同是多元的过程而不是单一的、独立的结构；(3) 认同不仅仅源于个人，还是一个个人与社会情境相协商的过程；(4) 认同构建是通过语言实现的 (de Fina, Schiffrin, & Bamberg, 2006)。从这个意义上，认同是文化、社会和机构制度的混合体，随着角色和环境的变化而变化，随着人与社会情境之间积极的互动而变化。在诸多的建构主义认同理论中，有三位学者的理论在二语研究领域影响相对较大，分别是：英国社会学家 Anthony Giddens、法国社会学家 Pierre Bourdieu 和美国社会学家 Etienne Wenger。

Anthony Giddens 对认同的阐述是基于现代性的大社会背景的，所谓的现代性就是产生于 17 世纪的欧洲，然后逐渐蔓延到全世界的一种与以前迥然不同的生活方式 (Giddens, 1991)。Giddens 将个人视为积极、能动的个体，强调认同的"反身性"(reflexivity)，强调社会结构与主体之间的构建。Giddens 将自我认同定义为：反思性地组织起来的、既保持前后连贯又被不断修正的、有关自我生活经历的一系列叙述 (1991：5)。他强调在自我认同的建构过程中，个人具有反思意识，由过去到未来建构（重建）出连贯一致的认同感。

另一个被广泛运用于应用语言学和社会语言学研究领域的认同理论是法国社会学家 Pierre Bourdieu 的认同理论。Bourdieu 反对传统上的主观主义与客观主义的二元对立，自称其理论为"结构化的建构主义"(structuralist constructivism) (1989)。Bourdieu 指出认同是通过个体在场域 (field) 中的权力斗争而建构的，所说的"场域"是指在多种位置之间存在的客观关系的一个网络或一种构型。认同在客观世界的结构与具有主观经历的能动者之间的关系中得以建构。与强调个人能动性的 Giddens 认同理论相比，Bourdieu 更侧重社会结构对个人行动的决定作用（芮晓松、高一虹，2008）。

受 Bourdieu 理论对实践的强调和 Giddens 结构化理论的影响，美国社会学家 Etienne Wenger 提出了通过在实践共同体中的学习而建构认同的理论，所谓实践共同体简单地说是指我们经常参与的、为了共同目的而形成的各种共同体，Wenger 将认同定义为：能动者在实践中参与和协商的学习经历 (1998)，能动者在各种实践共同体中的学习实践是建构认同的基本过程。与之前所讨论的建构主义视角下的理论相比较，Wenger 理论强调了社会结构与能动者之间持续的、交互的建构，引起了认同研究者，尤其是致力于工作场景下的职业发展研究者的关注。

这些更关注认同的建构过程的理论逐渐被应用在外语教育研究领域中，如：Giddens 对主体能动性与现代性的强调吸引了诸多二语研究者的兴趣（如 Gao，2006；Orton，2005），探讨了现代社会结构强加于作为社会个体的二语学习者之上的种种限制及其作为学习者认同的建构。Bourdieu 关于语言是权力符号（symbolic power）的观点（1991）受到了社会文化视角的二语研究者在二语学习者认同研究中的关注（Norton，1995）。在外语教师认同研究领域，Wenger 的实践共同体理论成为研究职业认同的主要理论之一，刘熠（2009a）使用该理论讨论大学英语教师的职业认同建构；Tsui（2007）也采纳了该理论，用来探究一名中国英语教师职业认同的构建与重建。这些建构的认同理论有益于深入探究当代外语教师职业认同的复杂性、多元性、动态性和矛盾性。

认同理论发展的文献综述表明，近几十年来认同这个社会科学研究中的重要概念经历了从结构主义向建构主义的转变，即由不变、单一、统一的自我认同转变为互动、发展、多元的自我认同。个人在认同发展过程中所起的作用由原来的消极客体转变为积极的能动者，社会结构如文化、历史、社会、共同体等由简单的个体行为的集合转变为结构与能动者之间动态、持续不断、互动的构建过程。教师职业认同研究开始发展的阶段正值这些建构的认同理论盛行的阶段，因此教师职业认同研究多采用社会学这些建构主义的重要理论。

2.2.3 西方教师教育中的职业认同理论发展

教师职业认同的概念是基于社会心理学基础之上的，亦呈现出从结构主义向建构主义的过渡。早期研究（Nias，1984）多采用 Ball（1972）提出的二分认同：情境认同（situated identity）和实质认同（substantive identity）。所谓情境认同是指我们为适应不同的情境所表现出的不同的自我，而实质认同是指人所表现出的更稳定的核心自我，是我们如何看待自我的基础。这种二分定义基本上属于西方传统的本质主义的认同观。

近年来，建构主义的认同观占据了主导地位，许多研究者关注教师职业认同的复杂性和社会性，将认同看作是一个动态的建构过程。Beijaard 和同事将认同定义为：我是谁，是什么样的人，我赋予我自己的意义是什么，别人赋予我的意义是什么，主要涉及教师所教授的学科、教师与学生的关系以及教师角色与角色观念三大内容(Beijaard et al., 2000)。Connelly 将教师的职业认同定义为蕴含于广阔、复杂、动态的"个人知识风景"(personal knowledge landscape) 中的"我们赖以生存的故事"(Connelly & Clandinin, 1999)，不仅涉及个人和社会的互动，还涉及时间的跨越和空间的变化。这些职业认同的定义不仅包括教师对自我的理解，也包括他们与其周围他人、所教课程以及社会环境的关系，不仅包括现在的职业认同也包括了跨越时空的职业认同，这种更具建构性的职业认同定义更加关注职业认同的动态性、多元性以及主体与社会结构之间的互动性。近 30 年中，教育研究者从诸多不同的视角对教师认同开展探索和研究，如情感（Zembylas，2003）、实践知识（Connelly & Clandinin, 1999）、责任心（Day et al., 2006）等等。近年来，在后现代主义思潮的影响下，还有一些研究者开始从权力关系和其他不同视角研究教师认同（Dillabough，1999）。

作为教师群体的一部分，二语教师的职业认同研究也经历了类似的发展趋势，建构主义的职业认同观发展占主导地位。Varghese et al.（2005）认为外语教师的认同基于环境而构建，并通过语言和话语不断转换和变化，具有持续和协商的特点；Beijaard，Meijer，& Verloop（2004）主张外语教师认同在教学过程中应随着个人知识的增加而逐渐构建；Johnson（2003）认为认同依据共有经验，通过"我"怎样看待他人以及他人如何看待"我"而形成、协商和改变。这些关于外语教师职业认同的定义与以往社会科学领域关于认同的理论基础相比，更侧重于职业认同的多元化、动态化协商与建构。

2.2.4 中国外语教师职业认同研究发展

中国教育研究者对教师职业认同从本世纪初才开始出现，多为对西方教师认同研究的文献综述（魏叔华、宋广文，2005）。而在英语教育研究领域，对职业认同的关注相对较少，只有少数间接与英语教师职业认同相关的文献。如高一虹、李莉春、吴红亮（2000）采用访谈法探讨了中国大学英语教师在科研方面对自我的看法，并总结了四种不同的认同分类："理论 / 专职研究者"、"教师研究者"、"做研究的教师"和"单纯教书的教师"。然而这种通过对研究态度而进行的分类仍具有过强的结构主义特征，忽视了复杂的、动态的认同建构过程。

近年来，出现了越来越多的关于中国外语教师职业认同的研究，基本上都是受国外相关领域的影响，亦采用建构的认同视角，即将认同看作一个过程，研究者更关注认同的建构。刘熠（2009a）在其博士论文中以叙事视角探讨了六名大学公共英语教师职业认同建构，根据 Wenger 的认同理论框架（1998）将认同定义为："作为一名教师，他认为自己是谁，是个什么样的教师，他赋予自我以及教师职业的意义；在其职业发展过程中，他与其所参与的各个校内外实践共同体的关系，以及不同共同体之间的联系"。与之类似，郝彩虹（2010）的研究也采用建构的视角，她认为职业认同不仅包含教师如何看待自我，以及什么对于其职业生活更重要，还包括他们与其他人的关系以及自己在这个世界中的位置；他们的职业认同是通过个人史和机构精神交互作用形成的。唐进（2013）认为教师职业认同是动态、多元的，是教师扮演的各种角色的平衡过程，职业认同是教师自我与教师职业相互作用的结果，教师职业认同包含与之协调的次认同，即教师在不同情境和关系下承担不同角色所形成的不同认同。

综述各种外语教师职业认同理论，我们发现，研究者对于职业认同理论理解各不相同，总体上经历了由最初的更为结构化向更为建构化的趋势发展，对于教师职业认同的理解具有如下共性：（1）动态性，即它是一个过程；（2）互动性，即它与主体和社会结构之间的互动密切相关；（3）多元性，即它是由多种或一致或矛盾的认同构成的集合体。

2.3 代表性成果与评述

不同的教师职业认同定义意味着研究者采用了不同的职业认同的研究视角，通过文献搜索笔者发现，叙事视角是二语教师职业认同的主流，如：叙事的深度访谈（Clarke，2008；Weisman，2001；刘熠，2009a），民俗志的个案研究（Duff & Uchida，1997），生活故事采访（Johnston，1997；Simon-

Maeda，2004）；自传研究（Lin，Wang，Akamatsu，& Riazi，2002；Pavlenko，2003）；叙事探究（Tsui，2007）。本节将主要综述叙事视角下的外语教师职业认同研究的主要研究成果。

2.3.1 普通教育领域教师职业认同的叙事研究发展 [1]

要了解教师的职业认同，需要一个"主位"（emic）视角来获得教师本人对于其职业发展的理解和诠释，而应用教师的叙事来探讨其职业认同是最有效的研究模式。1926 年，Paul Radin 出版了 *Crushing Thunder: The Autobiography of an American Indian*，半个世纪后，叙事与认同成为诸多社会学、人类学、心理学和社会语言学等学术研究领域的重要课题。我们通过使用叙事塑形来实现个人认同和自我概念，通过把我们的存在理解为一个逐步展开并发展的故事来使之成为一个整体，因此自我并不是一个静止物也不是一种物质，而是由个人事件塑造成的历史统一体，不仅仅包括一个人的过去也包括一个人的未来（Polkinghorne，1988）。在这种建构主义的哲学视角之下，通过将个人的生活经历在具体的情景和背景下讲给自己或他人，通过这种叙事话语，叙事者的认同得以构建和诠释。与传统上人们理性地把教师看作抽象的社会符号的科研方法相比，叙事视角被认为可以揭示生活世界中教师的真实"自我"。在社会科学对叙事与认同研究越来越重视的大背景下，日记、传记、自传、生活故事、逸事、叙事采访、口述史、个人文献、民族志史等叙事题材逐渐被广泛应用在教师职业发展的研究中，Casey（1995）称此类研究为"叙事研究"（narrative research）。叙事被认为是教师更好地理解自己的职业世界，从而不断地发展自我、调整自我以及改进其教学实践的有效渠道，通过阅读其他教师的叙事，读者可以反思自己的故事并把他人的经验融入到自己的教学实践中。

Elbaz（2005）把这种叙事研究的盛行归因于教育学和心理学领域两种思潮的出现：一是由美国著名的教育家 Schwab 在 20 世纪 60 年代、70 年代所提出的对课堂中学生和教师的实践经验的重视；二是心理学和社会学领域于 80

1　普通教育在本节中指与具体的外语教育相对应的广义上的教育。

年代发展起来的叙事研究的影响。加拿大学者 Connelly 和他的同事们所完成的一系列研究项目（Clandinin & Connelly，1998；Connelly & Clandinin，1984，1999）揭示了职业认同对教师发展的重要意义：教师对于关于实践知识的回答似乎都与其职业认同紧密相关，教师们更关心他们是谁而不是他们知道什么。这种叙事视角将教师职业认同不仅仅看作是受现时的组织情境所影响，也与他们的生活史和相关经历紧密相关。

教师职业认同研究文献综述显示，在诸多的教师职业认同研究视角中，受建构主义思想影响的叙事视角因其在探索教师作为个人的职业发展和在赋予教师权利使其倾述内心声音方面的优越性而日渐盛行。

2.3.2 叙事视角下的二语教师职业认同研究

受普通教育教师认同研究盛行的影响，20 世纪 90 年代末以来，二语教师职业认同也逐渐引起研究者关注。在后结构主义思潮的发展背景下，英语作为外语教学环境下的教师认同研究集中在文化、权力、声音和认同的多元性的问题上，如 Simon-Maeda（2004）通过九名日本女性英语教师的生活故事，讨论了这些女性如何在男性占统治地位的社会文化环境下建构多元的认同以及如何调动各种可利用资源来与职业生活中的压迫力量相抗衡。Johnston（1997）的研究是基于波兰 37 名英语教师的生活故事，采用 Bakhtin 的多声性话语理论为框架，讨论了教师的动态、多元的认同是如何在自己与其他社会、经济、政治话语进行复杂互动中构建起来的。

母语 / 非母语教师的二分问题（Braine，1999；Golombek & Jordan，2005），尤其是非母语教师的认同，也是二语教师职业认同较为关注的焦点。Golombek & Jordan（2005）以一个 TESOL（英语作为第二语言教学）课程中的两名中国台湾学生为研究对象，发现这两名职前教师在合法的英语使用者和英语教师之间拥有多个矛盾的认同，指出应该为职前教师提供多种话语的选择从而使其能够想象多种可选择的认同；Pavelenko（2003）收集了一个 TESOL 课程中 44 名职前和在职的英语作为第二语言教学的教师自传，并以"想象共同体"理论为框架进行分析，发现这些教师将自己分为母语 / 非母语使用者两种想象共同体，建议为学生提供一种具有多种能力的、双语的或多语的语言使用者的认同从而使其对自我有积极的评价并努力重塑周围环境。Lin 和其同事（Lin，et al.，2002）使用了他们本人的自传叙事作为一个"集体故事"（collective story），以此作为研究素材，研究发现母语 / 非母语使用者的二分认同明显存在于他们的传记中，建议在全球化的大环境下，我们应从社会文化情境的视角重新思考和定位这种二分认同，通过想象和再想象，最终实现一个在多元的社会文化背景下多种声音的共存。

　　近年来，教师职业认同建构过程以及这些过程之间的互动亦开始被少数学者开始关注，Tsui（2007）通过采纳 Wenger（1998）的社会认同形成理论，以一名中国英语教师叙述的生活经历为质料，探讨了这位教师职业认同的构建与重建。Clarke（2008）以阿拉伯联合酋长国的职前英语教师为研究对象，通过一系列的书面或笔头对话为料，探索了社会教育话语如何形塑教师职业认同的问题。整体趋势上，外语教师职业认同研究经历了从较为结构向强调过程的建构主义过渡。

2.3.3 中国外语教师职业认同的叙事研究

　　受到西方学术界影响，中国外语教育领域的外语教师职业认同自近年来开始盛行，叙事的质化研究一直占主导地位。刘熠（2009a）围绕六名大学英语教师从英语学习者到英语教师的成长故事，采用了 Wenger 的实践共同体为理论框架，通过系列访谈、课堂观察等质化方法探究了大学英语教师在制度共同体、师生共同体、想象共同体及其非大学公共英语教学的实践共同体中职业认同的建构过程，展示了当代公英教师职业认同建构过程的复杂性、变化性和互动性。补充采用个案研究的叙事方法，通过深度访谈，研究大学英语教师在评估改革中的身份转变及其影响，体现了在社会维度和历史维度交织影响下的教师专业自我与个人自我的竞争与融合中的建构，在变与不变中，教师的专业自我在与各种环境中的人和资源的竞争与协商中不断得到重构。郝彩虹（2014）通过借鉴并综合运用发展心理学的同一性发展过程及状态理论、教师专业社会化策略理论，把危机和应对作为教师专业身份认同研究的分析视角，通过深度访谈、文本资料分析、实地观察等质化研究方法，对某综合性研究型高校 11 位有过职后博士学习经历的大学英语教师的专业身份认同危机演变及其应对进行了研究，研究发现教师专业认同的形成和重构其实是教师个人标准、学科共同体标准、院校标准、一般意义上公认的学术职业标准彼此之间角力、协商、寻求平衡的过程。与国外的教师认同相比，中国研究者更倾向于介绍中国自成立以来在经历了巨大的历史变革、经济变革、教育改革等社会背景下，尤其是近年来的外语教学改革以及外语教师政策（包括职称、科研、聘用制度）改革的背景下，外语教师职业认同的发展和变化。

叙事视角由于其自身的优势，深入了解教师内心的故事，倾听他们的声音，建构地了解教师职业认同的发展，探究教师在社会文化背景因素影响下的发展。该方法更适合探究中国外语教育改革进程中处在改革最前沿、且最重要位置的教师的内心感受，给作为改革实施者的教师一个倾述自己声音的渠道，更多地了解教师的经历，进而促进整个改革的顺利进行。

2.4 争议性问题

如前一节所述，为深刻探究外语教师内在的职业认同发展及其在建构主义视角下的建构过程，叙事视角一直占据主导地位，研究方法基本上是深度访谈、课堂观察等质化个案研究。随着对外语教师职业认同关注度的提高，一些学者批评单纯的叙事研究主观性较强，研究的客观性、真实性、研究的广度和代表性受到质疑（寻阳、郑新民，2014），出现了其他研究外语教师职业认同途径和视角。本节主要综述质化与量化范式之争以及新出现的语言学视角。

2.4.1 质化与量化范式之争

与质化研究方法相比，量化研究方法由于其样本大、问卷操作相对客观、研究结果可推广度强等方面的优势一直在科学研究中占主导地位。而教师身份认同是教师内心世界的活动，深度访谈和观察是探究和揭示教师内心的有效工具，因此仅仅使用量化研究是不够的，而仅仅依靠质化研究又被批评为方法单一，不具有推广度和代表性，因此一些研究者开始将量化和质化方法混合一起来研究外语教师职业认同。混合方法是当今社会学方法的最新趋势，研究者希望通过两种截然不同的方法研究某一研究问题，倡导"多元方法"和"三角互证"，结合了各自的优势，弥补了不足。尽管如何将两种本体论和哲学观不同的研究范式合理地结合在一起仍存在争议，但这种取向为多元方法学视角提供了空间，打破了原来量化和质化研究不相容的局面（徐小青，2012），常见的混合研究方法多为以一种范式为主而另一种为辅的模式。

通过文献搜索我们发现，随着外语教师职业认同研究的发展，近几年来，出现了一些量化为主、质化为辅的研究。寻阳（2012）的博士论文依据社会文化理论和教师身份认同等理论，综合运用质化和量化研究的方法，对山东省13所普通高中的283位英语教师进行问卷调查和个别教师的半结构式访谈，试图分析我国英语教师身份认同的特点及其根源。按照量化设计规范设计了包含四个维度（职业身份认同、专业身份认同、个人身份认同和处境身份认同）的《高中英语教师身份认同调查问卷》。在利用调查问卷进行实证调查的同时，进行半结构访谈和课堂观察。唐进（2013）基于对47名大学英语教师访谈结果的质化研究，结合相关文献编制了《大学英语教师职业认同初始问卷》，研究编制的大学英语教师职业认同量表模型包含了职业行为倾向、职业环境认同、教育改革认同和科研投入认同四个维度。尽管不同研究者的问卷涉及的维度不尽相同，但与质化方法一致的是他们也以一种建构的视角看待教师的职业认同，维度包括教师职业认同相关的各种内在和外在因素，如个人因素、社会因素、环境因素等。这些混合方法的研究基本上旨在弥补单纯质化研究的局限，试图寻找一种具有较高的信度与效度，更全面、更准确且有效测量外语教师职业认同的工具。然而我们发现尽管量化研究者都试图将外语教师职业认同看作是一个复杂、多元和动态的概念，但受问卷本身更为结构化的特点以及问卷设计过程中的主观性和篇幅局限性影响，在探究教师职业认同的深度、透彻度、信息广度方面仍会遇到问题，质化方法仍在教师认同研究中起着不可或缺的地位。

2.4.2 新视角的出现：话语分析[1]

建构主义视角下的认同不再是存在于人内部有待被发现的、永恒不变的本质，而是存在于社会实践中的一个过程，在这个过程中话语承担了重要的角色。广义上讲，话语不仅仅是语言符号，而是一种社会实践，可以产生、传播、强化、挑战、削弱社会意义和社会关系（Clarke，2008），语言和话语在构建身份认同过程中起着关键作用（Trent，2010，2011）。Varghese 及其同事把教师身份认同的构建理解为"话语中的身份认同"，提出身份认同具有话语构建的特点(Varghese et al.，2005)。通过文献综述我们发现话语分析视角探究外语教师职业认同的研究也逐渐涌现，他们认为语言和话语在构建英语教师身份认同过程中起着关键的作用（如 Clarke，2008；Miller，2003；Trent，2010，2011），这样促使他们采用话语分析理论来探讨英语教师身份认同的形成和发展。Trent(2010) 对六名职前香港英语教师进行访谈，并采用 Fairclough(2003) 和 Wenger（1998）的理论对其话语进行分析，探究了职前教师形成教师身份的过程，分析了其身份构建。

与此类似，中国外语教师认同研究领域也出现了通过话语分析进行外语教师职业认同研究的文献。刘熠（2009b）通过课堂观察所收集到的两名大学公共英语教师各 50 分钟的课堂话语，同时辅以他们对其职业发展经历的叙事，从批判话语分析的视角，重点分析对比了两名教师课堂话语中的代词、情态、语气与话轮转换的特点，围绕着他们对其职业以及教师与学生之间权力关系的差异，讨论了大学公共英语教师职业认同在课堂话语中的体现。兰良平、韩刚（2013）运用会话分析的身份分析框架对两个师生课堂交流片段进行分析，以论证教师身份是师生在课堂交往中通过使用会话策略共同构建的。刘熠（2010）采用开放式调查问卷方式，收集了来自国内 10 所大学共 31 名公共英语教师关于教学隐喻的反馈，通过对隐喻的构成、隐喻所蕴含的教学理念以及未来对隐喻的可能修改等内容的分析，探讨了中国大学公共英语教师的教学隐喻中所蕴

---

1 严格意义上讲，话语分析也属于质化研究，但本章将其作为一个独立视角来讨论是为了将其区分于典型的、以访谈、观察等为主要质料收集手段的质化研究。

含的教师职业认同。这些语言学语篇分析视角下的外语教师职业认同研究不同于质化的宏观叙事和量化的大规模描述，而是从微观语言角度深入探究教师身份，为该领域研究提供了新的思路。

2.5 经典研究案例

为了更好地介绍中国外语教师职业认同研究，本节将以两个较系统全面的博士论文项目为案例来聚焦质化和量化两种不同范式的研究。

2.5.1 案例一：叙事视角下的大学公共英语教师职业认同建构研究

刘熠（2009a）的博士研究项目是中国外语教师职业认同研究领域较早出现的一个较系统的、较全面的研究，该研究采用了叙事视角，探讨了其关于英语学习和教学经历的叙事中大学公共英语教师的职业认同是如何建构的。其主要理论框架为 Wenger（1998，2006）提出的实践共同体模式下的认同建构理论，实践共同体指由一些具有共同目标或兴趣个体组成的团体，并为追求此目标或兴趣而共同参与到某一共同体的活动中，通过共同体中的实践活动而持续不断地、互动地体验和建构其认同（Wenger，1998）。在此理论框架下，该研究主要涉及三个研究问题：(1)公英教师如何理解他们在职业发展中所建构的职业认同？(2)大学英语教师的职业认同是如何在职业发展过程中的不同实践共同体中建构的？(3)大学英语教师职业认同建构的特点是什么？

刘熠（2009a）的研究方法为质化的个案研究，对个案进行一系列开放式的半结构化访谈。第一轮采访的主要目的是了解研究对象英语学习和教学经历的基本信息，采访者没有预设的具体问题，而仅仅遵循一个简单的采访提纲，主要采访内容包括：英语学习经历、初为人师的经历、师生关系、海外经历、学术发展（包括科研和职称）。之后的每次采访都是基于前一次采访进行的。最后一次采访，除了针对前次采访展开之外，另外一项任务是请采访对象通过画流程图来总结其职业发展过程。除了访谈外，整个数据收集过程还包括了课堂观察、相关实地笔记、备忘录、研究者反思日记、学生访谈，以及在研究过程中收集一些辅助性的质料，如电子邮件、电话记录、聊天记录、实物等。数据分析和数据收集是采用从下至上的数据分析模式，即研究结果（或理论）通过系统的、持续的质料收集和分析过程而逐步得出。质料分析随着质料收集的开始而开始，直到研究报告撰写结束而结束，初期的质料分析结果用于塑造后续的质料收集与分析。在运行 Atlas-ti V5.0 软件对质料进行初级代码分析的基础上，研究者结合公英教师职业不同阶段的建构过程，进行了全方位和多层面的理论分析。研究分析表明，在全球及本土的社会、文化、政治及教育变革的宏观背景下，公英教师的职业认同建构是由其在时空维度上的各种实践共同体的实践中得以实现的，主要包括他们所在的制度共同体、师生共同体、想象共同体及其非大学公共英语教学的实践共同体。通过对公英教师在这几种共同体中职业认同的建构过程的讨论，研究发现当代公英教师的职业认同建构过程具有复杂性、变化性和互动性，呈现如下主要特征：（1）挣扎和不确定性与日俱增，（2）外部强加结构和内部发展意义间的矛盾日益激化，（3）在公英教学实践中的意义协商权力逐渐下降，（4）多职业性，（5）悖论式的职业地位变化。

刘熠（2009a）采用了建构主义的叙事视角，与一些传统的学术的认同研究视角相比，叙事视角下的认同研究由于在探索人类复杂的内心世界、为边缘化群体提供一个使公众听到其内心声音的渠道、探究人与社会客体间互动地建构生活经验等方面具有优势，而逐渐引起应用语言学者越来越多的关注。另外该研究对 Wenger 理论框架进行了应用和扩展，提出一个适合全面研究外语教师职业认同并进行实证研究的理论分析框架。为公英教师自身、教师培训者以及相关机构提出了一些具有实践意义的建议，为中国外语教师职业认同这个新兴的研究领域提供了值得进一步探讨的方向。

2.5.2 案例二：我国高中英语教师身份认同研究

寻阳（2012）的博士论文是中国外语教师职业认同研究中较系统全面的量化为主、质化为辅的实证研究。该研究依据社会文化理论和教师身份认同等理论，通过对山东省 13 所普通高中的 283 位英语教师进行问卷调查和个别教师的半结构式访谈，分析了我国不同年龄背景的高中英语教师身份认同状况、主要影响因素、存在的问题、英语教师身份认同的特点及其根源，并探讨了高中英语教师的发展途径。

与目前其他外语教师职业认同研究相似，尽管量化研究范式为主体，但研究的理论框架仍然是建构的社会文化视角，即身份认同不应只是个人的问题，而是整个生态系统的一部分，强调了教师主体的能动性与环境的影响力的相互作用，以及在社会结构和人类交往的限制下的自我选择和塑造方式。该研究提出了四维度七因素高中英语教师认同结构，即包含教师身份认同，由职业身份认同、专业身份认同、个人身份认同和处境身份认同构成，受职业价值观、职业归属感、英语教学信念、语言水平、工作投入、职业行为倾向和组织支持感的影响等内容。其中职业身份认同包括职业价值观和职业归属感；专业身份认同包括教师的英语教学信念和对英语语言水平的自我评价；个人身份认同指高中英语教师在课堂内外对教师工作投入和职业行为倾向的自我评价；处境身份认同涉及组织支持感。在此四个维度七个因子结构基础上，该研究制定了《高中英语教师身份认同调查问卷》。

该研究的主要研究主题是我国高中英语教师身份认同的影响因素和存在的问题。具体的研究问题如下：（1）我国高中英语教师身份认同的结构是怎样的？受哪些因素的影响？能否形成一个信效度较高的《高中英语教师身份认同调查问卷》？（2）高中英语教师的身份认同状况如何？不同年龄背景的教师之间存在什么异同？他们的教师身份认同与其专业发展有怎样的关系？（3）高中英语教师身份认同中是否存在身份认同危机？原因是什么？（4）我国高中英语教师身份认同有什么特点？原因是什么？（5）如何促进高中英语教师身份认同的发展？

量化研究部分采用了两份调查问卷，一份为作者自编的《高中英语教师身份认同调查问卷》，一份为经过删减的《中学英语教师专业发展态度综合问卷》（贾爱武，2003），调查对象来自山东省不同地区的13所学校，共发放问卷310份，回收问卷288份，有效问卷283份。质化研究部分选择了分别生于20世纪60后、70后和80后三位来自不同学校不同背景的教师进行访谈。在研究过程中，笔者采用面谈、电话访谈等方式，访谈问题主要基于量化部分的问卷，并进行适当的扩展和补充。除了访谈三位教师以外，还访谈了学生和教学管理人员。此外，研究者还进行了课堂观察，收集了教师的教学反思日记。研究者前后两次对三位教师进行了访谈，每次约半个小时。首次访谈的内容主要涉及影响英语教师身份认同的因素，如对英语教学、英语教学改革、学校组织环境、教师规定身份等的看法、工作中遇到的困难和专业发展规划等。第二次访谈主要是对大样本调查和首次访谈的补充，如进一步了解出现身份认同危机的原因等等。

通过 SPSS 分析量化数据、批判话语分析理论分析质化数据后发现，虽然高中英语教师经历着不同程度的身份认同危机，但教师身份认同的总体水平较高且相对稳定，而且，教师身份认同与专业发展态度呈正相关，组织支持感对高中英语教师身份认同和专业发展态度具有中介效应。研究还发现，不同年龄背景的英语教师其身份认同存在显著性差异。本文结合我国高中英语教学的文化环境，具体阐释了高中英语教师身份认同所具有的多重性、矛盾性、协商性、情境性和阶段性等特点。同时，研究指出，教师核心价值观、英语课程改革与高考、组织支持感、英语语言水平以及教师个人实践性知识是形成以上特点的主要原因。另外，参考教师所使用的学习策略，研究认为，合作发展和自我反思是促进高中英语教师身份认同发展的有效途径。

与现今关于外语教师职业认同研究的其他文献相比，该研究尝试通过量化视角，系统全面分析外语教师身份的组成结构以及影响因素，为英语教师专业发展的研究提供了又一研究方法视角，而且《高中英语教师身份认同调查问卷》为以后大规模英语教师职业认同实证调查提供了参考。质化分析部分融入批判话语分析理论，也为从语言学角度研究教师职业认同提供了新的思路。

2.6 结束语

通过对认同理论的梳理、教师职业认同研究发展趋势的分析、相关实证研究的文献综述，我们发现教师职业认同是一个内涵丰富、范围广而且定义多元复杂的概念，对于它的研究经历了从结构主义向建构主义的转向，即由固定的、单一的认同到动态的、连续发展的、互动的认同，建构主义的认同理论成为现今外语教师职业认同研究所采纳的主要理论基础和框架。与一些传统的学术认同研究视角相比，叙事视角下的认同研究由于在探索人类复杂的内心世界、为边缘化群体提供一个使公众听到其内心声音的渠道、探究人与社会客体间互动地建构生活经验等方面具有优势而逐渐引起应用语言学学者的越来越多的关注，成为外语教师职业认同研究的主要视角；而近年来出现的混合方法的研究方式，从样本数量、可推广度以及客观性方面弥补了质化叙事视角个案研究的不足，客观描述了中国外语教师职业认同的现状；而语言学话语分析视角则从微观语言使用上探讨了外语教师职业认同在话语中的建构。由于篇幅有限，我们在本章没有对其他相关问题进行系统归纳综述，如研究理论框架、研究发现、研究对象等。总体上，我们认为，作为一个相对较新但却迅猛发展的研究课题，外语教师职业认同研究仍然存在着较大的发展和改进空间，如定义的清晰化、研究框架的理论化、视角的多元化以及研究方法的系统化等等。在世界经历着高度全球化和现代化进程、中国外语教育面临着不断革新的今天，探索外语教师职业发展认同将是一个非常具有发展潜力的研究方向，无论对于外语教师个人发展还是整个中国外语教育的发展都将具有重大的实践和理论意义。

2.7 研究资源

2.7.1 推荐书目

Clarke, M. (2008). *Language teacher identities: Co-constructing discourse and community*. Toronto: Multilingual Matters.

Connelly, F. M., & Clandinin, D. J. (1999). *Shaping a professional identity: Stories of education practice*. London: Althouse Press.

de Fina, A., Schiffrin, D., & Bamberg, M. (2006). *Discourse and identity*. Cambridge: Cambridge University Press.

Elbaz, F. (2005). *Teachers' voices: Story telling and possibility*. Greenwich: Information

Publishing.

Miller, M. (2003). *The social fashioning of teacher identities*. New York: Peter Lang Publishing.

Wenger, E. (1998). *Communities of practice: Learning, meaning, and identity*. Cambridge: Cambridge University Press.

郝彩虹，2014，《大学英语教师的专业身份认同危机及应对研究》。重庆：重庆大学出版社。

刘熠，2011，《叙事视角下的大学公共英语教师职业认同建构研究》。北京：外语教学与研究出版社。

吴一安等，2009，《中国高校英语教师教育与发展研究》。北京：外语教学与研究出版社。

2.7.2 重要期刊

Teaching and Teacher Education: An International Journal of Research and Studies

一份基于国际化背景与视野下的教师、教学和教师教育的学术期刊，主要发表关于教学与教师教育的理论、研究与实践的学术文章，是研究者了解各个学科教师教育研究最近进展的重要国际期刊。

TESOL Quarterly

英语作为第二语言教育领域的专业权威国际期刊，包含关于二语教学、研究方法、课程大纲设计、语言政策、教师教育、专业标准、语言测试等广泛相关主题的文献，是二语教育的主要国际期刊。

2.7.3 网站

http://www.tesolacademic.org/

一个为英语作为第二语言教学的教师、学生以及研究者提供的交流、讨论、分享资源的平台。

http://englishagenda.britishcouncil.org/

British Council 提供的英语作为第二语言教学以及科研方面相关资源的网站。

参考文献

Ball, D. (1972). Self and identity in the context of deviance: The case of criminal abortion. In R. A. Scot, & J. D. Douglas (Eds.), *Theoretical perspectives on deviance*. New York: Basic Books.

Beijaard, D., Meijer, P. C., & Verloop, N. (2004). Reconsidering research on teachers' professional identity. *Teaching and Teacher Education, 20*, 107-128.

Beijaard, D., Verloop, N., & Vermunt, J. D. (2000). Teachers' perceptions of professional identity: An exploratory study from a personal knowledge perspective. *Teaching and Teacher Education, 16*, 749-764.

Borg, S. (2003). Teacher cognition in language teaching: A review of research on what language teachers think, know, believe, and do. *Language Teaching, 36* (2), 81-109.

Bourdieu, P. (1989). Social space and symbolic power. *Sociological Theory, 7*, 14-25.

Bourdieu, P. (1991). *Language and symbolic power: The economy of linguistic exchanges* (G. Raymond, & M. Adamson, Trans.). Cambridge: Polity Press.

Braine, G. (1999). *Non-native educators in English language teaching*. Mahwah: Lawrence Erlbaum Associates.

Brubaker, R., & Cooper, F. (2000). Beyond identity. *Theory and Society, 29*, 1-47.

Casey, K. (1995). The new narrative research in education. *Review of Research in Education, 21*, 211-253.

Clandinin, D. J., & Connelly, F. M. (1998). Stories to live by: Narrative understandings of school reform. *Curriculum Inquiry, 28* (2), 150-164.

Clarke, M. (2008). *Language teacher identities: Co-constructing discourse and community*. Toronto: Multilingual Matters.

Clemente, M. (2001). Teachers' attitudes within a self-directed learning scheme. *System, 29* (1), 77-91.

Connelly, F. M., & Clandinin D. J. (1984). Personal practical knowledge at Bay Street school: Ritual personal philosophy and image. In R. Halkes, & J. K. Olson (Eds.), *Teacher thinking: A new perspective on persisting problems in education* (pp.134-148). Lisse: Swets and Zeitlinger.

Connelly, F. M., & Clandinin, D. J. (1999). *Shaping a professional identity: Stories of education practice*. London: Althouse Press.

Day, C., Kingtona, A., Stobartb, G., & Sammonsa, P. (2006). The personal and professional selves of teachers: Stable and unstable identities. *British Educational*

Research Journal, 32 (4), 601-616.

de Fina, A., Schiffrin, D., & Bamberg, M. (2006). *Discourse and identity.* Cambridge: Cambridge University Press.

Dillabough, J. (1999). Gender policies and conceptions of the modern teacher: Women, identity and professionalism. *British Journal of Sociology of Education, 20* (3), 373-394.

Duff, P. A., & Uchida, Y. (1997). The negotiation of teachers' social cultural identities and practices in postsecondary EFL classrooms. *TESOL Quarterly, 31* (3), 451-479.

Elbaz, F. (2005). *Teachers' voices: Story telling and possibility.* Greenwich: Information Publishing.

Erikson, E. H. (1970/1975). "Identity crisis" in perspective. In E. H. Erikson, *Life history and the historical moment* (pp.18-22). New York: Norton.

Freeman, D., & Johnson, K. (1998). Reconceptualizing the knowledge-base of language teacher education. *TESOL Quarterly, 32* (3), 397-417.

Gao, Y. H. (2006). *Legitimacy of foreign language learning and identity research: Structuralist and constructivist perspectives.* Paper presented at the 12th International Conference of the IAICS, San Anonio, August 2-4, 2006.

Giddens, A. (1991). *Modernity and self-identity.* Cambridge: Polity Press.

Goffman, E. (1959). *Presentation of self in everyday life.* New York: Doubleday Anchor Books.

Golombek, P., & Jordan, S. R. (2005). Becoming "black lambs" not "parrots": A poststructuralist orientation to intelligibility and identity. *TESOL Quarterly, 39* (1), 513-533.

Johnson, K. E. (2003). 'Every experience is a moving force': Identity and growth through mentoring. *Teaching and Teacher Education, 19,* 787-800.

Johnson, K. E. (2006). The socialcultural turn and its challenges for second language teacher education. *TESOL Quarterly, 40* (1), 235-257.

Johnston, B. (1997). Do EFL teachers have careers? *TESOL Quarterly, 31* (4), 681-712.

Jones, E. B., Young, R., & Rodriguez, J. L. (1999). Identity and career choice among Mexican American and Euro-American preservice bilingual teachers. *Hispanic Journal of Behavioral Sciences, 21* (4), 431-466.

Lin, A., Wang, W., Akamatsu, N., & Riazi, A. M. (2002). Appropriating English, expanding identities, and revisioning the field: From TESOL to teaching English for globalized communication (TEGCOM). *Journal of Language, Identity, and Education, 14,* 295-316.

Mead, G. H. (1934). *Selections from mind, self and society*. Chicago: University of Chicago Press.

Miller, M. (2003). The social fashioning of teacher identities. New York: Peter Lang Publishing.

Nias, J. (1984). The definition and maintenance of self in primary teaching. *British In-service Education, 13* (3), 267-280.

Norton, P. B. (1995). Social identity, investment, and language learning. *TESOL Quarterly, 29* (1), 9-31.

Orton, J. (2005). *English and identity in China: A native speaker's perception*. Paper presented at the Roundtable Conference on Language and Identity, Peking University, Oct. 25-27, 2005, Beijing.

Pajares, M. F. (1992). Teachers' beliefs and educational research: Cleaning up a messy construct. *Review of Educational Research, 62* (3), 307-332.

Pavelenko, A. (2003). "I never knew I was a bilingual": Reimagining teacher identities in TESOL. *Journal of Language, Identity, and Education, 2* (4), 251-268.

Polkinghorne, D. (1988). *Narrative knowing and the human sciences*. Albany: State University of New York Press.

Radin, P. (1926). *Crushing thunder: The autobiography of an American Indian*. Lincoln: University of Nebraska Press.

Richards, J. C. (2008). Second language teacher education today. *RELC Journal, 39*, 158-177.

Simon-Maeda, A. (2004). The complex construction of professional identities: Female EFL educators in Japan speak out. *TESOL Quarterly, 38* (3), 405-436.

Stryker, S. (1968). Identity salience and role performance: The importance of symbolic interaction theory for family research. *Journal of Marriage and the Family, 30*, 558-564.

Tajfel, H. (1959). Quantitative judgment in social perception. *British Journal of Psychology, 50*, 16-29.

Trent, J. (2010). From rigid dichotomy to measured contingency: Hong Kong preservice teachers' discursive construction of identity. *Teaching and Teacher Education, 26*, 906-913.

Trent, J. (2011). "Four years on, I'm ready to teach": Teacher education and the construction of teacher identities. *Teachers and Teaching: Theory and Practice, 17* (5), 529-543.

Tsui, A. B. M. (2007). Complexities of identity formation: A narrative inquiry of an EFL teacher. *TESOL Quarterly, 41* (4), 657-680.

Varghese, M. (2006). Bilingual teachers-in-the-making in urbantown. *Journal of Multilingual and Multicultural Development, 27* (3), 211-224.

Varghese, M., Morgan, B., Johnston, B., & Johnson, K. A. (2005). Theorizing language teacher identity: Three perspectives and beyond. *Journal of Language, Identity, and Education, 4* (1), 21-44.

Velez-Rendon, G. (2002). Second language teacher education: A review of the literature. *Foreign Language Annals, 35*, 457-467.

Weisman, E. M. (2001). Bicultural identity and language attitudes: Perspectives of four Latina teachers. *Urban Education, 36* (2), 203-225.

Wenger, E. (1998). *Communities of practice: Learning, meaning, and identity*. New York: Cambridge University Press.

Wenger, E. (2006). Learning for a small planet: A research agenda. Retrieved from http://www.ewenger.com/research/.

Zembylas, M. (2003). Caring for teacher emotion: Reflections on teacher self-development. *Studies in Philosophy and Education, 22* (2), 103-125.

高一虹，2007，"想象共同体"与语言学习，《中国外语》(5)，47-52。

高一虹、李莉春、吴红亮，2000，"研究"和"研究方法"对英语教师的意义：4例个案，《现代外语》(1)，89-98。

郝彩虹，2010，大学英语教师职后学历学习与专业认同变化研究，《外语界》(4)，84-90。

郝彩虹，2014，《大学英语教师的专业身份认同危机及应对研究》。重庆：重庆大学出版社。

贾爱武，2003，英语教师专业发展的理论与实证研究，华东师范大学博士论文。

兰良平、韩刚，2013，教师身份构建——课堂提问遭遇沉默的会话分析，《外语界》(2)，59-68。

刘熠，2009a，Professional identity construction of college English teachers: A narrative perspective，北京大学博士论文。

刘熠，2009b，CE teachers' professional identity in classroom discourse: A CDA perspective，《中国社会语言学》(2)，125-140。

刘熠，2010，隐喻中的大学公共英语教师职业认同，《外语与外语教学》(3)，35-39。

芮晓松、高一虹，2008，二语"投资"概念述评，《现代外语》(1)，90-99。

唐进，2013，大学英语教师职业认同量表编制，《外语界》（4），63-72。

魏淑华、宋广文，2005，国外教师职业认同研究综述，《比较教育研究》（5），61-66。

吴一安，2005，优秀外语教师专业素质探究，《外语教学与研究》（3），199-205。

吴一安等，2009，中国高校英语教师教育与发展研究。北京：外语教学与研究出版社。

吴宗杰，2008，外语教学研究的范式转换：从教学走向教师，《中国外语教育》（1），47-55。

夏纪梅，2002，大学英语教师的外语教育观念，知识，能力，科研现状与进修情况调查结果报告，《外语界》（5），35-41。

徐小青，2012，混合方法研究：社会学方法多元主义时代或已到来，《中国社会科学报》312，http://www.csstoday.net/Item.aspx?id=15145（2014年7月23日）。

许悦婷，2011，大学英语教师在评估改革中身份转变的叙事探究，《外语教学理论与实践》（2），41-50。

寻阳，2012，我国高中英语教师身份认同研究——以山东省不同年龄背景的教师为例，上海外国语大学博士论文。

寻阳、郑新民，2014，十年来中外外语教师身份认同研究述评，《现代外语》（1），118-126。

周燕，2005，高校英语教师发展需求调查与研究，《外语教学与研究》（3），206-210。

周燕，2008，中国高校英语教师发展模式研究，《外语教学理论与实践》（3），40-47/67。

第三章　教师动机[1]

刘宏刚　东北师范大学外国语学院

3.1 本章简介

　　教师专业发展是教育变革对教师的要求，也是在以终身教育为理念的教育背景下对教师提出的要求（林高标、林燕真，2013），它包括教师认知、情感和行为三个方面的发展，而教师动机则是情感维度中的重要组成部分（韩佶颖、尹弘飚，2014a）。教师动机是探索教师教学行为内在机制的重要工具，是影响学生学习动机的重要因素，是预测教师职业投入、职业满意度和职业倦怠的有效变量，是影响教师主动探究、学习的重要变量（芦咏莉等，2012）。教师动机涵盖了教师职业选择原因（即"为什么选择教师这一职业"）、教师教学行为的动因（即"为什么教"）和教师在职进修学习的目的（即"为什么学"）。外语教师动机研究始于 20 世纪 90 年代末，Pennington（1995）进行的 TESOL 教师工作满意度研究揭开了二语 / 外语教师教学动机研究的序幕，而直到 21 世纪初，我国研究者才开始关注该项研究课题（卢睿蓉，2004）。本章首先对过去 20 多年的教师动机研究作述评，从教师动机的概念界定、研究主题、研究的理论基础、研究的特点四个方面逐一理清；而后对与外语教师动机密切相关的教学动机、教师发展（工作）动机、教师成就动机和教师在职进修（学习）的文献进行综述。本章的第三部分，从加强外语教师动机研究、外语教师动机减退研究、外语教师动机与学生动机的互动研究以及从研究方法上加强定量与定性研究相结合四个角度，对今后的外语教师动机研究进行评述和展望。经典案例部分，笔者选择了刘宏刚、寇金南（2014）关于高校英语教师访学动机的研究作为案例与读者分享。本章末，笔者提供了有关教师动机研究的问卷、国内教

　　1　本章为 2015 国家社科基金一般项目"高校外语教师专业发展动机及其影响因素的生态模型构建研究"（项目编号 15BYY099）的部分研究成果。

师动机研究文献 20 年分布表以及相关的推荐书目、重要期刊和文章。

3.2 研究脉络

学生的学习动机研究一直以来是教育心理学和外语教育 / 应用语言学领域研究的热点。但作为教师职业发展中重要情感维度的教师动机研究（Evans，2011）却开展得相对滞后，直到 20 世纪末，在美国、英国等西方发达国家进行教师流失问题研究的时候，教师动机研究才逐渐引起关注（韩佶颖、尹弘飚，2014b）。最初的教师动机只是在教师职业满意度（job satisfaction）、教师职业倦怠（teacher burnout）的相关研究中有所提及（Butler & Shibaz，2008；Dörnyei & Ushioda，2011），而在相关动机理论关照下的系统性动机研究并不多见（Butler & Shibaz，2008）。进入 21 世纪，教师动机研究逐渐增多，成为教师教育领域的一个新的研究热点（韩佶颖、尹弘飚，2014a）。2008 年《学习与教学》（*Learning and Instruction*）杂志出版专辑，探讨"教学动机"（motivation for teaching），汇报了五个研究小组在澳大利亚、美国、芬兰、德国和以色列开展的实证研究，涉及职前教师和在职教师的职业选择、教学的复杂性以及影响其发展的主要内外在因素。外语教师动机研究始于 Pennington（1995）进行的英语作为第二语言（ESL）的教师工作满意度和教育承诺（commitment）的相关实证研究。国内的相关研究中，卢睿蓉（2004）较早进行了大学英语教师的教学动机研究。通过梳理文献，我们发现目前的教师动机研究呈现如下特点：

（1）从概念的界定上看，教师动机(teacher motivation) 没有一个明确的定义。[1] 在国内外的实证研究中，研究者往往根据研究目的来确定具体的教师动机是什么。Dörnyei & Ushioda（2011）在 *Teaching and Researching Motivation* 一书第

1　芦咏莉等（2012）转引 Alexander（2008）对教师动机的定义"教师动机是影响教师自身学习策略、选择进入教师行业、工作投入及教学策略使用等与教师工作内容有关的内部心理因素"。但笔者认为认真阅读了 Alexander（2008）这篇文章，并未发现有此定义，故本文中没有将此定义作为重要参考在此引用。

七章使用的标题是 Teacher Motivation，但论述中关注的是教学动机（motivation to teach/motivation for teaching）。如研究教师在选择教师这个职业的职业选择动机时，标题上就会冠以 Tteaching as a Career 类似的字样，而在叙述中以教师动机和职业选择动机换用；再如，研究教师为什么"教"，那么核心词汇就是"教学动机"，但是"教师动机"这个词也会在研究中充当替换词。相比较而言，只有在国内的综述性文章中，才有专门论述教师动机及其理论基础和教师动机研究意义的文章。总体来说，教师动机涵盖了教师的职业选择动机、教学动机、教师成就动机、教师在职进修的"进修动机"等不同的方面，在具体的研究中需要根据特定的研究目的来确定其具体的内涵。此外，即便是有具体的教师动机，如教学动机，研究者一般也不会在论文的汇报中进行详细的定义，这可能是因为教学动机的界定需要借助所采用的理论视角来界定，而不需要特殊的对待（Dörnyei & Ushioda, 2011）。教学本身是一种人类行为，因此现有的关于动机的理论模型都可以用来描述教学动机（Dörnyei & Ushioda, 2011）。

（2）从研究主题上看，主要涉及教师的职业选择动机（Watt & Richardson, 2008a；Yüce, Şahin, Koçcr, & Kana, 2013；傅廷奎、付婧, 2012）、教师的成就动机（如 Butler & Shibaz, 2008；Malmberg, 2008；毕重增、黄希庭, 2005；佟丽君、张守臣, 2008；吴安春等, 1996；周兆透, 2008）、教学动机（如 Hoy, 2008；Watt & Richardson, 2008b；卢睿蓉, 2004；衷克定等, 1999；汤闻励, 2011；汤闻励, 2012；王永, 2014；肖佳, 2011）、科研动机（朱伟, 2011；谢玉华等, 2014）、教师动机与相关因素的相关研究，如工作满意度（如 Pennington, 1995；彭文波、刘电芝, 2012）、幸福感与教师动机（如李亚真等, 2010）、自我效能与教学动机（如王振宏等, 2010）。而教师动机减退（teacher demotivation）方面的研究，对教师自身发展过程中的学习动机，即教师继续教育动机（如刘宏刚、寇金南, 2014；刘宏刚、王相锋, 2014；任亮、徐富明, 2005）的研究还未引起足够的重视。

（3）从研究的理论基础上看，期待价值理论（expectancy-value theory）（如 Watt & Richardson, 2008b）、目标理论（goal theory）（Butler & Shibaz, 2008；Malmberg, 2008）和自我决定理论（self-determination theories）（如 Kunter et al., 2008）是研究者们采用最多的三种动机理论。研究者们运用这些动机理论对

教师的职业选择动机、教学动机的内外部因素等进行了研究。由于教师教学是人类行为的一种，因此教育心理学、心理学领域的普遍性动机模型也适用于教师动机的研究（Hoy，2008；Dörnyei & Ushioda，2011；Watt & Richardson，2008b）。例如 Roth et al.（2007）运用自我决定理论，编制了《四种教学动机评估量表》。这四种动机是自我决定理论中的外部调节、内部调节、认同调节和内在动机。研究结果显示：教师具有这四种动机的区分能力；教师的自主教学动机与个人的成就感呈正相关；与教师的情绪减退呈负相关。有关的动机理论，读者可参见王振宏（2009）、徐智鑫（2014）。

如前所述，教师动机的涵盖面较广，但国内外目前的主流研究更多关注的是教师的教学动机、职业选择动机、教师的工作满意度、教师自我效能与教师动机的关系，而对教师作为学习者，在职业发展过程中，如何通过自身的不断完善寻求自我专业发展的在职学习动机问题却关注较少。根据笔者掌握的资料，目前以英语教师国内访学、进修为主题的实证研究并不多，国外研究中也有个别学者开展基于课程学习目的的教师进修动机研究（如 Joned & Hong，2006）。教师在职进修或访学是成人继续教育的形式之一。教师为什么要选择进修或者访学这种方式作为自己的职业发展主力，涉及他们的访学／进修动机。因此，成人继续教育的参与动机（adult participation in continuing learning）（本文简称成人学习动机）理论可以为这方面的研究提供一定的理论指导。

成人学习动机理论发端于 Houle 提出的三种进修动机取向（李金波、许百华，2004），他通过访谈的方法对 22 个参加继续教育（continuing learning）的学生的参与动机进行了研究，结果归纳出三种动机取向：（1）目标取向（goal-oriented）：将受教育作为完成明确目标的方式；（2）活动取向（activity-oriented）：学习的目的与学习规定所要达到的学习目标无关，学习者参与学习是为了获得学习以外的目标，比如结交朋友等；（3）学习取向（learning-oriented）：学习的目的是为了获取更多的知识（Houle，1961）。此后学者们分别就他提出的三种动机取向进行了扩展性研究：Sheffield（1964）基于 Houle 的三类动机取向，设计了 58 个题项的问卷，采用李克特五级量表，对 483 名参加某教育学会议的成人进行了调查。通过主成分分析法，他概括了五种进修动机，其中学习取向、参与活动愿望取向（desire-activity orientation）和个人目标取向（personalgoal orientation）与 Houle 的学习取向一致；而需要活动取向（need-activity orientation）是对 Houle 活动取向的扩展，从人际间意义的追寻扩展到对个人参与学习的意义的反思与追求；社会目标取向（societal-goal orientation）进一步拓展了 Houle 的活动取向，强调参加活动是为了实现服务社区、回报社会的目的。Burgess（1971）通过聚类分析的方法对成人英语学习动机进行了进一步的归纳和分析，最终归纳了六个维度的求知欲（the desire to know）：达成个人目标的愿望（the desire to reach a personal goal）、达成社会目标的愿望（the desire to reach a social goal）、达成宗教目标的愿望（the desire to reach a religious goal）、逃避不利环境的愿望（the desire to escape）、参与活动的愿望（the desire to take part in an activity）和遵守规章要求的愿望（the desire to comply with formal requirements）。Boshier（1971）设计了针对成人英语学习动机测量的 EPS 量表（education participation scale），并通过对 233 名成人学生的问卷调查发现了三个大类的动机因子：社会因子（social factors，包括社会福利、社交接触、社会认可、社会分享、改善不利环境、人际间的相互促进等）；工作相关因子（job-related factors，包括与其他因素直接相关的个人内在因素，如职业晋升）；学习相关因子（learning-oriented factors，包括脑力放松、认知兴趣、教育补偿等），后续的相关研究都是围绕不同成人学习群体（以学生为主）在不同国家、不同学习情境中参与继续教育的动机的特点而展开的（如 Beder & Valentine，1990；Blunt & Yang，2002；Boshier，1977；Boshier & Collins，1985）。

（4）教师动机的特点。Dörnyei & Ushioda（2011）归纳了教师动机的四个核心特点。

特点 1：内在因素是教师动机的主要构成因素。教师是具有挑战性的职业（Alexander，2008；Kieschke & Schaarschmidt，2008），面对这样的挑战，教师需要有强大的内在动力去教书育人，去传道授业。大量研究证明，不论国家的政治体制、教育制度有何差异，教师的内驱力是构成教师动机的主要部分（Dinham & Scott，2000；Richardson & Watt，2006）。教育过程和讲授科目是保持和促进内驱力的主要因素（Csikszentmihalyi，1997）。例如英语教师在教学过程中，学生完成一个对话，背会一个单词，都可能会激发教师的教学热情；英语教师对英语课的喜爱，不断地在备课的过程中学到新知识，如多了解一些英美文化会让教师保持对英语教学的兴趣。

特点2：环境因素是重要的外部动力之一。这里的环境因素包括宏观的教师所在国家的政治制度、社会结构、学生家长的层次；也包括微观的所在学校的氛围、班容量的大小、学校的软硬件设备、同事关系、学校对于教师角色的定位等等。Fives & Alexander（2004）的研究发现，学校的氛围、领导之间的关系、教师能否参与学校决策、学生的特点、学校的地理位置等因素都能影响教师对于学校的教学目标、教育理念的内化以及教师对学校的忠诚度；教师自主性、学生能力、学校的资源、教师之间的合作和校园文化都与教师的自我效能有关，而自我效能又是教师内在动机中不可缺少的一部分。

特点3：教师动机具有时间维度。如前所述，教师动机除了多数情况下指代教学动机外，还包括从教者对于教师这个职业的选择，是否将教师这个职业作为一种终身职业来看待。Pennington（1995）的研究中提供了一个英语教师职业发展的步骤，其中包括教师是否对课程大纲的建设作出了自己的贡献、是否能在一个新的工作环境下发挥教师本身对制度的监督作用、是否负责课程建设、是否在单位内外发挥教育和咨询的作用等。这些"梯子"可以帮助维系教师职业的吸引力，促进英语教师的职业发展。

特点4：教师动机容易受到外来因素的干扰而"减退"。教师职业的压力、教师自主性受到抑制、教师自我效能的不足、课程内容的单调性重复、给予教师个人发展潜力的空间有限、不合理的职业结构，这些都是限制教师职业发展的重要因素，也是让教师动机容易受到负面影响而减退（demotivating）的重要原因。李琳（2013）通过对中日两所普通高校外语教师动机减退情况的实证研究，发现了四个影响教师教学动机减退的重要因素：（1）学生对于教师的负面评价、缺少学习策略、缺少学习自信心等学习者因素；（2）教师所在学校的教学科研环境不好（如缺少相应的科研和教学设备）、同事之间缺少交流等环境因素；（3）对于英美国家文化和对英语的负面态度形成的社会文化因素；（4）教师自身缺少成功经历、理想的教学效果与实际教学效果之间的落差等教师内部因素。

3.3 代表性成果与评述

3.3.1 教学动机

Pennington（1995）通过研究报告的形式汇报了她和她的合作者 Riley 于 1991 年进行的 TESOL 教师教学满意度调查的两项系列研究。第一项研究选取 100 名美国本土的 TESOL 教师，采用明尼苏达满意度量表（the Minnesota satisfaction questionnaire, MSQ）进行了问卷调查。该问卷共 100 个题目，分为 20 个维度，每个维度可以抽象为工作的一个方面，比如创造性（creativity）、晋升（advancement）等。该量表采用李克特五级计分，填写问卷的老师需要对 100 个题目进行自我评价，1—5 代表的程度等级为"一点都不满意"到"极其满意"。题目设计的形式为：

On my present job, this is how I feel about

1. The chance to be of service to others

…

3. Being able to do my job without feeling it normally wrong

…

(Pennington, 1995: 26-27)

调查结果显示，教师最认可的四个维度是道德价值观（moral values）、社会服务（social services）、创造力（creativity）和成就（achievement）；排在后四位的是工作监管（supervision）、公司政策和运行程序（company policies and procedures）、晋升（advancement）和补偿（compensation）(Pennington，1995：199)。

Pennington 和 Riley 进行的第二项研究也是关于 TESOL 教师的工作满意度的。但所用的量表为"工作描述索引"（job descriptive index，JDI）。该索引量表由 Smith 等人于 1975 年首次使用。该索引量表要求被试采用"是""无法确定"和"否"来对每个题项进行判断，题目的具体形式为：

Present Pay

_____ income adequate for normal expenses

_____ satisfactory profit sharing

_____ less than I deserve

该索引共五个有关工作的维度，分别是报酬的支付（pay）、提升（promotion）、对待同事的态度（co-workers, attitudes towards other employees）、监管效率（supervision, effectiveness of supervision）和工作本身属性（work, the nature of the work）（Pennington，1995）。研究结果发现，得分最高的是对待同事的态度和对工作属性的判断；而获得提升和得到报酬则是各项得分最低的（详见 Pennington，1995）。以上研究表明，TESOL 教师的教师动机较为积极（两次排名最高的维度都与内在动机有关），而这些积极因素能够保证教师们对自己的工作具有较高的满足感。

汤闻励（2011）参照 Gardner（1985）提出的二语学习者的社会教育模式，选取广东省某三所学校 86 名大学英语教师为研究对象，采用问卷调查与访谈的方法，着重对大学英语教师教学动机中的内在原因、外在原因、动机强度及影响教学动机的主要因素进行定性及定量分析。研究围绕三个问题展开：（1）大学英语教师的教学动机主要取决于内在动机还是外在动机？（2）大学英语教师的教学动机随年龄、教龄、职称或学历的不同有何变化？（3）在影响教学动机的诸因素中，哪些是主要因素？研究结果发现：（1）大学英语教师教学动机主要取决于内在动因，外在动机只起到中等偏低的作用；（2）大多数大学英语教师的教学动机随年龄、教龄、职称的上升而逐渐减弱；（3）影响教学动机的主要因素包括学生的学习积极性、部门凝聚力、科研压力、健康因素、学校内部的分配制度、教学设施、国外进修机会等。汤闻励（2012）通过对比国内外二语／英语教师的教学动机的异同，试图帮助中国大学英语教师了解和关注教学动机研究，并采取有效措施促进教学的良性循环。该文对比了卢睿蓉（2004）和汤闻励（2011）关于国内大学英语教师教学动机研究的结果、Doyle & Kim（1999）进行的二语／外语教师"工作满意度"调查以及美国、韩国外语／英语教师教学动机减退原因的调查。对比结果发现：（1）国内外研究都采用了定量和定性相结合的研究方法；（2）研究内容都集中在导致教师教学兴趣增强或者教学动机减退的原因，不同的是有的研究者增加了新的测量点，如部门凝聚力、科研压力、健康因素和学校内部的分配制度等；汤闻励（2011）增加了大学英语教师的教学动机与年龄、教龄和职称的关系；（3）研究结果表明：教学内在动机决定外部动机，但离不开外部动机的支撑；国内外英语教师的教学动机减退的原因有差异，表现为国外二语教师的职业压力较小，教学热情相对要高，而中国大学英语教师的职业压力较大；国外二语教师的自主权多于中国大学英语教师。国外二语教师自我效能不足主要体现在管理能力方面，中国大学英语教师的自我效能不足更多体现在专业知识能力方面。基于以上研究，汤闻励（2011，2012）提出：（1）要提高教师教学动机，教师首先要学会自我激励与减压，培养积极向上的工作态度；（2）学校加大对大学英语教师语言能力提高的资金投入，为大学英语教学创造良好的教学环境，给予大学英语教师足够的人文关怀；（3）学校管理部门为教师提供良好的工作范围，给教师更多的自主权，改革教师评价制度等；（4）学生要积极配合，学校和政府要提供相关政策支持。

王永（2014）采用 Deci & Ryan（1985）的自我决定论对 147 名来自国内不同高校的口译教师进行了问卷调查。他将动机分为内在动机（如教英语口译课是我热爱的工作）和外在动机（如我教英语口译课是系里的安排）。该研究的问题是：（1）高校口译课教师的教学动机是什么？（2）性别、职称、学位、年龄和专业是否对口译教学动机产生影响？（3）影响口译教学动机的因素有哪些？研究结果显示：（1）口译教学的外在动机强于内在动机，内外在动机之间存在明显差异；（2）在诸多人口变量中，教师的所学专业、教师学历和职称对教学的内在动机都产生了直接的影响，即口译专业毕业的口译教师，内在动机要大于其他专业毕业的口译教师；拥有博士学位的口译教师比拥有学士学位的口译教师内在动机要强；教口译课的助教比讲师和副教授的内在动机强；（3）影响高校口译课教师内在动机的因素是对口译课的喜爱和兴趣，外在动机的影响因素是教师通过从事口译教学获得更多收入和口译教学能够促进学科建设。文章最后建议通过多途径帮助口译教师将外在动机转化为内在动机。

彭文波、刘电芝（2012）对 1,197 名中小学教师进行问卷调查，旨在研究中小学教师工作满意度与教学动机之间的关系。研究结果表明：（1）中小学教师对职业活动、工作环境和收入这三个方面的满意度依次降低；（2）教师的教学动机以内部动机为主，外部内化动机最低；（3）教师的环境、升迁进修、收入和管理四种满意度与内部动机之间呈正相关；内部动机与活动满意度构成显著正向回归效应，与管理满意度构成显著反向回归效应；（3）环境满意度与外部动机构成非常显著的正向回归效应，活动满意度与外部动机之间的回归关系掩蔽了其抑制功能，收入满意度作为抑制变量强化了环境满意度与外部动机的正相关关系，与外部动机构成显著负向回归效应。（4）管理满意度作为抑制变量影响着升迁进修满意度、环境满意度与外部内化动机之间的负相关关系。

3.3.2　工作动机

刘宏（2010）对北京三所高校八位一线大学英语教师进行个案研究，旨在探讨我国大学英语教师在职专业发展的动机状况及其影响因素。该研究从教育心理学和组织管理心理学角度切入，以 Alderfer 的 ERG 理论为框架。研究结果发现：（1）内在需要和外在动机是影响当前大学英语教师专业发展动机的两大因素，它们相互影响，相互关联。其中，内因起根本性作用，外因作用于内因；（2）具体而言，大学英语教师的个人成长和专业发展很大程度上取决于他们对于英语教学这份职业的喜爱程度，以及对自己事业和个人发展的追求程度。在专业发展有了内在推动力之后，工作环境在很大程度上直接影响着教师的努力程度和发展动力；（3）教龄较短的中青年教师处于存活和巩固提高阶段，更多地表现出内部发展动机强于外部发展动机；工作时间较长的中老年教师则是外部发展动机强于内部发展动机。通过研究可以得知，激发和培养大学英语教师专业发展的动机需要从内部需要和外部诱因两个方面去努力。具体如下：（1）教师个人应不断地坚持自主学习，反思教学，参与实践研究；（2）高等院校应积极营造民主宽松氛围，为教师发展提供良好的空间；（3）教育行政部门应大力扶持教师专业发展的举措，建立教师专业发展学校。总之，通过各种方式从各个层面激发大学英语专业发展的动力，教师个人、高等院校和教育行政管理部门应该通力合作。

3.3.3 教师成就动机研究

佟丽君、张守臣（2008）进行了关于高校青年教师成就动机的研究，旨在研究高校青年教师成就动机的特点以及影响高校教师成就动机的因素。本研究采用成就动机测验量表，从工作维度、控制维度和竞争性三个维度对哈尔滨普通高校的青年教师进行问卷调查。对调查对象从性别、专业、职称、教龄、学术成就方面进行统计，问卷的发放由各系主任在工作会上发放，发放时先由系主任评出系里工作成就突出的前四至五名青年教师与工作成就排在后面的四至五名教师组成对照组，运用 SSPS 10.0 对调查数据进行管理与统计，分别研究不同成就水平、专业、职称、年龄、性别、学历、教龄与成就动机之间的关系，研究发现：（1）高校青年教师的成就动机受到青年教师的已有成就水平、年龄、性别、职称、学历等因素影响，其中，高成就水平的青年教师成就动机水平比低成就水平的青年教师要高，高校青年教师的成就动机水平随着年龄增长有下降趋势，同时随着教龄增长也存在下降趋势；学历高低对高校青年教师的成就动机水平有显著影响，学历高的青年教师比学历低的青年教师成就动机水平高，学历程度对青年教师的工作业绩有显著的预测作用；（2）高校青年教师所从事的专业对成就动机有显著影响，文科专业青年教师比理工科专业的教师成就动机水平更强烈；高校青年教师中，男教师的成就动机总体趋势上比女教师高，但是两者没有显著差异，从总体上看，无论男女教师，高校青年教师都是成就动机水平较高的群体。

3.3.4 教师学习动机研究综述

国内研究者李金波、许百华（2004）以 Sheffield（1964）和 Burgess（1971）的问卷为基础设计了"成人参与学习的动机量表"。量表由 56 个题目组成，具有较高的信效度。作者在对近 3,000 名在职进修的夜大、函授大学的学员进行调查后，通过探索性因子分析的主成分分析法抽取了四个动机因子：（1）求知兴趣，主要指参与进修的教师为了学习新知识、给自己充电而选择在职进修；（2）职业发展，主要指学习的目的是为了提高学历层次、增加自己在今后工作中的竞争力、提高个人的社会地位、超越他人，得到加薪的机会；(3) 服务社会，指教师进修结束后能够为国家和社会多尽力，为原单位多作贡献；(4) 外界期望，主要指教师进修是受到家人、朋友、亲戚和同事等人的劝说或者受到周围有进修经历的人的影响，希望自己能够学成后成为家人或者子女的榜样，或者满足原单位的用人要求。这四种动机中，从高到低排列为求知兴趣动机、职业发展动机、服务社会动机和外界期望动机。研究引入了社会阶层变量，发现经济地位与求知兴趣、服务社会两个动机呈正相关，与外界期望、职业发展呈负相关。

任亮、徐富明 (2005) 通过自编的"教师攻读教育硕士专业学位的求学动机调查表"对 737 名正在攻读教育硕士专业学位的中小学教师进行了问卷调查。结果发现，求学动机具有多样化的特点，既有内在动机（职业规划、专业成长）又有外在动机（外因影响、竞争需要）。在这一内一外的动机中，专业成长动机和竞争需要动机又占据了主导性的地位。由此可以看出，目前我国中小学教师攻读教育硕士专业学位的动机总体上是处于积极主动的状态。一方面是教师有为了促进其自身专业技能和素养的需要，另一方面也是迫于当下日益推行的教师行业聘任制的现实压力。针对在求学动机中存在的三点差异，原用人单位应该注意男教师职业规划动机强，甚至脱产攻读教育硕士这一现象，及时改善学校不合理的用人体制，努力提倡教师毕业回原单位作贡献；重点学校和教龄相对较短的教师，在关注竞争的同时也一定要注意团队协作意识，竞争是把双刃剑，一定要合理使用。表 3.1 总结了李金波、许百华 (2004) 和任亮、徐富明 (2005) 调查的典型成人学习动机类型对比。

表 3.1　典型成人学习动机类型对比

李金波、许百华，2004	任亮、徐富明，2005
外界期望动机	外界影响
职业发展动机	竞争需要动机
求知兴趣	专业成长
服务社会动机	——
——	职业规划动机

3.4 未来发展方向

3.4.1 加强"外语"教师的动机研究

根据笔者掌握的文献（见本章研究资源），从 1996 年至今的 20 年时间里，国内外语教师动机研究的数量较之于教育学中开展的相关研究，不论从数量还是质量上都有一定的差距。与国外的同类研究相比，在研究的理论基础、研究设计的严密程度上都有一定的距离。从研究主题看，在检索到的九篇文章中，有五篇探讨的是英语教师的教学动机（如王永，2014），其次是教师在职进修的继续教育动机（如刘宏刚、王相锋，2014；刘宏刚、寇金南，2014），对于影响教学动机减退的"负动机"（如李琳，2013）罕有相关文献，这说明国内的外语教师动机研究的"面"还相对较窄；就研究的"特点"看，目前的研究还处于探索阶段，体现外语教师动机特点的研究还未展开。也就是说，目前的外语教师动机研究，不论是沿用 Gardner 等的二语学习的社会教育模式，还是自我决定理论，或是 Houle 等提出的成人教育动机理论，都没有体现教授外语的教师和教授数学、语文、物理等科目的教师的动机差异，缺少深入的对"外语"这一学科教学过程中教师动机特点的挖掘；从研究对象上看，主要是研究大学公共英语教师的，对于英语专业教师、中小学英语教师和日语、俄语等语种教师的动机研究还不多见。为此，笔者认为，今后的外语教师动机研究应该扩大研究对象，将更多心理学、教育心理学的相关动机理论引入教师动机研究领域，如成就动机理论、归因动机理论、二语动机自我系统理论，从多个视角看待教师动机问题；在研究主题上，应该将关注点从教师教学动机扩大到教师职业发展动机、在职进修动机等多个方面；在研究深度上，要更突出外语教师的特点，可以采用对比的方法（如对比数学、历史教师）挖掘外语教师的特点。

3.4.2 加强外语教师动机减退研究

Dörnyei & Ushioda（2011）认为，教师动机的一个重要特点是容易受到外在因素影响，如工作压力大、教师自主性受到压抑、教师自我效能不高、教育工作缺少挑战以及缺少必要的教育支持等，这些都可能成为阻碍教师动机发展的因素。国外研究者在这方面已经进行了大量的研究，而国内外语教育领域却只有一篇相关的文献（详见李琳，2013）。开展教师的动机减退（又称负动机）研究，有助于教师了解造成自己教学效能降低、动机减退的原因；有助于教育管理者发现由于管理等方面问题造成的外语教师的动力衰退。

3.4.3　加强教师动机和学生动机的互动研究

教师对于学生的期待和他们对工作的热情被学生感知后，会直接或者间接地影响学生的学习动机。但考虑到动机的复杂性特点（Alexander，2008），教师与学生动机之间如何进行互动，教师动机如何影响学生动机，哪些因素作为中介起到了重要作用等，这些问题都有待在今后的研究中作进一步的探讨。

3.4.4　加强定量与定性研究相结合

目前主流教师动机研究领域采用定量研究，特别是用自陈问卷（self-report questionnaire）的方法来获取被试对于所给题项的评分。但这种方法的弊端是被试可以隐藏自己对某些题项的真实看法，因而问卷的"真实性"会受到一定的质疑（Alexander，2008），因此可以考虑采用定量和定性相结合的方法，或者叫作混合研究的方法（Creswell & Clark，2011；Dörnyei，2007）来弥补这个缺陷。研究上纵向的跟踪研究（longitudinal research）要比横截面研究（cross-sectional research）更加受到重视。另外由于教学和教师都是比较复杂的概念，教学过程中教师与学生的互动就更为复杂，因此可以采用动态系统理论来关注教师与学生动机的互动变化。

3.5 经典研究案例

刘宏刚、寇金南（2014）选择了全国 118 所高校的 182 名英语教师为受试对象，通过问卷调查的方式分析了他们的访学动机，接着对其中 12 名教师进行了采访，根据访谈内容进一步分析了教师的访学动机特点。因为访问学习动机与成人学习动机相比存在差异，所以研究访问学习的动机在理论上能够丰富成人学习动机的研究发现。研究运用了量化和质性相结合的研究方法，主要围绕着以下两个问题展开：(1) 高校英语教师的访学动机有哪些类型？ (2) 高校英语教师的访学动机有何特点？本研究运用了两种研究工具，即调查问卷和访谈。调查问卷采用李克特六级量表，分为研究内容介绍和问卷主题两部分，共计 42 个访学动机题项，12 个个人信息题项。访谈以面谈为主、邮件和电话为辅的方式，访谈时间在一到两个小时之间，访谈主要围绕着两个问题展开，即：(1) 高校英语教师为什么选择访学作为在职进修的方式？ (2) 高校英语教师在访学的过程中都考虑了哪些因素？通过对 182 份收回的有效问卷和访谈内容的分析，研究者发现：(1) 访学动机可以分为七种，并分别进行命名；(2) 这七种动机存在强弱差异，由强到弱可归纳为：学术情境、求知兴趣、社会责任、学术关系、学术成果获得、压力缓解和竞争需要；(3) 总体上教师访学动机较强，符合以往的研究发现；(4) 情境因素对促进访学者的继续教育具有重要作用。访学者具有较高的求知欲望，并且希望能够为原单位科研和教学的发展作出贡献；(5) 学术关系动机作为一种新型的动机类型，显现了访问学习在学术性上与其他成人教育的不同；(6) 访问学者访学的主要目的不是为了获得学术成果或者缓解压力，访问者的竞争需要动机也不强；(7) 在本研究中，他人影响动机并不存在，体现了访学者具有较强的自我判断和选择能力。本研究还有两点局限性，表现为：(1) 样本数量有限，今后的研究可以扩大样本；(2) 研究者没有对访问学者动机类型进行进一步的验证分析，今后可以将访问效果等因素纳入研究范围，使研究结果更具说服力。

3.6 研究资源

3.6.1 教师动机研究问卷及研究类型分布表

问卷 1 口译教师教学动机问卷（摘自王永，2014：109）

动机类型	动机题项
内在动机	3. 我没学过英语口译专业，但我有兴趣去教。
	4. 英语口译并非我的专业，但我有实战经验并愿意去教口译课。
	7. 教英语口译课是我热爱的工作。
	16. 我觉得教英语口译课很有趣。
	17. 教英语口译课是我愿意接受的一项挑战。
	18. 我每次教口译课都感到很快乐。
	19. 我感到很快乐，当我看到学生的口译水平在我的指教下提高时。
	20. 我感到很满足，当完成口译课教学中疑难点的翻译时。
	21. 我享受教口译课的原因在于讲课的选材灵活，不拘泥于课本。
	22. 我乐于教口译课，因为教学内容多样，可与时俱进。
外在动机	1. 我教英语口译课是系里安排的课程。
	2. 教英语口译课与我所学专业对口。
	5. 我既没有英语口译的实践经验，也缺乏兴趣，但需要凑够教学工作量。
	6. 教英语口译课有助于提高教师自己的英语口译能力。
	8. 教英语口译课有助于任课教师进行口译实践。
	9. 教英语口译课有助于教师更好地从事英语口译工作，从而得到更多的经济利益。
	10. 教英语口译课有助于任课教师进行中英语言和文化的学习及研究。
	11. 教英语口译课让我有机会把自己的口译经验和方法传授给学生。
	12. 教英语口译课是为了让别人羡慕我。
	13 我教英语口译课提高了学生们的口译技能，能帮他们毕业后找到一份好工作，这让我有成就感。
	14. 我教英语口译课是为了适应我国社会对人才的需求。
	15. 我教英语口译课是为了学校的学科建设得到全面的发展。

* 问卷采用李克特五级计分，从 1= 非常同意到 5= 非常不同意

问卷 2 高校英语教师访学动机问卷

1. 单位的杂事太多，访学能减少我的工作负担。

2. 单位教学压力大，访学能调养一下自己的身心。

3. 通过访学，我可以和学术界的专家建立联系，有利于自己今后的学术发展。

4. 单位科研压力太大，访学可以让自己暂时躲开科研。

5. 我来这里访学是因为能在这儿学习是我的一个愿望。

6. 访学可以提高我的反思能力。

7. 单位同事之间关系复杂，访学可以让自己暂时远离是非。

8. 访学的经历可以增加我在学生中的威信，给他们树立榜样。

9. 访学可以帮助我所在学校的院系和访学单位建立联系。

10. 访学是我人生发展中的重要一步。

11. 访学能让我接触并掌握先进的教学理念和教学资源，回单位后让更多的同事受益。

12. 看到其他同事访学，所以我也就出来访学了。

13. 访学能让自己明确今后的学术发展方向。

14. 我来这里访学是因为这儿是国内知名大学。

15. 访学能为今后自己仕途的发展增加筹码。

16. 我来这里访学是因为这儿在国内学术界很有名气。

17. 访学能让我把掌握的前沿学术信息与原单位的同事分享。

18. 为了更好地完成自己承担的课题，所以我选择访学。

19. 通过访学，能够多结交朋友，有利于自己今后的发展。

20. 我来这里访学是因为我想得到名家在学术方面的指点。

21. 我选择访学的目的之一是查找到更多、更新的学术前沿资料。

22. 我来这儿访学是因为这里有我所学专业的领军人物。

23. 为了获得更多的学术前沿信息，所以我选择访学。

24. 我来这儿访学是因为这里的学术氛围很好。

25. 访学能帮助我和学术圈里面的领军人物建立学术联系。

26. 我是在领导的指派下来访学的。

27. 我想充实提高自己，所以我选择访学。

28. 我来这儿访学是因为这里有丰富的相关专业的资料。

29. 我选择访学，是为了写一两篇像样的论文发表。

30. 我来这里访学是因为这所学校的地理位置比较适合我。

31. 我选择访学，是为以后考博作准备。

32. 有访学的经历，大家会高看我。

33. 访学可以让我在教学上开阔视野，有利于我的教学水平的提高。

34. 我是在周围好朋友同事的劝说鼓励下才来访学的。

35. 对教学有种疲倦感厌烦感，访学能帮助我调整一下。

36. 我来这里访学是因为这儿有对口的方向。

37. 我选择访学，是为了申报省部级、国家级课题。

38. 访学可以提高我的科研能力，进而促进我所在院系科研水平的提高。

39. 访学是一种荣誉。

40. 我来这里访学是因为这所学校提供的访学时间刚好适合我。

41. 访学可以提高我的教学能力，进而促进我所在院系教学水平的提高。

42. 我选择访学是为了给自己今后的职称评定增加砝码。

* 问卷采用李克特 6 级量表（从 1= 很不同意到 6= 很同意）；

** 有关题项的维度分布，详见（刘宏刚、寇金南，2014：14-16）

表 3.2　国内教师动机研究类型分布表 (1996—2015)

	成就动机	工作动机	教师动机	教学动机	进修/发展动机	科研动机	其他
1996	吴安春等 (1996)						
1997	丁桂莲 (1997)						
1999				衷克定等 (1999)			
2002	李志 (2002)						
2003	刘宗伟、马晓羊 (2003)						
2004			林一钢 (2004)	*卢睿蓉等 (2004)			
2005	毕重增、黄希庭 (2005)董魏 (2005)			潘贤权等 (2005)	任亮等 (2005)任亮, 徐富明 (2005)徐富明, 黄文锋 (2005)徐富明, 任亮 (2005)		
2007	王蕾 (2007)	杨焯然 (2007)		龙成长 (2007)			王广新 (2007)
2008	佟丽君、张守臣 (2008)周兆透 (2008)		董银银、姬会会 (2008)胡润珍、刘国铭 (2008)				
2009	司继伟等 (2009)						王广新 (2009)

(待续)

(续表)

	成就动机	工作动机	教师动机	教学动机	进修/发展动机	科研动机	其他
2010				李亚真等(2010) 王振宏等(2010)			王雷, 吴东华(2010)
2011	郭爱鸽(2011)			*汤闻励(2011) *肖佳(2011)	李国兴, 单云德(2011)	朱伟(2011)	
2012			芦咏莉等(2012)	彭文波, 刘电芝(2012) *汤闻励(2012)			*刘宏(2010) 傅廷奎, 付婧(2012)
2013		徐继燕(2013)	林高标, 林燕真(2013)		安冬平, 朱成晨(2013)		
2014		田里, 秦玉友(2014)	田里(2014) 韩佶颖, 尹弘飚(2014a, 2014b)	*王永(2014)	*刘宏刚, 王相锋(2014a) 刘宏刚, 寇金南(2014ab)	谢玉华等(2014)	
合计/百分比	11/23.4%	3/6.4%	8/17.0%	11/23.4%	7/14.9%	2/4.3%	5/10.6%

笔者通过中国知网(CNKI),运用教师——学习动机、教师——求学动机、教师——学位动机、教师动机、教学动机、科研动机作为检索词检索篇名,检索的时间范围从1980年到2015年2月。*表示该文是关于外语教师动机的论文。

3.6.2 推荐书目

Dörnyei, Z., & Ushioda, E. (2011). *Teaching and researching motivation* (2nd ed.). Harlow: Longman.

推荐理由：该书的两位作者 Zoltan Dörnyei 和 Ema Ushioda 是著名的应用语言学家，动机研究是二位的专长。特别是 Dörnyei 教授，他在二语动机研究方面的成果颇丰。他们联袂奉献的该书涵盖了教育学、教育心理学领域前沿的动机理论，如自我决定论，并结合外语学习特点，对 Gardner & Lambert 自 20 世纪 60 年代至今的相关重要动机研究进行了分类整合。该书的第一版由外语教学与研究出版社出版。第二版增加了 21 世纪初至今的一些最新研究成果，如复杂系统理论视角下的动机研究。该书的教师动机一章，对教师动机的理论脉络、教育学中的教师动机研究特点、二语教师动机的相关研究进行了详细描述。该书对于了解二语动机研究历程和最新进展，特别是二语教师动机研究有较大的帮助。

王振宏，2009，《学习动机的认知理论与应用》。北京：中国社会科学出版社。

推荐理由：该书从认知心理学视角对动机研究的期望价值理论、成就动机理论、成就归因理论、自我效能理论、自我概念理论、自我决定理论、成就目标理论以及学习动机的理论的应用作了详尽的阐述与分析。该书对于深入了解相关的动机理论很有帮助。

3.6.3 重要期刊

Learning and Instruction
Teaching and Teacher Education
Adult Education Quarterly

3.6.4 推荐文章

Csikszentmihalyi, M. (1997). Intrinsic motivation and effective teaching : A flow analysis.

In J. L. Bess (Ed.), *Teaching well and liking it: Motivating faculty to teach effectively.* (pp. 72-89). Baltimore: Johns Hopkins University Press.

Dörnyei, Z., & Ushioda, E. (2011). Chapter 7 Teacher motivation. In Z. Dörnyei, & E. Ushioda (Eds.), *Teaching and researching motivation* (2nd ed., pp. 158-192). Harlow: Longman.

Kubanyiova, M. (2009). Possible selves in language teacher development. In Z. Dörnyei, & E. Ushioda (Eds.), *Motivation, language identity and the L2 self* (pp. 314-322). Bristol: Multilingual Matters.

Pennington, M. C. (1995). *Work satisfaction,motivation, and commitment in teaching English as a second language*: ED 404 850.

韩佶颖、尹弘飚，2014a，教师动机：理论基础与研究进展，《外国教育研究》（4），21-29。

韩佶颖、尹弘飚，2014b，教师动机：教师专业发展新议题，《外国教育研究》（10），88-95。

参考文献

Alexander, P. A. (2008). Charting the course for the teaching profession: The energizing and sustaining role of motivational forces. *Learning and Instruction, 18* (5), 483-491.

Beder, H. W., & Valentine, T. (1990). Motivational profiles of adult basic education students. *Adult Education Quarterly, 40* (2), 78-94.

Blunt, A., & Yang, B. (2002). Factor structure of the adult attitudes toward adult and continuing education scale and its capacity to predict participation behavior: Evidence for adoption of a revised scale. *Adult Education Quarterly, 52* (4), 299 -314.

Boshier, R. (1971). Motivational orientations of adult education participants: A factor analytic exploration of Houle s typology. *Adult Education Quarterly, 21* (2), 3 -26.

Boshier, R. (1977). Motivational orientations re-visited: Life-space motives and the education participation scale. *Adult Education Quarterly, 27* (2), 89-115.

Boshier, R., & Collins, J. B. (1985). The Houle typology after twenty-two years: A large-scale empirical test. *Adult Education Quarterly, 35* (3), 113-130.

Burgess, P. (1971). Reasons for adult participation in group educational activities. *Adult*

Education Quarterly, 22 (1), 3 -29.

Butler, R., & Shibaz, L. (2008). Achievement goals for teaching as predictors of students perceptions of instructional practices and students help seeking and cheating. *Learning and Instruction, 18* (5), 453-467.

Creswell, J. W., & Clark, V. L. P. (Eds.). (2011). *Designing and conducting mixed methods research*. London: SAGE.

Csikszentmihalyi, M. (1997). Intrinsic motivation and effective teaching : A flow analysis. In J. L. Bess (Ed.), *Teaching well and liking it: Motivating faculty to teach effectively* (pp. 72-89). Baltimore: Johns Hopkins University Press.

Deci, E. L., & Ryan, R. M. (1985). *Intrinsic motivation and self-determination in human behavior*. New York: Plenum Press.

Dinham, S., & Scott, C. (2000). Moving into the third, outer domain of teacher satisfaction. *Journal of Educational Administration, 38*, 379-396.

Dörnyei, Z. (2007). *Research methods in applied linguistics: Quantitative, qualitative, and mixed methodologies*. Oxford: Oxford University Press.

Dörnyei, Z., & Ushioda, E. (2011). *Teaching and researching motivation* (2nd Ed.). Harlow: Longman.

Doyle, T., & Kim, Y. M. (1999). Teacher motivation and satisfaction in the United States and Korea. *MEXTESOL Journal, 23* (2), 35-48.

Evans, L. (2011). The "shape" of teacher professionalism in England: Professional standards, performance management, professional development and the changes proposed in the 2010 White Paper. *British Educational Research Journal, 5*, 851-870.

Fives, H., & Alexander, P. A. (2004). How schools shape teacher efficacy and commitment: Another piece in the achievement puzzle. In D. M. McInerney, & S. Van Etten (Eds.), *Big Theories Revisited. Volume 4 in: Research on Sociocultural Influences on Motivation and Learning* (pp. 329-359). Greenwich: Information Age Publishing.

Gardner, R. C. (1985). *Social psychology and second language learning: The role of attitudes and motivation*. London: Edward Arnold.

Houle, C. O. (1961). *The Inquiring mind: A study of the adult who continues to learn*. Madison: University of Wisconsin Press.

Hoy, A. W. (2008). What motivates teachers? Important work on a complex question. *Learning and Instruction, 18* (5), 492-498.

Joned, R., & Hong, L. L. (2006). Motivational orientations of teachers in the National

Professional Qualification for Headship (NPQH) Programme. *Pertanika Journal of Social Sciences & Humanities, 14* (2), 85-94.

Kieschke, U., & Schaarschmidt, U. (2008). Professional commitment and health among teachers in Germany: A typological approach. *Learning and Instruction, 18* (5), 429-437.

Kunter, M., Tsai, Y., Klusmann, U., Brunner, M., Krauss, S., & Baumert, J. (2008). Students and mathematics teachers perceptions of teacher enthusiasm and instruction. *Learning and Instruction, 18* (5), 468-482.

Malmberg, L. (2008). Student teachers achievement goal orientations during teacher studies: Antecedents, correlates and outcomes. *Learning and Instruction, 18* (5), 438-452.

Pennington, M. C. (1995). Work satisfaction, motivation, and commitment in teaching English as a second language. *Elementary Secondary Education* (1), 212.

Richardson, P. W., & Watt, H. M. G. (2006). Who chooses teaching and why? Profiling characteristics and motivations across three Australian universities. *Asia-Pacific Journal of Teacher Education, 34*, 27-56.

Roth, G., Assor, A., Kanat-Maymon, Y., & Kaplan, H. (2007). Autonomous motivation for teaching: How self-determined teaching may lead to self-determined learning *Journal of Educational Psychology, 99* (4), 761-774.

Sheffield, S. B. (1964). The orientations of adult continuing learners. In D. Solomon (Ed.), *The continuing learner* (pp. 1-22). Chicago: Center for the Study of Liberal Education for Adults.

Watt, H. M. G., & Richardson, P. W. (2008a). Motivations, perceptions, and aspirations concerning teaching as a career for different types of beginning teachers. *Learning and Instruction, 18* (5), 408-428.

Watt, H. M. G., & Richardson, P. W. (2008b). Motivation for teaching. *Learning and Instruction, 18* (5), 405-407.

Yüce, K., Şahin, E., Koçer, Ö., & Kana, F. (2013). Motivations for choosing teaching as a career: A perspective of pre-service teachers from a Turkish context. *Asia Pacific Education Review, 14* (3), 295-306.

毕重增、黄希庭，2005，中学教师成就动机、离职意向与倦怠的关系，《心理科学》(01)，28-31。

傅廷奎、付婧，2012，小学教师择业动机调查报告——从与新教师择业动机的比较视角，《当代教育科学》(22)，26-29。

韩佶颖、尹弘飚，2014a，教师动机：教师专业发展新议题，《外国教育研究》(10)，88-95。

韩佶颖、尹弘飚，2014b，教师动机：理论基础与研究进展，《外国教育研究》(04)，21-29。

李金波、许百华，2004，成人参与学习的动机研究，《心理科学》(04)，970-973。

李琳，2013，中日高校外语教师教学负动机实证对比研究，《外国语言文学》(02)，87-93/100/144。

李亚真、潘贤权、连榕，2010，新手—熟手—专家型教师主观幸福感与教学动机的研究，《心理科学》(03)，705-707/704。

林高标、林燕真，2013，动机的自我决定理论及其对教师专业发展的启示，《教育发展研究》(04)，24-28。

刘宏，2010，我国大学英语教师职后专业发展动机的影响因素分析——以北京地区几所高校为例，《首都师范大学学报》(社会科学版)(S3)，85-90。

刘宏刚、寇金南，2014，高校英语教师访学动机实证研究，《外语与外语教学》(6)，13-19。

刘宏刚、王相锋，2014，中小学英语教师在职进修动机：基于"国培"项目的实证研究，《中小学英语教学与研究》(11)，50-56。

卢睿蓉，2004，直面大学英语教师教学动机，《教育与职业》(30)，60-61。

芦咏莉、栾子童、乔淼，2012，国外教师动机理论及研究，《比较教育研究》(06)，67-71。

彭文波、刘电芝，2012，中小学教师工作满意度与教学动机的关系，《心理发展与教育》(06)，611-617。

任亮、徐富明，2005，中小学教师攻读教育硕士学位动机的调查研究，《天津师范大学学报》(基础教育版)(02)，27-29。

汤闻励，2011，大学英语教师教学动机调查与分析，《当代外语研究》(04)，29-33/60-61。

汤闻励，2012，境外二语与中国大学英语教师教学动机对比研究，《湛江师范学院学报》(01)，43-47。

佟丽君、张守臣，2008，高校青年教师成就动机研究，《心理科学》(04)，861-865。

王永，2014，中国高校口译课教师教学动机实证研究，《外语教学》(02)，108-112。

王振宏，2009，《学习动机的认知理论与应用》。北京：中国社会科学出版社。

王振宏、王克静、游旭群等，2010，教师效能、工作动机与心境对教学创新的影响，《心理科学》(05)，1254-1257。

吴安春、张登印、俞国良等，1996，大学教师成就动机的发展特点与影响因素研究，

《心理发展与教育》(04)，41-44/51。

肖佳，2011，大学英语四、六级考试对大学英语教师教学动机的影响，《教育学术月刊》(12)，102-103。

谢玉华、毛斑斑、张新燕，2014，高校教师科研动机实证研究，《高教探索》(04)，156-159/176。

徐智鑫，2014，《二语动机：理论综述与案例分析》。广州：世界图书出版公司。

衷克定、申断亮、辛涛，1999，小学教师教学动机的结构特征研究，《心理发展与教育》(02)，28-32。

周兆透，2008，大学教师成就动机与工作绩效关系的实证研究，《现代大学教育》(04)，80-85/113。

朱伟，2011，高校教师的科研动机变化规律及激发研究，《科技管理研究》(01)，153-155。

第四章　教师合作[1]

陶　坚　高雪松　香港大学教育学院

本章将聚焦性阐述外语教师教育合作研究中的核心问题以及最新进展，并对外语教师合作研究的发展历程、代表性研究成果和争议性问题进行较为详细的讨论，同时介绍相关研究案例及其研究方法。

4.1　研究概况

4.1.1　教师合作的必要性

长期以来，教师一直是在与他人隔离的状态下工作 (Lortie, 1975)。Freeman（1998）曾经风趣地把教学比喻成一种"鸡蛋—箱子"的职业，他指出许多教师总是在教学过程中像箱子中的鸡蛋一样小心翼翼地把自己和同事隔绝开来。然而，随着教学任务日益复杂化，学生需求变得多样化，课程设置推陈出新，教师面临着愈来愈大的工作压力。为了应对这些挑战，教师必须不断地提高其专业素养及能力。有学者（如 Rosenholtz, 1989）指出，孤立的工作状态使教师不得不单独尝试教学革新来提高职业能力和职业素质，然而由于势单力薄，往往很难有效地更新教学知识，提高教学能力。因此，自 20 世纪 60 年代开始，外语教师尝试通过与同事、学习者、研究者、课程专家等等开展不同层面的合作来促进职业发展，正如 Nunan（1992a：1）所说：

They may wish to experiment with alternative ways of organizing

1　本文系教育部人文社会科学研究青年基金项目"两岸三地高校专门用途英语教师的职业身份研究"（项目编号：12YJC740035）的系列研究成果。

teaching and learning; they may be concerned with promoting a philosophy of cooperation rather than competition; they may wish to create an environment in which learners, teachers and researchers are teaching and learning from each other in an equitable way…; or they may wish to experiment with ways of incorporating principles of learner-centeredness into their programs.

自我国 1999 年高校扩招以来，高等教育的大众化使众多高校面临在短时间内扩大师资队伍建设的严峻挑战，并且在发展高素质教师队伍的过程中陷入困境，主要表现为高校教师发展失衡，出现"手段化"现象，缺乏动力（陈相见、吴跃文，2014）。特别是在一个外语学习人数过亿的国家，外语教师教育与发展显得尤为重要，但目前仍相对薄弱（贾爱武，2005）。研究表明，外语教师教育存在着模式、手段和方法比较单一，缺乏高效的专业化发展理论和模式等问题（高云峰、李小光，2007）；外语教师职业发展困难重重，包括课时量多和科研能力弱等主要因素（崔晓红、邓华，2011）。此外，新一轮大学英语课程改革对外语教师的专业素质提出了更高的要求（杨逢春，2012）。因此，不少学者提出要构建合理的高校教师合作文化，给教师提供资源以及情感支持，帮助教师减少职业压力（陈相见、吴跃文，2014）；提倡研究者与一线教师合作来协同攻克课堂教学难题，从而实现双方共同发展（文秋芳、任庆梅，2010）；开展校本或者系本教研使教师在自主探究的基础上，通过定期的学术交流促进教师间的互动和协作，并形成高水平的教研团队（崔晓红、邓华，2011）。

因此，国内外越来越多的教师被教师合作的前景所吸引，加入相互合作的队伍中来，一起应对越来越具有挑战性的教学工作。教师合作的规模有大有小，既有少数同事间的合作，也有全校范围内，甚至跨学校、跨学区的合作。

4.1.2 教师合作的定义

现有的学术文献并未对教师合作下一致的定义。由于教师主要在教学上建立合作关系，目前的研究往往将教师合作等同于团队教学（team teaching）或协助教学（co-teaching）。由于相关概念也无统一定论，所以有学者（Anderson & Speck，1998）在概述教师合作研究时把它们称作是"一片杂音"（a cacophony of voices）。例如，仅仅就"团队教学"（team teaching）这一概念就引发了激烈的争论：有学者认为是指两位或者多位教师负责同一班学生的教学任务（Ennis，1986）；也有学者指出团队教学是指学校里的两位或多位教师在行政上和教学上组成团队，在较长一段时间内定期见面，负责给同一班学生备课、授课以及测评（Thousand & Villa，1990）；还有学者将团队教学定义为一个教师团队里的所有队员互相旁听几节课或者全部课程，进行观察、互动、提问和学习，并且定期见面讨论教学目标和策略等活动（Francis & Buckley，2000）。Anderson & Speck（1998）则指出学者之间对教师合作定义分歧的症结在于他们对合作教学的解读都是从组织工作（logistics）而不是教育理论出发，侧重于合作结构而不是教学成效，从而犯了方向性错误。这些学者并没有意识到他们对教师合作的解读实际上都是基于同一个理论基础——结构主义（constructivism）。结构主义的两大核心要素就是合作与多方观点并存。由于在教师团队中合作是核心要素，而合作就需要多方视角以及平等参与权。因此，运用结构主义教学法的结果是老师转变成为协助者，学生对自己的学习承担更多的责任；在学习过程中，老师下放权力，不再是唯一的权威。这些实践了结构主义教学理论的老师，能听取不同的声音，懂得尊重他人，更易成为学生的榜样。他们最终通过言传身教，促进学生的学习。相对来说，国内学者倾向从合作一词出发来界定教师合作，因此将其本质解读为一种特定的人际关系。教师合作是指教师为了改善学校教育实践，就教育实践中产生的共同感兴趣的问题，以自愿、平等的方式一起探讨解决的办法，从而形成的一种批判性且共担不可预测性结果的人际互动关系（邵云雁、秦虎，2009；饶从满、张贵新，2007）。

随着教师与教学过程中不同利益相关者的互动，将教师合作限定在课程教学领域或者仅限于教师之间开始显得相对狭隘。因为近年来除了参与实际教学，教师也开始逐渐参与到教学科研活动中，比如与大学里的研究者一起探索教育问题；此外，教师与校内外不同教育界人士的合作和交流也日益增多，例如语言教师和课程设计专家合作开发语言学习项目（如 Nunan, 1992b）。这些教师合作新趋势均有着不同的诉求，所以我们必须根据教师合作的重心来细化其真正的涵义。以教师间的合作职业发展（collaborative teacher development, CTP）为例，该概念近年来受到越来越多的关注。国外有学者认为，CTP 是任何可持续的系统性的教学调研，在其过程中教师自愿与他人开展合作以实现职业发展（Johnson，2009）。国内有学者认为，CTP 是教师通过与同事或者其他相关人员之间的合作与互动来促进自己与所在合作团队的专业学习与专业成长的一种专业发展方式和过程（李广平，2014）。由此可见，当合作目标或者重心达成共识的时候，国内外学者对教师合作的理解也趋于一致。

4.1.3 教师合作的方式

如何进行教师合作，归根到底可能需要以教师如何开展合作为出发点。早在 20 世纪 60 年代，Cunningham（1960）就提出了四种组织结构类型的团队教学模式：

（1）团队领导型（team leader type）：其中一名团队队员的地位高于其他队员，并被称为团队领导。

（2）同事型（associate type）：团队中没有一名指定的队长。根据队员间的互动以及团队合作的进展，领导层会慢慢形成。

（3）专家与新手老师（master teacher—beginning teacher）：团队教学被用以帮助教师队伍中的新成员融入学校文化。

（4）协调团队型（coordinated team type）：团队由年轻人组成，队员不承担任何团队责任。但是当老师们给几个平行班级教授同一门课程的时候，他们就会集体备课。

我们从中可以看出，各个类型的教师合作之间的区别在于团队中老师间的权力关系以及相对应的责任分配，这在随后涌现出来的更多的教师合作分类中得以体现（见表 4.1），其中一些分类直接体现了具体的教学策略和分工。虽然这些分类有所区别，且同一类型的教学合作模式或许被冠以不同的名称，但是仔细分析不难发现一个共同的大趋势，即（在表 4.1 中从上往下）教师之间的合作程度不断加深，合作范围不断扩大，共同承担的责任也越多。由此可见，合作教学形式多样，需要综合考虑教学条件、课程需求、师资力量等多方面因素。因此，本章并非旨在推荐某个具体的合作模式，而是根据 Aliakbari & Bazyar（2012）总结出一些常见的教师合作方式，为读者进一步的理论研究和教学实践提供参考。

表 4.1 教师合作的不同分类 [基于 Aliakbari & Bazyar（2012）并作了一定修订]

Walkins & Caffarella (1999)	Sandholtz (2000)	Mata-Agular (2002)	Friend & Cook (2004)	Bacharach, Heck, & Dahlberg (2008)	
1. 互相协助 (Co-facilitation) 2. 协同教学 (Co-teaching) 3. 系列教学 (Serial teaching) 4. 平行教学 (Parallel teaching)	1. 两位或者多位老师共同承担责任，但相对松散 (Two or more teachers loosely sharing responsibility) 2. 团队备课，但是单独授课 (Team planning, but individual instruction) 3. 共同备课，授课以及测评学习体验 (Joint planning, instruction, and evaluation of learning experiences)	1. 交替领导和协助 (Alternate leading and supporting) 2. 分站教学 (Station teaching) 3. 平行教学 (Parallel teaching) 4. 灵活组合 (Flexible grouping) 5. 交替教学 (Alternate teaching) 6. 团队教学 (Team teaching)	1. 一人教学，一人观察 (One teach, one observe) 2. 一人教学，一人机动 (One teach, one drift) 3. 平行教学 (Parallel teaching) 4. 分站教学 (Station teaching) 5. 替代性教学 (Alternative teaching) 6. 团队教学 (Team teaching)	1. 一人教学，一人观察 (One teach, one observe) 2. 一人教学，一人机动 (One teach, one drift) 3. 分站教学 (Station teaching) 4. 平行教学 (Parallel teaching) 5. 补充教学 (Supplement-al teaching) 6. 替代性（区别性）教学 (Alternative / differentiated teaching) 7. 团队教学 (Team teaching)	

除了合作加深的趋势之外，这些不同种类合作模式的潜在目标也是相对一致的，即提高教学质量并最终反映在学生的学习成效上。Armstrong（1977：66）重点关注了团队教学（team teaching）对学生学业成绩产生的积极影响，归纳出以下五点：

Strength 1: Team teaching permits team members to take advantage of individual teacher strengths in planning for instruction and in working with learners.

Strength 2: Team teaching spurs creativity because teachers know they must teach for their colleagues as well as for their learners.

Strength 3: Team teaching facilitates individualized instruction because it is possible to provide learning environments involving close personal contact between teacher and learner.

Strength 4: Team teaching provides for better sequencing and pacing of increments of instruction because perceptions of an individual teacher must be verified by at least one other team member.

Strength 5: Team teaching builds program continuity over time. Team teaching programs abide. Specific teachers within a team do not.

4.2 研究脉络

4.2.1 教师合作的不同视角

Lavie（2006）深刻全面地总结了目前用以研究学校范围内教师合作的五大视角：（1）文化视角（cultural perspective），即把教师合作植入教学文化形式中，从而模糊掉个人和职业之间的边界，激励老师们互帮互助，共同承担责任；（2）效率和改进视角（effectiveness and improvement perspective），即教师合作是在所谓"高效率"的学校中由校长主导的文化管理的成果；（3）共同体视角（school-as-community perspective），即教师合作扎根于把学校改造成共同体的愿景中，创造更包容、更人性化的环境来取代契约式的人际关系；(4) 重组视角 (restructuring perspective)，即在鼓励不断学习的环境中教师成长为一类有能力参与合作实践的新型专业人士；(5) 批判视角 (critical perspective)，即在教师合作中融合民主行为、共同体参与和教学研讨，并将其看作是一种社会政治实践。这五个视角看似相对独立，但同时互相联系互相影响。

与国际学术界一样，我国的教师合作研究总体上呈现一定的相似性但也有其中国特色的成分。相同的是，国内相关研究也是主要涉及学校合作文化、课堂教学效率、教师合作学习等多重视角。首先从文化视角来说，我国学校里长期存在的"以考代评"管理机制造就了教师间恶性的竞争关系，让教师不得不选择单打独斗 (孙惠清，2009)。学校合作文化的提出旨在改变这种"同行是冤家"的理念，从学校管理层面出发，营造一个民主宽容的文化氛围 (李瑾瑜、赵文钊，2011)。其次，教师合作是提高教学效率的普遍形式。以集体备课说课为主要合作形式，教师合作强调资源共享，利用集体的智慧，来攻克教学难题，促进教学创新，最终使课堂教学更有效 (王鉴、方洁，2013)。教师合作学习主要强调学生和教师的双重角色，不断反思合作学习对教学产生的效果，最终促进个人专业素质和技能的提高 (汤庭华，2010；马建桂、王檬檬、高华，2007)。与国际学术界不同的是，不论从哪个视角出发，大部分教师合作体现出以课程改革为驱动、自上而下的特征。上述研究中很多都以课程改革以及教学大纲为大背景，指出其对教师提出了更高的专业要求，因此教师合作的最主要目标之一就是帮助教师更有效地贯彻以及实施新一轮的课改 (如李洪修、马云鹏，2005)。

4.2.2 教师合作研究方法

教师合作研究正在经历一个从"经验之谈"到基于数据的实证研究的转变。至今，在教师合作领域的出版物里占主导地位的，仍旧是一些探讨具体技术操作性问题的教师手册 (如 Dunne & Villani，2007；Honigsfeld & Dove，2010)。这些研究很多出自合作经验丰富的教师或者研究者，他们通过总结分析自身的经验提炼出一些教学策略或者窍门 (如 Benoit & Haugh，2001；Conn，2010)，供同行们参考。正如 Austin & Baldwin（1991：35）所说："大部分有关高等教育机构中教师合作的研究都是描述性的，经常来源于参与合作教师的反思性报告。"此类研究固然值得借鉴，但他们往往缺乏系统严谨的研究方法，因此难以产生较好的信度和效度。随着教师合作研究领域的日益成熟，开始涌现出越来越多基于数据的实证研究，既包括定性研究，也包括定量研究，还有的研究采用混合研究方法。在 Nunan（1992a）的论文集《合作语言学习和教学》（*Collaborative Language Learning and Teaching*）一书中，七篇有关语言教学合作的论文中有六篇都是实证研究。

在上述实证研究中，大多数研究都采用了定性研究方法（Vesico, Ross, & Adams, 2008）。不同形式的访谈是数据采集的主要方法，有半结构式访谈也有开放式的访谈；有一对一的访谈也有小组访谈。访谈对象主要是教师、行政人员、校长等。此外，定性研究的数据来源日趋多元化，除了访谈，参与性或非参与性观察、教学日记、现场笔记、会议记录以及相关的文件资料等等也逐渐成为研究教师合作的数据来源，而且此类研究均以个案研究方法为主。此外，个别学者开始在定性数据的基础上引入一些定量数据来印证或者补充其定性研究的结果（如 Achinstein, 2002；Lam, Yim, & Lam, 2002）。

早期教师合作研究主要关注教学成效，而如今越来越多的研究者开始关注教师合作的过程，研究焦点也逐渐从合作教学的有效性（effectiveness）转移到复杂性（complexity）。把教学成效作为出发点的教师合作研究始终无法回避学习评估这一极具争议性的话题，特别是当标准化测试成为衡量教学成果的唯一标准时（Goddard, Goddard, &Tschannen-Moran, 2007）。Vesico, Ross, & Adams（2008）在其综述文章中提出相对中肯的看法及意见，他们认为虽然考试无法全面地反映合作教学对学生学习的帮助，但是不能因此放弃采集反映教学成效的相关数据。他们提出把个案追踪和标准化测试相结合的研究方法，但目前为止尚无此类研究。除了关注教学成效和有效性以外，越来越多的学者开始关注合作教学过程的复杂性，深入挖掘各方的权力关系（power relation），以及教师的角色和身份定位等（如 Chan & Clarke, 2014；Trent, 2010）。他们选取教师之间的对话（teacher-teacher talk）片段，进行话语分析，并在分析过程中借助相关的语言学和社会学理论（包括 Hymes 的社会语言学理论，Halliday

的系统功能语言学理论，Harre 的话语定位理论，Vygostsky、Lave 和 Wenger 提出的社会文化视角下的学习理论，Long 和 Pica 的输入－互动型语言学习理论，以及 Fairclough 的批判话语分析理论等）来深入挖掘教师之间的权力互动（Hornberger，2006）。除了教师话语研究之外，Creese（2006）呼吁更多的学者通过话语分析方法探究课内外师生及学生之间的互动。

值得一提的是教师合作研究中涌现出大量的行动研究。这些行动研究很多都是由教师和研究者合作完成，让实践者（practitioner）真正参与到理论研究中来（Nunan，1992a）。从这个意义上来说，行动研究不仅是一种研究方法，更是教师合作的一种重要模式（例如 Banegas et al.，2013），这在日益增多的"学校－大学合作项目"（school-university partnership）中也得到了相应的体现。由于校际间的协同行动研究（collaborative action research，CAR）在后文 4.3.3 节中将详细分析，在此不再赘述。

尽管近年来国内教育界有关教师合作的研究呈上升趋势，但是呈现出与国内整体语言教学研究相似的特征，即大部分研究基于思辨型理论探讨，实证研究严重不足，并且研究方法描述过于模糊甚至一笔带过（Gao，Liao，& Li，2014）。为数不多的相关实证研究主要采用定性研究方法，其中包括教师访谈（如乔雪峰、卢乃桂 、黎万红，2013）、课堂录像、反思日记（如文秋芳 、任庆梅，2011）以及简单的教师话语分析（如郭尔平、顾超美、鲍静英，2002）等。

综而观之，目前教师合作研究的研究方法和研究焦点日趋多元化，大量研究开始深入探究教师合作的过程。但值得指出的是，目前教师合作研究还是以短期的、小型的研究为主（Nunan，1992a），而纵向的、大型的、相对宏观的跨地域的研究较为匮乏。同时实证研究中以定性研究居多，其中自述性质的数据（self-reported data）占主导地位。尽管这些自述性数据研究的价值不可小觑，但如果研究者能将观察数据（observation data）和自述性数据相结合，那么其研究结果的可信度或许可以得到进一步提高。可能由于研究实施难度较大，以（准）实验 [(quasi-) experimental] 为代表的定量研究在以往的语言教师合作研究中较少。

4.3 四大类语言教师合作

上述讨论得出，教师合作不仅呈现出规模日益扩大的趋势，而且合作模式往往因地制宜，不断创新。随着英语成为世界通用语（English as a lingua franca），英语教育在世界各地蓬勃发展起来。在非英语母语国家，当地英语教师的语言能力始终饱受争议，于是很多地区涌现出一股引进英语为本族语的教师并与当地教师开展跨文化合作的热潮。此外，由于英语开始在学校和职场等各个场合成为交际用语，纯英语课程已满足不了学习者的需求，如何让学生在特定领域里更有效地运用英语进行沟通是摆在英语教师和其他学科教师面前的一个亟需解决的问题，同时也成为促使教师开展跨学科合作的良好契机。除了教学层面，科研也是教师合作的主题之一。教师间或者教师与研究者之间的学术合作主要以合作行动研究的形式开展，希望在严重脱节的课堂教学和语言教学理论之间建立一座沟通的桥梁。与此同时，学习共同体这个概念开始被引入教师行业，强调教师学习与发展是社会共建的情境化的，目标是建立一个可持续的教师学习环境。因此，针对外语学科的特色，本节将着重介绍外语教师如何开展跨文化以及跨学科的教学合作，并且与外校人士开展科研交流，以及共建学习共同体，最终达到提高外语教学质量和促进外语教师职业发展的目的。

4.3.1 跨文化的教学合作

在外语教学领域，近年来英语为非本族语（Non-native English speaking，简称 NNES）的老师和英语为本族语（Native English speaking，简称 NES）的老师开展合作教学屡见不鲜。该类跨文化合作模式的兴起主要是基于 NNES 和 NES 老师之间优势互补的原理。虽然 NNES 老师的英语语言能力很难达到母语的水平，但是他们自身是语言学习者的成功典范，能更有效地教授学习策略，为学习者提供更多语言知识，预测学习者在语言学习过程中会遇到的困难，并深入了解学习者的需求和问题（Medgyes，1992）。凭借和学生母语相同的优势，本地的 NNES 老师可以拉近与学生的距离，从而更清楚地解释一些语法问题（Medgyes，1992）。此外，他们还更了解本地的语言课程以及测试系统（Tang，

1997）。至于 NES 老师，他们除了拥有先天的英语能力优势外，还能为学习者创造一个更加真实的语言环境，提供并传播英语国家的文化（Barratt & Kontra，2000）。也许是受西方学习文化的影响，NES 老师一般较少依赖课本，善于采用不同的教学模式，热衷于教学创新。由此可见，NNES 和 NES 英语老师各有所长，在语言教学上具有很强的互补性，这为教学合作奠定了理论基础。

Medgyes（1992）早在"Native or non-native: Who's worth more?"一文的开篇中指出 NNES 和 NES 英语老师之间不存在先天的孰优孰劣，他们成为优秀老师的机会是均等的，只是选择的道路不一样。他提出，一所理想的语言学校应该有一支 NNES 和 NES 老师规模同等的师资队伍，从而达到优势互补，开展各种形式的合作。随着英语在全球化进程中的地位日益显著，越来越多的国家和地区为了提高英语教学质量开始引进 NES 老师并让其与本地英语老师一起开展语言教学，这样的合作模式不断被规范化和区域化，这在东欧（如斯洛文尼亚，参见 Alderson et al., 2001）和部分亚太地区（包括日本、韩国、中国）尤为多见。在我国虽然外教聘请制度并未被纳入教育体系，但是教育部公布的 2004 年《大学英语课程教学要求》（试行）以及 2007 年《关于进一步深化本科教学改革全面提高教学质量的若干意见》均提到要加强大学生英语听说能力，中外教师合作被看作是推进教学改革的重要举措之一（孙静，2013）。鉴于日本、韩国相关的合作教学研究较多，并且其教育文化与中国较为相似，对我国英语教育有潜在的参考意义，因此本章节将着重以这两个地区为例来阐释 NNES-NES 教师合作的实施过程与效果、存在问题及改进策略等。同时，我国香港地区的合作教学模式也对内地英语教学有着积极的启示。

首先，要大范围地开展 NNES-NES 教师合作往往需要地区性教育部门的支持。日本、韩国从 80 年代开始陆续出台了相关教育政策，以提高教学水平，如日本的 JET（The Japan English and Teaching Program）和韩国的 EPIK（English Program in Korea）。此外，日本致力于加快本国的国际化进程，韩国希望借此推进跨国间的文化交流。我国香港地区则推出了 NET（native speaking English teacher）政策，旨在促进本地英语教师的职业发展（Carless，2006b）。与 JET 和 EPIK 不同的是，NET 只招收有语言教育背景和工作经验的 NES 老师。尽管他们的目标和教师招聘条件有所差异，但 NNES-NES 教师的合作模式极为相似，即一名本地的英语老师和一名 NES 老师配对搭档，共同完成教学任务。

由于 NNES 和 NES 老师的语言文化背景截然不同，这种教学合作难免存在一些问题，主要表现在文化、教学理念和沟通三个方面。首先是两地文化的差异，有学者发现 NES 老师和韩国本地的英语老师之间存在严重的"文化冲突"（Ahn，Park，& Dno，1998）。比如本地老师会认为 NES 老师的一些行为违背了当地的风俗习惯，从而影响了两人的合作关系（Kwon，2000）。此外，由于两类老师的学习经历不同，他们各自的教学理念存在一定的分歧，导致他们容易对对方的教学方式持怀疑态度。NES 老师会认为本地的英语老师过于依赖课本，在教学中过度重视语法；而 NNES 老师则认为 NES 老师的教学方式不利于给学生打下扎实的语言基础（Mahoney，2004）。最重要的还是沟通问题，虽然本地老师的英语水平在不断提高，但是与 NES 老师交流的过程中还是会出现因为语言表达问题而导致沟通不畅的情况。除了语言以外，双方文化中不同的交流方式也是阻碍沟通的原因之一。譬如来自西方的 NES 老师往往在表达意见的时候过于直接或者带有太浓的批判性色彩，使得他们的合作者难以接受（Johnson & Tang，1993）。此外，双方老师的工作量、团队教学的课程设置，以及整个教学评价体系的连贯性均是影响 NNES-NES 教师合作成功与否的重要因素（Moote，2003）。国内为数不多的相关合作教学研究反映出类似的问题，中外教师合作过程中出现的问题主要集中在授课理念的差异、对学生的成绩评估标准不同、合作意识以及沟通管理等方面（孙静，2013）。

尽管 NNES–NES 教师合作存在很多问题，研究结果表明其对学生学习、课堂教学、教师专业发展等各方面都有积极的作用。首先在学生中反响较好，他们普遍反映课堂变得更有活力，拥有更多的机会去练习听说技能，并且可以接触到更多元的文化。从课堂教学的角度而言，两位老师共同教学能使每位学生获得更多的关注，帮助他们更有效地开展小组讨论（Buckley，2000）。合作教学需要老师们求同存异，各取所长，互相学习。NES 老师可以负责有关语音、流利度以及文化方面的问题，而 NNES 老师则更熟悉学生们的背景以及他们可能会遇到的困难，因此可以负责课堂管理以及语法方面的问题（Carless & Walker，2006）。除了主观上对中外教师持肯定态度外，学生在合作课程期间的多次口语测试中都有较为显著的提高；双方教师也表达了类似的认同感，认为合作教学不仅帮助他们更高效地完成教学任务还增进了同事间的感情（郭尔平、顾超美、鲍静英，2002）。总体而言，NNES–NES 教师合作对教师自身和学生都有可能达到双赢的效果。

对未来 NNES–NES 教师合作，Carless（2006b）从不同角度提出了三点实质性的建议，值得我们深思和借鉴。

(1) The pedagogic ones are training and experience with relevant general ELT approaches, more specific skills in the practice of team teaching and an ability to devise appropriate classroom roles, particularly those which would showcase the respective skills of partners.

(2) The logistical ones include at the micro school level, time available for planning and preparation, and associated support from administrators. In terms of macro-level logistics, for the potential of team teaching to be maximized there needs to be integration with system-wide curriculum and assessment priorities.

(3) The interpersonal factors include the ability to cooperate with partners, allied to sensitivity towards their viewpoints and practices, particularly when differences emerge. (p. 345)

通过了解国外相关领域的政策导向、教师间的跨文化问题以及合作成效，我国中小学和高校可以量身定夺，完善其外教聘请制度，提高外教专业水平，促进本土教师和外教之间的互动与合作。由于 NNES 老师和 NES 老师很多时候是随机组合，双方很有可能都没有过类似的合作经验，让他们在教学和交际上很快达成默契并不容易，学校管理层可以鼓励 NNES 老师和 NES 老师共同参加培训（co-training）（Crooks，2001），从而促进 NNES–NES 教师合作的可持续发展。

4.3.2 跨学科的教学合作

语言教师在跨学科合作教学中扮演着非常重要的作用。Snow et al.（1989）

早在 20 世纪 80 年代就提出在教学中把语言和学科知识结合起来（Integration of Language and Content，or ILC），并系统地阐释相关理论依据：首先，此类跨学科教学模拟人们在学习母语时的情境，同时发展语言和认知能力；第二，人们在有意义有目的性的社会和学术语境中可以最有效地学习语言；第三，学科知识为语言教学提供了内容基础；第四，熟悉学校语域（register）或者具体的学科语域是学习学科知识和提高学术能力的前提条件。由于同一种语言在不同的语境下享有不同的地位，语言老师在教学合作中承担的任务和扮演的角色也会相应地发生变化。在英语为母语的国家，英语和学科教学合作主要是为了帮助少数民族学生（minority student）克服语言障碍，融入到主流的课程学习中（mainstreaming），因此英语老师更多的是一种协助者（facilitator）的角色；而在非英语母语国家，英文与学科老师合作旨在帮助学生了解某学科的语域，以便更好地用英语来学习和应用学科知识，因此，双方教师的分工及地位相对平等。以下将分别对这两类语境中的语言－学科教师合作展开讨论。

在英美等英语为母语国家的语境中，语言和学科老师的合作大多是政策导向的。为了提高少数民族学生的英语能力以使其更好地融入主流课程学习，加拿大、美国、英国以及澳大利亚等国相继出台了加强语言与学科老师合作的教育政策。虽然各国的教师合作形式不尽相同，但大致可归为两类：协助教学（support teaching）和伙伴合作教学（partnership teaching），前者指语言老师的职责仅仅是给一些有需要的学生提供语言辅导而学科老师则是单独完成备课和授课任务，后者即语言和学科老师共同承担起教学责任（Creese，2000）。两者相比较，后者的合作程度更高，合作者之间的地位相对平等。无论是哪一合作模式，这些政策均建立在双方老师能打破学科边界并共同开展教学工作的前提之上（Arkoudis，2006）。然而，研究表明事实并非如此，跨学科合作其实是一个极为复杂的过程。首先双方教师属于两个完全不同的话语共同体（discourse community），他们对教学法和知识持有不同的理念，并且对所处的学科共同体认同感极强（Siskin & Little，1995）。Arkoudis（2003）通过分析英语老师和学科老师在备课过程中的对话（planning conversation）发现，他们之间的教学协商从本质上来说都是对双方认识论的重新构建（epistemological reconstruction），因为他们对对方的学科多少存有一定的误解或者偏见。因此，在双方的学科理念发生冲突的情况下，要让双方求同存异进行合作教学并非易事。此外，两类教师之间的权力关系（power relation）在合作教学中发挥重要作用。Creese（2000，2002）指出，与学科教师相比，英语教师对自己的学科缺乏完整的拥有感（complete ownership），并且他们的语言教学技能很难得到合作者的认可，甚至被认为是只拥有通识技能（generic skills）的一群老师。因此，英文老师时常处于弱势地位。比如在教学协商过程中，学科老师常常掌握主动权；在课堂教学中，英文老师只能扮演一个学习协助者的角色；对学生而言，英语学习相对次要，因此英文老师对他们来说只是一个帮手（helper）。总体来说，英语教师在整个跨学科合作中处于被边缘化的境地；而学科老师则承担了全部课程设计和教学任务。

在非英语母语国家和地区，学科和语言相结合的教学形式多种多样，包括内容依托语言教学（Content-based Language Teaching，or CBLT）、沉浸式教学（Immersion Program）、特殊用途英语教学（English for Specific Purposes，or ESP）等。随着英语成为国际通用语，英语和学科相结合的教学模式愈来愈被推崇，并且教师合作被认为是实现跨学科教学的可行方案之一（Johns & Dudley-Evans，1991）。然而，真正实现英语和学科老师合作教学的例子并不多见。Chien, Lee, & Kao（2008）为了检测跨学科教学团队的授课效果，在我国台湾省一所大学对比过两组学生的前后测试成绩，并进行问卷调查。比较实验组的学生由英文老师和物理老师共同授课，对照组则只由一名英文老师授课。结果表明，比较实验组的学生在一学期后学习态度更积极，学英语的动力也更充足。除了运用定量方法测试团队教学的有效性，学者们呼吁更多的研究关注教学合作的过程。比如 Davison（2006）在我国台湾省的一所国际小学里调查了参与团队教学的教师，归纳出五类英语教师和学科教师的合作情况，程度由浅入深，依次是佯装顺从或被动抵制（pseudocompliance or passive resistance）、顺从（compliance）、顺应（accommodation）、融合及适当的共择（convergence and some co-option），以及创造性共建（creative co-construction）。他还指出，这五类合作程度主要的区别在于教师的态度、努力、成就，以及所期待的支持等方面，这与 Steward & Perry（2005）的研究结果在一定程度上不谋而合。他们通过采访一所日本大学里参与团队教学的 14 名教师，提出了教师团队合作的循环框架，即开始合作——致力于持续合作——在教学中让合作运转起来——实现有效的合作——再开始新的合作。他们通过访谈教师发现，在这种循环的合作过程中，有几大要素直接关乎合作的成功与否，其中沟通发挥着最关键的作用。受访者们普遍认为，有效的团队合作需要教师们拥有共同的教学理念、角色理解和团队目标。经历和知识则是一把双刃剑，当面对经验丰富的队友时有人会选择更顺从的角色来向他（她）学习，也有人会在这段合作关系中试图争夺领导权。但是最终导致合作失败的主要原因可能还是双方性格不合或者交流技巧不适当。

　　无论是在何种语境中，理想的语言－学科教师合作是把内容依托的语言教学与融入语言意识的学科教学结合起来（Davison & William, 2001）。这不仅仅意味着"1+1=2"的简单叠加，更是两个学科共同体的融合。这正好契合Bourne（1997：83）对伙伴合作教学（partnership teaching）的定义："伙伴合作教学不仅是合伙教学（co-operative teaching），而是以此为基础把两位教师的工作或者甚至是两个学科部门联系起来。"因此，此类合作教学在行政和技术上亟须更多的支持。

　　虽然 ESP 或者双语教学在我国很多高校已蓬勃发展起来，但是有关 ESP 师资的议题始终避免不了 ESP 教学任务由外语教师还是专业教师来承担的二元论，这也在一定程度上阻碍了跨学院的教学合作，导致跨学科合作起步缓慢。近期有学者（张建红，2013）提出不同院校可以把其专业优势作为 ESP 教学合作的起点，以南京财经大学为例，该校可以开展财经类 ESP 课程的教学合作，由高校教学管理部门拟订相关制度来鼓励英语教师和专业课教师结成教学小组，使双方在专业知识和语言中互相学习，在更好地完成 ESP 教学的同时促进教师职业发展。这样跨院系的教学合作模式最终有待实践的检验。在事先的规划和具体的实施过程中，学校管理层有必要借鉴上述相关研究，努力建立一个相对平等的合作环境，以研讨会的形式让双方教师更深入地了解各自的学科领域以及教学方式，尽量消除双方间的误解，平衡权力杠杆；同时鼓励教师们通过个人层面的互动，自主自愿选择搭档，使教师们拥有更多的空间以及积极性去探索跨学科合作。

4.3.3 跨机构的学术合作

除了教学上的合作，教师之间的学术合作也日益频繁，行动研究就是最重要的合作研究形式之一。教师们试图通过调查自己的教学行为，深化对教学工作的理解，从而更有针对性地改善课堂教学，争取更多的发言权（Ogberg & McCutcheon, 1987），因此教师行动研究是"系统性的、有目的性的探究"（Lytle & Cochran-Smith, 1990）。在协同行动研究（Collaborative Action Research, or CAR）中，教师们往往会一起设计和实施研究方案，各自观察和反思，然后在此基础上再设计以及再实施新的研究方案，因此这是一个不断循环的过程（Kemmis & McTaggert, 1998）。以下将着重讨论职前教师 – 在职教师和学校教师 – 大学研究者这两组研究团队如何合作开展行动研究，行动研究对双方的影响，存在的问题以及改进方案等。

4.3.3.1 职前教师 – 在职教师之间的科研合作

Cochran-Smith（1991）曾指出要让一名职前教师成为真正的教育者，他需要一名经验丰富的教师的较长时间的陪同，并且努力奋斗。而这种"导师 – 学员"关系往往是不对等的，因为从在职教师的角度来说没有可预见的益处，从职前教师角度来说在大学里被动接受信息的地位并未得到改变。合作关系的引入可以促使双方共同寻求机会，利用自身优势，积极、平等地参与进来，因为这对双方都是一个职业发展的契机（Johnston & Kirschner, 1996）。有研究表明，职前教师和在职教师在参与协同行动研究的过程中均获得了富有成效的学习经历（Balach & Szymanski, 2003）。

首先，协同行动研究很大程度上改变了普通教学实习过程中"导师 – 学员"的上下级关系。Friesen（1994）曾经把协同行动研究比喻成一场游戏，职前教师和在职教师都是游戏的参与者。而为了赢得这场游戏，双方必须共同努力，在此过程中他们的知识和技能都得到了提高，这就颠覆了单向的灌输式的教学实习。此外，双方的关注点发生了转移，整个合作团队不再只关注实习者的教学表现，他们共同关注的焦点转移到一起参与的行动研究上。最后，为了确保研究顺利进行，在职教师也会自觉地承担起责任。Friesen（1994）的观点在随后他人的研究中得到了印证及发展，比如协同行动研究不仅让职前教师经历调研的整个过程，而且还影响在职教师的教学理念和实践（Catelli，1995）。在Levin & Rock（2003）的多案例研究中，有五对职前和在职教师分别共同策划、实施和评估一项行动研究项目，参与者均认为协同行动研究给他们提供了很多一起工作的机会，从而使他们更深入地理解对方的教学理念，学会更有效地沟通，并且有时间建立人际关系。

其次，协同行动研究重新定义了职业发展，它鼓励在学校里开展反思性的调研（reflective inquiry），以对话的形式来考察课堂教学（dialogic examination）（Burbank & Kauchak，2003）。有研究表明，参与协同行动研究的经历促使在职和职前教师在以后的教学中用一种更具反思性的、批判性的、解析性的思维方式去看待自己的教学行为（Smith，2005；McDonough，2006）。就职前教师而言，他们从中开始认识到作为一名教师，要实现职业发展，就要在教学过程中学会集中探究课堂教学问题，学会反思和分析自己的教学行为，学会与同事合作，三思而后行（thoughtful actions）（Rock & Levin，2002）。就在职教师而言，协同行动研究赋予他们一个框架，让他们能够系统地观察、评价，以及反思他们自己的二语教学实践，并且深刻意识到合作在职业发展中的重要性（Atay，2006）。由此可见，职前教师和在职教师通过参与到协同行动研究中来，让原本类似技能传授式的教学实习变成双方共同学习的双赢局面。

这种职前－在职教师间的合作研究也存在一些问题，比如双方之间的身份差异如何影响合作关系，如何把协同行动研究作为一种新的实习模式长期有效地推广到整个专业乃至全校，这对教师教育者来说都是挑战（Burbank & Kauchak，2003）。

4.3.3.2 教师－研究者之间的科研合作

大学里的教育研究者和学校里的教师之间通常没有任何交集，这导致语言教学研究和实践之间一直存在鸿沟（Allright，2005）。一般而言，科研成果对课堂教学的现实指导意义微乎其微，比如二语习得（Second Language

Acquisition，SLA）理论对语言教师来说其应用价值就非常有限（Freeman & Johnson，1998）。通过梳理我国 1999—2009 年间有关高校外语教师发展的文献，研究发现，国内也存在着研究与教学脱节，研究者与教师关系不平等的类似问题（文秋芳、任庆梅，2010）。教师和研究者共同参与行动研究，旨在改变这种理论和实践脱节的局面，在实现理论创新的同时解决学校里的日常问题（Clark et al，1996），使理论来源于并直接影响教学实践。因此，教师不再是被动的知识消费者，他们充分利用自己的教学经验，加入到理论研究的队伍中，从而一定程度上改善务实知识（practical knowledge）被低估的现状（Steward，2006）。

教师和研究者的合作是建立在他们之间专业知识互补的基础上：学校的老师一般比较了解学生、家长、学校以及整个学区的情况；而大学的研究者则更熟悉相关的文献、研究设计，以及论文发表等。因此，在合作过程中他们可以各取所长，发挥各自的专长，利用各自拥有的资源（Reimer & Bruce，1994）。此外，教师和研究者之间的协同合作研究得以顺利进行还得益于其可预见的互惠的结果，即协同合作研究给双方都提供了一个平台，在学校工作的老师有机会尝试解决教学中存在的问题，在大学工作的研究者则能在课堂里开展调研活动（Mitchell et al.，2009）。因此，互补式的专长以及互惠式的预期合作成效共同推动了教师和研究者之间的合作。

教师-研究者协同行动研究的侧重点不同，因此合作模式也不是单一的。协同行动研究可以帮助新老师进行职业发展（Mitchell et al.，2009），协助推行教学改革（Chan & Clarke，2014），改进教学质量以及教师教育项目课程设计（Catelli et al.，2000）。在这些合作项目中，研究者和教师的角色和定位是影响合作成功与否的关键性因素。Chan & Clarke（2014）从批判性视角分析了双方面临的身份挣扎（identity struggle），一方面研究者不断地平衡其权威专家和热心协助者的双重角色，另一方面教师不断地回归到教师的角色并抗拒合作调研员（co-investigator）的角色，这就涉及教师-研究者合作关系中存在的一些问题。Bamford et al.（1999）精辟地总结出以下四对矛盾，值得我们深思：（1）控制与依赖（control and dependence）：教师能得到多少帮助以及研究者可以产生多少影响；（2）权力与权威（power and authority）：研究者该如何合理地利用其权威地位；（3）中心与边缘（centrality and periphery）：合作的重心是否需围绕经验相对更丰富的一方的研究兴趣展开，或者占上风的一方是否只是在利用合作团队来谋取个人利益；（4）价值观的冲突（practicing the value-in-action inherent in CAR and the primacy of other needs）：研究者一方面要尊重教师们的科研自主性，另一方面有采集数据发表论文的压力。在我国，研究者－教师之间的合作目前尚处萌芽状态，近年来随着新课程改革的深入，中小学教师渴望得到相关专家的指导的呼声越来越强烈，希望以此提升自身科研能力，从而有效地实现新课改赋予的权力（宋敏，2004）。结合我国高等教育的实情，国内知名学者文秋芳、任庆梅（2011）提出了高校外语教师互动发展的新模式，鼓励研究者和一线教师平等合作，以课堂关键问题为抽象中介，以课堂录像、教师反思日记等为具体中介，通过情感互动与认知互动，使双方得到共同发展。基于该模式的试验表明，一线教师的教学能力在合作中有了显著提高；研究人员获得了如何指导一线教师从事研究的经验。不论是中小学和大学之间还是大学教师和研究者之间，合作关系均倾向以教师为主、研究者为辅，提倡以研究者指导教师解决实际问题为主要合作模式。这样的合作模式固然能让教师受益，然而只有当研究者从中挖掘到更多的科研潜力时方可形成可持续的合作关系。

4.3.4 共建职业学习共同体（Professional Learning Community, PLC）

以上讨论了三类不同形式的教师合作，合作者来自不同的文化背景、学科和机构，合作内容不仅包括实际教学还有调研活动。然而，上述三类教师合作存在一些共同的局限性，比如他们的合作都相对零散、短暂，并且合作深度有限。近年来，越来越多的学校开始致力于在教师中间建立职业学习共同体（PLC）来增强教师合作，以促进教师职业发展及教学质量。Bryk, Cambrun, & Louis（1999）指出，职业共同体来源于两股思潮，一方面是基于哲学及社会学理论，把学校看成一个组织，该组织内的成员有共同的目标、价值观和人际交往准则，另一方面是提高课程难度的设想，而加快教师专业化进程是前提条件。除此之外，PLC还尝试建立社会文化视角下的学习理论，即学习不再是一种孤立的个人行为，它是一种社会活动，学习者在共同体中协商并共同构建知识（Lave & Wenger，1991；Putnam & Borko，2000）。因此，很多学者认为PLC的观点标志着研究范式的转变（research paradigm shift），从邀请外部专家来传授知识的传统模式转变到教师们在共同体中互相分享知识的终身学习模式（Stoll et al.，2006）；从老师把知识应用到实践中（knowledge for practice）到从实践中汲取知识（knowledge of practice）（Cochran-Smith & Lytle，1999）。

有不少学者尝试解读PLC这个概念，其中Hord（1997：1）通过总结相关文献，把PLC定义为"一个教师和管理者不断寻求学习机会，分享学习成果，并将其落实到行动中。他们的目标是提高教学质量，最终让学生受益；因此，PLC又被称为是不断探究和进步的共同体"。虽然学者们并未在如何定义PLC上达成共识，但我们可以通过PLC的一些核心特征来了解什么是PLC以及PLC是如何有别于甚至超越普通的教师合作的。首先，教师定期地参与反思性的对话（reflective dialogue），对话内容涉及课程、教学以及学生发展等；其次，教学不再是一种私人行为（deprivatized practice），教师互相听课，互相指导；再者，合作关系成为保证其高质量教学的一个必要条件；最后，上述三点都是建立在以学生为工作重心的共识之上（norm control）；其他特征还包括教师对学生和整个学校有相对一致的认识，新成员需要经历几个特定的阶段来适应共同体规范（Kruse，Louis，& Bryk，1995；Newmann & Wehlage，1995）。

由于PLC的形成过程极为复杂，加上每所学校的情况各异，因此建立及维持一个PLC往往会出现不同状况。简而言之，一个PLC的形成会经历三个阶段：首先通过机构重组（organizational restructuring）和领导带头实践来发起和推动同事间的互动，转变工作文化；然后开展一系列学习活动来鼓励教师对话、试验及合作；最后形成一个不断巩固成果和增进合作的循环，从而支持PLC的发展，最终改变教师的教学信念和实践（Tam，2014）。当然这一过程包括一系列环节，例如建立起团队的认同感（group identity），探索团队里存在的分歧（navigation of fault lines），协商主要矛盾，承担共同体责任（communal responsibility）等等（Grossman，Wineburg，& Woolworth，2001）。因此，PLC的建立和发展不是直线型的（linear），而是曲线的、循环的，而且要维护一个

PLC 的长期发展并非易事。最新的研究（Mak & Pun，2014）表明，教师一旦离开共同体回到各自的学校，他们的共同体责任感就会很快随之淡却，所以一个 PLC 要想实现可持续发展，不仅需要个人的决心，还需要学校、家长以及整个教育界的支持。

有关 PLC 的实证研究主要讨论了它对教师专业发展、学生的学习效果和教学文化三个方面的影响。Vescio，Ross，& Adams（2008）曾经综述了 10 个在美国的研究和一个在英国的研究，重点分析了 PLC 对教学行为和学生学习的影响，得出积极的结论。一方面，PLC 在教师中强化了以学生为中心的教学理念，改善了整个教学文化，之所以如此，主要是由于 PLC 增进了教师合作，为他们提供了一个彰权益能（teacher empowerment）和继续学习（continuous learning）的环境；另一方面，相关数据表明，学生的学习成绩在老师参加 PLC 后有了明显的提高，因此学生也是 PLC 的直接受益者。此外，Tam（2014）通过一项历时四年的研究来调查 PLC 对教师行为及教师信念的影响。在该研究中，学校号召教师建立 PLC 来推动基于学校的课程改革（school-based curriculum development，SBCD）。研究发现，PLC 能改变教师一些根深蒂固的行为和信念，其中教师改变（teacher change）涵盖了五个方面，包括课程设计、课堂教学、学生学习、教师角色以及学教能力（learning to teach）。当然教师在 PLC 中产生摩擦或者矛盾在所难免，但有研究发现，开诚布公的方式（open conflict norm）（Jehn，1995，转引自 Tam，2014）可以让老师们在团队中坦诚地讨论教学分歧，激发不同观点之间的交流，从而增强团队合作（Dooner，Mandzuk，& Clifton，2008）。

不过上述研究（除了 Tam，2014）仅限于欧美地区，随着 PLC 在亚洲不同地区的兴起，笔者觉得有必要介绍两项最新的英语教师 PLC 的研究，或许对中国大陆外语教师和研究者更具有借鉴意义。Hung & Yeh（2013：153-154）讨论了我国台湾省一所小学通过建立英语教师学习小组（teacher study group）来推进班级层面的课程改革（classroom-level curriculum reform）。他们把教师学习小组定义为"一个教师定期开会，就他们的实践经验开展协同研讨（collaborative inquiry），从而实现团队学习的集体目标的 PLC"。虽然他们的研讨会是半结构式的（semi-structured），但研究发现老师间的讨论大部分时间围绕分享务实知识（practical knowledge），共同设计教学活动，自我评估课堂教学等话题。研究得出，教师学习小组为英语老师们提供了一个良好的环境来，以学习与他们自己所带班级息息相关的实用知识。另一项研究（Shi & Yang，2014）则是在一所中国大陆的大学中进行的，英语写作老师们将 PLC 概念引入到他们集体备课会议（collective lesson-planning conference）中。研究指出，集体备课已经不仅仅是一项共同参与的支持教师学习的"合办事业"（joint enterprise）。通过集体备课，参与者不仅能够增进在教学上的共识并通过协商保留一些个人的教学方式；它还是一个权力关系的接触地带（a contact zone of power relationships），其中包括前辈和新手、本地老师和外籍老师，他们各方如何参与集体备课会议都有可能直接影响教师的学习进度。

国内中小学校里普遍存在的教研组与 PLC 这个概念有着许多异曲同工之处。作为教师眼中教研组的改进版，PLC 成为了教师专业成长的有效组织形式，其运作方式可以是课题组活动、同行交流、结伴合作、专家引领以及教育教学问题探讨等（徐丽华、吴文胜，2005）。然而与理想状态的 PLC 相比较，我国的教研组受到行政干预、精细化管理以及以和为贵的华人文化等三方面因素的影响，丢失了一些重要的社群因素，在发展 PLC 的路上步履维艰（操太圣、乔雪峰，2013）。因此，要在外语教师间建立学习共同体需要得到学校管理层的支持，鼓励教师尝试各种形式的合作，在全校范围内培养教师合作文化。

4.4 焦点话题

教师合作往往被默认为一个褒义词，即两位或多位老师一起合作一定会比老师们独立工作更有效。正如 Lieberman（1986）所言，即使学校环境、学生需求、教师专长和敬业程度不同，有一点是不变的：如果老师们之间没有合作，学校就很难进步。因此，教师合作被看作是提高学校整体教学质量不可或缺的一个因素。然而，教师合作的终极目标并不是取代教师自主（autonomy），教师自主应该有其立足之地，不应被忽略或者否定（Hargreaves，1994）；教师合作也不是完美之举，不乏矛盾和冲突。因此，我们将着重讨论一下同辈互助（collegiality）和教师自主之间的关系，以及矛盾在教师合作中扮演的角色。

4.4.1 同辈互助 VS 教师自主

同辈互助和教师自主在一定程度上是相对的，不同的教师合作往往反映了不同程度的互助关系，以及相应的自主性。在讨论两者关系之前，我们首先来回顾一下这两个概念。

不同的教学情况需要选择不同的教师合作模式，并且还有可能创造出新的教师合作模式。除了形式上的区别，它们从本质上来说只是合作程度的不同。Little（1990）曾把教师合作关系比喻成一个在独立工作和互相依赖两点之间的连续体（continuum），并指出四种由浅入深的同辈互助关系：（1）讲故事和寻觅点子（storytelling and scanning for ideas），即教师之间可以互相分享经验和信息，建立友谊，但是他们之间的交流始终与课堂中的实际教学相距甚远；（2）支援与协助（aid and assistance），这一般发生在教师向其他同事讨教的情况下；（3）分享（sharing），教师以不同形式分享教学观点和材料；（4）共同工作（joint work），即教师间的合作均是通过交流开展的，强调对教学工作拥有共同的责任，分享教师自主性的看法，支持同事带头创新。但是鼓励教师合作的同时绝不能否认独立工作模式的重要性。Hargreaves（1993）指出了教师在工作过程中表现出来的 3 种不同形式的自主：受限制的个人主义、策略性的个人主义和选择性的个人主义。受限制的个人主义表现为教师受到行政或者机构上的约束从而很难参与合作；策略性的个人主义则是当合作者强加压力或者苛求过高时，教师会在课堂合作教学中选择策略性地退居幕后；选择性的个人主义是主动选择独立工作，因此这是一个积极的选择。研究表明，要达到高质量的教学效果，教师不应走极端，既不能过分强调同辈互助的贡献，也不能否认教师自主在教学过程中起到的作用，只有在两者相对平衡的情况下，教师才能有效地完成教学任务，获得学习和发展的机会（Clement & Straessens, 1993；Firestone & Pennell, 1993）。

最具代表性的相关研究之一是 Clement & Vandenberghe（2000）所作的

研究。他们通过深入调查一所小学，尝试分析教师自主和同辈互助之间的关系以及它对教师职业发展的影响。通过教师访谈、课堂观察、研究者的日记以及笔记等多方数据的分析，他们发现教师自主和同辈互助的表现形式呈现多样化，但是不能简单地断定这些表现形式孰优孰劣。他们借用"深度"（profundity）这一概念来解读教师自主性和同辈互助不同表现形式之间以及内部的区别，在该语境里"深度"是指人们公开表达自己主观的教育理论的意愿。如果教师自主和同辈互助成两极对峙，两者的表现形式会相对单一并且公开度较低，从而使教师的学习机会相对较少；如果教师自主和同辈互助在循环模式中（in circular way）不断制衡，两者的表现形式则相对多样化，且公开度较高，教师的学习机会就相对较多。因此，他们认为，只有在教师自主和同辈互助互相制衡的情况下，教师才能得到学习机会和空间，才能有益于其职业发展。

如何处理好教师自主性和同辈互助的关系对我国学校的集体备课创新有着深远的意义。近年来，越来越多的学校鼓励教师参与集体备课，将其作为一种教师合作方式代替一部分个体备课，其出发点是希望教师可以分享资源，发挥集体智慧。集体备课与个体备课从本质上来说就是教师自主和同辈互助之间的关系。根据上述研究，只有当个体备课成为集体备课的前提和基础，当集体备课成为个体备课的提升和完善，将两者有机地结合起来，才能充分发挥出各自的优势，最终促进教师教学质量的提高（李瑾瑜、赵文钊，2011）。

4.4.2 冲突（tensions）

冲突在教师合作过程并不少见，通常越深入的沟通越容易产生冲突。由于冲突常常被默认为是负面的、有害的，所以很多研究会关注如何去预防冲突。充足的准备固然可以避免一些可预见的冲突，但是研究表明抑制冲突最大的不良后果之一就是群体思考（group think），即一种非常极端的谋求共识的行为（De Lima，2001）。如今越来越多的学者开始反向思考，认为冲突也可以是正面的、积极的。因此，本文将介绍一些最新的实证研究成果，聚焦教师是如何化解冲突，让合作关系"转危为安"，甚至还为参与者创造学习机会。

首先，观点上的分歧可以让合作者更好地了解不同观点，促进信息整合。合作者往往在冲突的环境中会提出更多的问题，更渴望了解队友的想法。在辩论的过程中，他们还会回想"对手"运用过的逻辑并且预测"对手"接下来会如何为自己辩护（Tjosvold，1997）。这让教师在接触到更多不同观点的同时更深入地了解自己的同事。采用这种开诚布公方式的积极作用也在 Dooner, Mandzuk, & Clifton（2008）的研究中得到了印证。研究发现，当个人的行为与团队的目标发生冲突时，参与者觉得开诚布公的讨论氛围创造了一个重新融入团队的机会，并且在心理上放低了警惕，因为虽然矛盾很多，但他们的目标是一致的，即把工作完成（getting the job done）。公开透明的协商也会激发更多元化的观点，从而促进整个团队的工作（Putnam，1997）。

最具代表性的相关研究之一是 Achinstein（2002）曾作的研究，他选用个案研究的方法调查了正处于课程改革的两所美国公立中学，重点讨论了在这两个教师共同体中教师处理冲突的过程和结果。研究者将定性和定量研究相结合，采访了 50 名教师和管理者，观察了正式与非正式的会议和交流，分析了现在和以前的文献，并发放了教师调查问卷。通过分析这一系列数据，研究得出，冲突不是合作的对立面，而是合作过程中非常重要的一部分。事实上，合作和谋求共识的过程中会产生冲突。这些冲突以及教师对待冲突的态度与教师共同体边界的界定密切相关。因此，教师共同体和冲突可以是相得益彰的。此外，教师共同体如何探索教师间的差异也直接关系到教师学习的机会和学校改革的进度。因此，文章呼吁重新解读冲突的内涵，提出如果教师能正视冲突，敢于质疑自己的教学理念并寻求更深层次的提升，那么从本质上来说，冲突是积极有益的。

受以和为贵的华人社会文化影响，我国教师在教学合作中往往是尽量避免冲突，保护他人的面子，维持相对和谐的人际关系（操太圣、乔雪峰，2013）。然而，表面上的和谐往往使得教学合作浅尝辄止，流于形式，失去了真正的意义。上述研究给予我们启示，教师教育课程应该试图改变职前教师对冲突的恐惧，创造更多的机会让他们平等地进行交流与合作，通过反思等方式直面团队合作过程中产生的冲突，锻炼他们化解冲突的能力。

4.5 结束语

简而言之，教师合作不是简单地把几位老师组织在一起共同教学。参与者不仅需要转变习以为常的独立工作模式，而且要和队员协商合作的具体细节，这在跨文化、跨学科、跨机构的合作关系中尤为复杂。因此，教师合作需要多方面的支持。Nunan（1992b）提出，作为一种教学创新，成功的语言合作教学需要建立在三个基本条件上：（1）教师拥有或者学习合适的创新技能；（2）教师有时间进行实践创新；（3）教学创新配有相应的行政和管理层面的安排和机制。这三点对我国的教师教育和学校政策制定有着深远的启示。首先，师范专业可以尝试开设教师合作的相关课程或者实践活动，避免让单独教学模式在职前教师中先入为主，帮助他们了解教师合作这一概念，打下坚实的理论基础。此外，通过专题式学习（project-based learning）等方式，让职前教师在实践中强化合作意识。其次，学校应该从制度保障上给予教师支持。阻碍我国高校教师开展合作的最大因素之一是，教师疲于完成课时量而无暇参与其他的合作活动。因此，学校应该出台相关政策，比如将教师参与合作的时间计入课时量范畴，消除时间和精力上的顾虑，给予他们更多的空间去实施合作项目，同时也有利于减少教师职业倦怠（teacher burnout）。第三，为了转变我国教师长期以来"同行是冤家"的竞争关系，学校还应该建立一个相应的激励机制，鼓励更多的教师加入到教师合作中来。比如在评估体系中，参与教师合作的人员可以获得额外加分，以此来提高教师参与合作活动的积极性。当教学成效得到提高，教师之间就会慢慢建立起良性的合作关系，合作模式开始成为教师工作的一部分，最终形成校园合作文化。

4.6 研究资源

4.6.1 推荐书目

Bailey, K. M., Curtis, A., & Nunan, D. (2001). *Pursuing professional development: The self as source.* Boston: Heinle & Heinle.

Brumby, S., & Wada, M. (1990). *Team teaching.* New York: Longman.

Dudley-Evans, T. (1983). *An experiment in teach-teaching of English for occupational pruposes.* Singapore: SEAMEO Regional Language Centre.

Honigsfeld, A., & Dove, M. (2010). *Collaboration and co-teaching: Strategies for English learners.* Thousand Oaks: Corwin.

Nunan, D. (Ed.). (1992). *Collaborative language learning and teaching.* Cambridge: Cambridge University Press.

Shimaoka, T., & Yashiro, K. (1990). *Team teaching in English classrooms: An intercultural approach.* Tokyo: Kairyudo.

Villa, R. A., Thousand, J. S., & Nevin, A. I. (2008). *A guide to co-teaching: Practical tips for facilitating student learning* (2nd ed.). Thousand Oaks: Corwin.

4.6.2 推荐文章

Abdallah, J. (2009). Benefits of co-teaching for ESL classrooms. *Academic Leadership, The Online Journal, 7* (1), 1-2.

Aline, D., & Hosoda, Y. (2006). Team teaching participation patterns of homeroom teachers in English activities classes in Japanese public elementary schools. *JALT Journal, 28* (1), 5-21.

Armstrong, D. G. (1977). Team teaching and academic achievement. *Review of Educational Research, 47* (1), 65-86.

Bailey, K. M., Dale, T., & Squire, B. (1992). Some reflections on collaborative language teaching. In D. Nunan (Ed.), *Collaborative language learning and teaching* (pp. 162-178). Cambridge: Cambridge University Press.

Benoit, R., & Haugh, B. (2001). Team teaching tips for foreign language teachers. *The Internet TESL Journal, 7* (10), 1-8.

Bynom, A. (2000). Team teaching: Plus or minus ESP. *English Teaching Forum, 38* (1), 38-42.

Carless, D. (2006a). Good practices in team teaching in Japan & South Korea. *System, 34,* 341-351.

Carless, D.(2006b). Collaborative EFL teaching in primary schools. *ELT Journal, 60* (4), 328-335.

Carless, D., & Walker, E. (2006). Effective team teaching between local and native-speaking English teachers. *Language and Education, 20* (6), 463-477.

Carvalho de Oliveira, L., & Richardson, S. (2001). Collaboration between native and nonnative English-speaking educators. *CATESOL Journal, 13* (1), 123-134.

Cook, L., & Friend, M. (1995). Co-teaching: Guidelines for creating effective practices. *Focus on Exceptional Children, 28* (3), 1-16.

Cunningham, L. L. (1960). Team teaching: Where do we stand? *Administrator's Notebook, 8,* 1-4.

DelliCarpini, M. (2008). Teacher collaboration for ESL/EFL academic success. *Internet TESL Journal, 14* (8). Retrieved from http://iteslj.org/.

Dudley-Evans, T. (1984). The team teaching of writing skills. In R. Williams, J. M. Swales, & J. Kirkman (Eds.), *Common ground: Shared interests in ESP and communication* (Vol. ELT Documents 117) (pp. 127-134). Oxford: Pergamon.

Dudley-Evans, T. (2001). Team-teaching in EAP: Changes and adaptations in the Birmingham approach. In J. Flowerdew, & M. Peacock (Eds.), *Research perspectives on English for academic purposes* (pp. 225-238). Cambridge: Cambridge University Press.

Edmunson, E., & Fitzpatrick, S. (1997). Collaborative language teaching: A catalyst for teacher development. *The Teacher Trainer, 11* (3), 16-18.

Eisen, M.-J. (2000). The many faces of team teaching and learning: An overview. In M.-J. Eisen, & E. J. Tisdell (Eds.), *Team teaching and learning in adult education* (Vol. 87) (pp. 5-14). San Francisco: Jossey-Bass.

Gately, S., & Gately, F. (2001). Understanding co-teaching components. *Teaching Exceptional Children, 33* (4), 40-47.

Giles, G., Koenig, S., & Stoller, F. L. (1997). Team teaching in intensive English programs. *TESOL Matters, 7* (6), 15.

Gottlieb, N. (1994). Team teaching Japanese language in Australian universities. In M. Wada, & A. Cominos (Eds.), *Studies in team teaching* (pp. 186-200). Tokyo: Kenkyusha.

Harris, C., & Harvey, A. N. C. (2000). Team teaching in adult higher education classrooms: Toward collaborative knowledge construction. In M.-J. Eisen, & E. J. Tisdell (Eds.), *Team teaching and learning in adult education* (pp. 25-32). San Francisco: Jossey-Bass.

Honigsfeld, A., & Dove, M. (2008). Co-teaching in the ESL classroom. *Delta Kappa Gamma Bulletin, 74* (2), 8-14.

Johnson, R. (1999). Cross-cultural misunderstanding in a team teaching situation. *TESOL Matters, 9* (1), 16.

Johnson, R. H., & Lobb, M. D. (1959). Jefferson County, Colorado completes three-year study of staffing, changing class size, programming and scheduling. *National Association of Secondary School Principals Bulletin, 43,* 57-78.

Katsura, H., & Matsune, M. (1994). Team teaching in university conversation courses. In M. Wada, & A. Cominos (Eds.), *Studies in team teaching* (pp. 178-185). Tokyo: Kenkyusha.

Knezevic, A., & Scholl, M. (1996). Learning to teach together: Teaching to learn together. In D. Freeman, & J. C. Richards (Eds.), *Teacher learning in language teaching* (pp. 79-96). Cambridge: Cambridge University Press.

Mahoney, S. (2004). Role controversy among team teachers in the JET Programme. *JALT Journal, 26* (2), 223-244.

Medgyes, P., & Nyilasi, E. (1997). Pair teaching in preservice teacher education. *Foreign Language Annals, 30* (3), 352-368.

Murata, R. (2002). What does team teaching mean? A case study of interdisciplinary teaming. *The Journal of Educational Research, 96* (2), 67-77.

Numrich, C. (1996). On becoming a language teacher: Insights from diary studies. *TESOL Quarterly, 30* (1), 131-151.

Perry, B., & Stewart, T. (2005). Insights into effective partnership in interdisciplinary team teaching. *System, 33* (4), 563-573.

Sagliano, J., Sagliano, M., & Stewart, T. (1998). Peer coaching through team teaching: Three cases of teacher development. *Asia-Pacific Journal of Teacher Education and Development, 1* (1), 73-82.

Salas, S. (2005). Shall we dance? Team teaching as supervision in the English language classroom. *English Teaching Forum, 43* (4), 30-33/37.

Sandholtz, J. H. (2000). Interdisciplinary team teaching as a form of professional development. *Teacher Education Quarterly, 27* (3), 39-54.

Shannon, N. B., & Meath-Lang, B. (1992). Collaborative language teaching: A co-investigation. In D. Nunan (Ed.), *Collaborative language learning and teaching* (pp. 120-140). Cambridge: Cambridge University Press.

Stewart, T. (2001). Raising the status of ESP educators through integrated team teaching. *Asian Journal of English Language Teaching, 11*, 45-67.

Stewart, T., & Lohon, E. (2003). Professional development through student and teacher reflection journals. In T. Murphey (Ed.), *Extending professional contributions* (pp. 19-27). Alexandria: TESOL.

Stewart, T., Sagliano, M., & Sagliano, J. (2000). An alternative team teaching model for content-based instruction. *Asia-Pacific Journal of Teacher Education and Development, 3* (1), 211-243.

Sturman, P. (1992). Team teaching: A case study from Japan. In D. Nunan (Ed.),

Collaborative language learning and teaching (pp. 141-161). Cambridge: Cambridge University Press.

Tajino, A., & Walker, L. (1998). Perspectives on team teaching by students and teachers: Exploring foundations for team learning. *Language, Culture & Curriculum, 11* (1), 113-131.

Tisdell, E. J., & Eisen, M.-J. (2000). Team teaching and learning in adult education: From negotiated relationships to implementing learning alternatives. In M.-J. Eisen, & E. J. Tisdell (Eds.), *Team teaching and learning in adult education* (pp. 83-89). San Francisco: Jossey-Bass.

Voci-Reed, E. (1994). Stress factors in the team teaching relationship. In M. Wada, & A. Cominos (Eds.), *Studies in team teaching* (pp. 61-71). Tokyo: Kenkyusha.

Wada, M. (1994). Team teaching and the revised course of study. In M. Wada, & A. Cominos (Eds.), *Studies in team teaching* (pp. 7-16). Tokyo: Kenkyusha.

Weiss, M. P., & Lloyd, J. (2003). Conditions for co-teaching: Lessons from a case study. *Teacher Education and Special Education, 26* (1), 27-41.

Woo, Y.-H. (2003). Critical reflections of experienced Korean faculty regarding team teaching in Korean language and culture classes for adult English speakers. *Dissertation Abstracts International, A: The Humanities and Social Sciences, 63* (12).

Zehr, M. A. (2006). Team-teaching helps close the language gap. *Education Week* (pp. 26-29). Retrieved December 5, 2006, from http://www.edweek.org/.

参考文献

Achinstein, B. (2002). Conflict amid community: The micropolitics of teacher collaboration. *Teachers College Record, 104* (3), 421-455.

Ahn, S., Park, M., & Ono, S. (1998). A comparative study of the EPIK program and the JET program. *English Teaching, 53*, 241–267.

Alderson, J. C., Pizorn, K., Zemva, N., & Beaver, L. (2001) *The Language Assistant Scheme in Slovenia: A Baseline Study*. Ljubljana: Ministry of Education, Science and Sport.

Aliakbari, M., & Bazyar, A. (2012). Exploring the impact of parallel teaching on general language proficiency of EFL learners. *Pan-Pacific Association of Applied Linguistics, 16* (1), 55-71.

Allwright, D. (2005). From teaching points to learning opportunities and beyond. *TESOL*

Quarterly, 39, 9-31.

Anderson, R. S., & Speck, B. W. (1998). "Oh what a different a team makes": Why team teaching makes a difference. *Teaching and Teacher Education, 14* (7), 671-686.

Arkoudis, S. (2000). "I have linguistic aims and linguistic content": ESL and science teachers planning together. *Prospect, 15* (1), 61-71.

Arkoudis, S. (2003). Teaching English as a second language in science classes: Incommensurate epistemologies? *Language and Education, 17* (3), 161-173.

Arkoudis, S. (2006). Negotiating the rough ground between ESL and mainstream teachers. *Journal of Bilingual Education and Bilingualism, 9* (4), 415-433.

Armstrong, D. G. (1977).Team teaching and academic achievement. *Review of Educational Research, 47* (1), 65-86.

Atay, D. (2006). Teachers'professional development: Partnerships in Research *TESL-EJ, 10* (2). http://www.tesl-ej.org/wordpress/issues/volume10/ej38/ej38a8/.

Austin, A. E., & Baldwin, R. G. (1991). *Faculty collaboration: Enhancing the quality of scholarship and teaching.* Washington, DC: The George Washington University, School of Education and Human Development.

Balach, C. A., & Szymanski, G. J. (2003).The growth of a professional learning community through collaborative action research. *Action Research, 1* (1), 61.

Bamford, C. et al. (1999). You may call it research—I call it coping: Improving professional practice and learner outcomes in the social and academic domains through collaborative action research. International Conference on Teacher Research, Mount Orford, QC, April.

Banegas, D., Pavese, A., Velazquez, A., & Velez, S. M. (2013). Teacher professional development through collaborative action research: Impact on foreign English-language teaching and learning. *Educational Action Research, 21* (2), 185-201.

Barratt, L., & Kontra, E. (2000) Native English speaking teachers in cultures other than their own. *TESOL Journal 9* (3), 19–23.

Benoit, R., & Haugh, B. (2001). Team teaching tips for foreign language teachers. The Internet TESL Journal, VII (10). http://iteslj.org/Techniques/Benoit-TeamTeaching.html.

Bourne, J. (1997). The continuing revolution: Teaching as learning in the mainstream multilingual classroom. In C. Leung, & Cable, C. (Eds.), *English as an additional language: Changing perspectives* (pp. 77-88). UK: NALDIC.

Bryk, A., Camburn, E., & Louis, K. S. (1999). Professional community in Chicago elementary schools: Facilitating factors and organizational consequences. *Educational Administration Quarterly, 35,* 751-781.

Buckley, F. J. (2000). *Team teaching: What, why and how.* Thousand Oaks: Sage.

Burbank, M. D., & Kauchak, D. (2003). An alternative model for professional development: Investigations into effective collaboration. *Teaching and Teacher Education, 19,* 499-514.

Carless, D. (2006a). Collaborative EFL teaching in primary schools. *EFL Journal, 60* (4), 328-335.

Carless, D. (2006b). Good practices in team teaching in Japan & South Korea. *System, 34,* 342-352.

Carless, D., & Walker, E. (2006). Effective team teaching between local and native-speaking English teachers. *Language and Education, 20* (6), 463-477.

Catelli, L. A. (1995). Action Research and Collaborative Inquiry in a School–University Partnership. *Action in Teacher Education, 16* (4), 25–38.

Catelli, L. A., Padovano, K., & Costello, J. (2000). Action research in the context of a school-university partnership: Its value, problems, issues and benefits. *Educational Action Research, 8* (2), 225-242.

Chan, C., & Clarke, M. (2014). The politics of collaboration: discourse, identities, and power in school-university partnership in Hong Kong. *Asia-Pacific Journal of Teacher Education, 42* (3), 291-304.

Chien, C., Lee, W., & Kao, L. (2008). Collaborative teaching in an ESP program. *Asian EFL Journal, 10* (4), 114-133.

Clark, C. et al. (1996). Collaboration as dialogue: Teachers and researchers engaged in conversation and professional development. *American Educational Research Journal, 33* (1), 193-231.

Clement, M., & Staessens, K. (1993). The professional development of primary school teachers and the tension between autonomy and collegiality. In F. Kievit, & R. Vandenberghe (Eds.), *School culture, school improvement and teacher development,* (pp. 129-152). Leiden: DWSO-press.

Clement, M., & Vandenberghe, R. (2000). Teachers' professional development: A solitary or collegial (ad)venture? *Teaching and Teacher Education, 16,* 81-101.

Cochran-Smith, M. (1991). Learning to teach against the grain. *Harvard Educational Review, 61* (3), 279-310.

Cochran-Smith, M., & Lytle, S. L. (1999). Relationships of knowledge and practice: Teacher learning in communities. *Review of Research in Education, 24,* 249-305.

Conn, C. E. (2010). Learning the hard way (but still learning!): Using team teaching as a vehicle for pedagogical change. *Business Communication Quarterly, 73*, 87-91.

Creese, A. (2000). The role of the language specialist in disciplinary teaching: In search of a subject? *Journal of Multilingual and Multicultural Development, 21* (6), 451-470.

Creese, A. (2002). The discursive construction of power in teacher partnerships: Language and subject specialists in mainstream schools. *TESOL Quarterly, 36* (4), 597-616.

Creese, A. (2006). Supporting talk? Partnership teachers in classroom interaction. *International Journal of Bilingual Education and Bilingualism, 9* (4), 434-453.

Crooks, A. (2001). Professional development and the JET program: Insights and solutions based on the Sendai City Program. *JALT Journal, 23* (1), 31-46.

Cunningham, L. L. (1960). Team teaching: Where do we stand? *Administrator's Notebook, 8,* 1-4.

Davison, C. (2006). Collaboration between ESL and content teachers: How do we know when we are doing it right? *The International Journal of Bilingual Education and Bilingualism, 9*(4), 454-475.

Davison, C., & Williams, A. (2001). Integrating language and content: Unresolved issues. In B. Mohan, C. Leung, & C. Davison (Eds.), *English as a Second Language in the Mainstream: Teaching, Learning and Identity* (pp. 51-70). London: Longman.

De Lima, J. A. (2001). Forgetting about friendship: Using conflict in teacher communities as a catalyst for school change. *Journal of Educational Change, 2*, 97-122.

Dooner, A., Mandzuk, D., & Clifton, R. A. (2008).Stages of collaboration and the realities of professional learning communities. *Teaching and Teacher Education, 24*, 564-574.

Dunne, K., & Villani, S. (2007). *Mentoring new teachers through collaborative coaching.* CA: WestEd.

Ennis, R. (1986). Team teaching in adult basic education. *Australian Journal of Adult Education, 26* (3), 4-8.

Firestone, W., & Pennell, J. (1993). Teacher commitment, working conditions, and differential incentive policies. *Review of Educational Research, 63*, 489-525.

Francis, J., & Buckley, S. J. (2000). *Team Teaching: What, Why, and How?* London: Sage.

Freeman, D. (1998). *Doing teacher-research: From inquiry to understanding.* Boston: Heinle & Heinle.

Freeman, D., & Johnson, K. E. (1998). Reconceptualizing the knowledge-base of language teacher education. *TESOL Quarterly, 32*, 397-417.

Friesen, D. W. (1994). The action research game: Recreating pedagogical relationships in the teaching internship. *Educational Action Research, 2* (2), 243-258.

Gao, X. A., Liao, Y., & Li, Y. (2014). Empirical studies on foreign language learning and teaching in China (2008-2011): A review of selected research. *Language Teaching*, *47*(1), 56-79.

Goddard, Y., Goddard, R. D., & Tschannen-Moran, M. (2007). A theoretical and empirical investigation of teacher collaboration for school improvement and student achievement in public elementary schools. *Teachers College Record*, *109* (4), 877-896.

Grossman, P., Wineburg, S., & Woolworth, S. (2001). Toward a theory of teacher community. *Teachers College Record*, *103*, 942-1012.

Hargreaves, A. (1993). Individualism and individuality: Reinterpreting the teacher culture. In J. W. Little, & M. W. McLaughlin (Eds.), *Teachers' work—Individuals, colleagues, and contexts* (pp. 51-76). New York: Teachers College Press.

Hargreaves, A. (1994). Restructuring restructuring—Postmodernity and the prospects of educational change. In P. P. Grimmett, & J. Neufeld (Eds.), *Teacher development and the struggle for authenticity—Professional growth and restructuring in the context of change* (pp. 52-78). New York: Teachers College.

Honigsfeld, A., & Dove, M. G. (2010). *Collaboration and co-teaching: Strategies for English learners*. Thousanel Oaks: Corwin.

Hord, S. M. (1997). *Professional learning communities: Communities of continuous inquiry and improvement*. Austin, Texas: Southwest Educational Development Laboratory.

Hornberger, N. H. (2006). Discursive approaches to understanding teacher collaboration: Policy into practice. *International Journal of Bilingual Education and Bilingualism*, *9* (4), 495-499.

Hung, H., & Yeh, H. (2013). Forming a change environment to encourage professional development through a teacher study group. *Teaching and Teacher Education*, *36*, 153-165.

Johns, A. M., & Dudley-Evans, T. (1991). English for specific purposes: International in scope, specific in purpose. *TESOL Quarterly*, *25*(2), 297-314.

Johnson, B. (2009). Collaborative Teacher Development. In Burns, A., & Richards, J. C. (Eds.), *The Cambridge Guide to Second Language Teacher Education* (pp. 241-249). Cambridge: Cambridge University Press.

Johnson, K., & Tang, G. (1993). Engineering a shift to English in Hong Kong schools. In T. Boswood, R. Hoffman, & P. Tung (Eds.), *Perspectives on English for professional communication* (pp. 203-216). Hong Kong: City Polytechnic of Hong Kong.

Johnson, K. E. (2009). Trends in second language teacher education. In A. Burns, &

J. Richards (Eds.), *Second language teacher education,* (pp. 20-29). Cambridge: Cambridge University Press.

Johnston, M., & Kirschner, B. (Eds.) (1996). Editorial comments. *Theory Into Practice, 35,* 146-148.

Kemmis, S., & McTaggert, R. (1988). *The action research planner* (3rd ed.). Victoria, Australia: Deakin University Press.

Kruse, S. D., Louis, K. S., & Bryk, A. S. (1995). An emerging framework for analyzing school-based professional community. In K. S. Louis, S. Kruse, & Associates (eds), *Professionalism and community: Perspectives on reforming urban schools.* Long Oaks, CA: Corwin.

Kwon, O. (2000). Korea's English education policy changes in the 1990s: Innovations to gear the nation in the 21st century. *English Teaching, 55,* 47-92.

Kyle, D. W., & McCutcheon, G. (1984). Collaborative research: Development and issues. *Journal of Curriculum Studies, 16* (2), 173-179.

Lam, S., Yim, P., & Lam, T. W. (2002). Transforming school culture: can true collaboration be initiated? *Educational Research, 44*(2), 181-195.

Lave, J., & Wenger, E. (1991). *Situated learning: Legitimate peripheral participation.* Cambridge: Cambridge University Press.

Lavie, J. M. (2006). Academic discourses on school-based teacher collaboration: Revisiting the arguments. *Educational Administration Quarterly, 42*(5), 773-805.

Levin, B. B., & Rock, T. C. (2003). The effects of collaborative action research on preservice and inservice teacher partners in professional development school. *Journal of Teacher Education, 54,* 135-149.

Lieberman, A. (1986). Collaborative work. *Educational Leadership, 44,* 4-8.

Little, J. W. (1990). The persistence of privacy: Autonomy and initiative in teachers' professional relations. *Teachers College Record, 91,* 509-536.

Lortie, D. C. (1975). *Schoolteacher.* Chicago: University of Chicago Press.

Lytle, S. L., & Cochran-Smith, M. (1990). Learning from teacher research: A working typology. *Teachers College Record, 92*(1), 83-103.

Mahoney, S. (2004). Role controversy among team teachers in the JET programme. *JALT Journal, 26*(2), 223-244.

Mak, B., & Pun, S. (2014). Cultivating a teacher community of practice for sustainable professional development: Beyond planned efforts. *Teachers and Teaching: Theory and Practice, 21* (21), 4-21.

McDonough, K. (2006). Action research and the professional development of graduate teaching assistants. *The Modern Language Journal, 90* (1), 33-47.

Medgyes, P. (1992). Native or non-native: who's worth more? *ELT Journal, 46* (4), 340-349.

Mitchell, S., Reilly, R. C., & Logue, M. E. (2009). Benefits of collaborative action research for the beginning teacher. *Teaching and Teacher Education, 25,* 344-349.

Moote, S. (2003). Insights into team teaching. *The English Teacher: An International Journal, 6* (3), 328-334.

Newmann, F. M., & Wehlage, G. G. (1995). *Successful school restructuring: A report to the public and educators by the center on organization and restructuring of schools.* Madison, Wisconsin: CORS.

Nunan, D. (Ed.). (1992a). *Collaborative Language Learning and Teaching.* Cambridge: Cambridge University Press.

Nunan, D. (1992b). Toward a collaborative approach to curriculum development: A case study. In D. Nunan (ed.), *Collaborative Language Learning and Teaching* (pp. 230-253). Cambridge: Cambridge University Press.

Ogberg, A., & McCutcheon, G. (1987). Teachers' experiences doing action research. *Peabody Journal of Education, 64* (2), 116-127.

Putnam, L. L. (1997). Productive conflict: Negotiation as implicit coordination. In C. De Dreu, & E. Van De Vliert (Eds.), *Using Conflict in Organizations* (pp. 147-160). Thousand Oaks: Sage.

Putnam, R. T., & Borko, H. (2000). What do new views of knowledge and thinking have to say about research on teacher learning? *Educational Researcher, 29* (1), 4-15.

Reimer, K. M., & Bruce, B. (1994). Building teacher-researcher collaboration: Dilemmas and strategies. *Educational Action Research, 2* (2), 211-221.

Revin, B. B., & Rock, T. T. (2003). The effects of collaborative action research on preservice and inservice teacher partners in professional development school. *Journal of Teacher Education, 54,* 135-149.

Rock, T. C., & Levin, B. B. (2002). Collaborative action research projects: Enhancing pre-service teacher development in professional development schools. *Teacher Education Quarterly, 29* (1), 7-21.

Rosenholtz, S. (1989). *Teacher's Workplace: The Social Organization of Schools.* New York: Longman.

Shi, L., & Yang, L. (2014). A community of practice of teaching English writing in a Chinese university. *System, 42,* 133-142.

Siskin, L. S., & Little, J. W. (1995). Introduction. The subject department: Continuities and critiques. In L. S. Siskin and J. W. Little (Eds.), *The subjects in question*. New York: Teachers College Columbia University.

Smith, L. (2005). The impact of action research on teacher collaboration and professional growth. In D. Tedick (Ed.), *Second language teacher education: International perspectives* (pp. 199-213). Mahwah: Erlbaum.

Snow, M. A., Met, M., & Genesee, F. (1989). A conceptual framework for the integration of language and content in second/ foreign language instruction. *TESOL Quarterly, 23* (2), 201-217.

Stewart, T. (2006). Teacher-researcher collaboration or teachers' research? *TESOL Quarterly, 40* (2), 421-430.

Stewart, T., & Perry, B. (2005). Interdisciplinary team teaching as a model for teacher development. *TESL-EJ, 9* (2), from http://tesl-ej.org/ej34/a7.html.

Stoll, L., Bolam, R., McMahon, A., Wallace, M., & Thomas, S. (2006). Professional learning communities: A review of the literature. *Journal of Educational Change, 7*, 221-258.

Tam, A. C. F. (2014). The role of a professional learning community teacher change: A perspective from beliefs and practices. *Teachers and Teaching: Theory and practice, 21* (1), 22-43.

Tang, C. (1997). The Identity of the nonnative ESL teacher: On the power and status of nonnative ESL teachers. *TESOL Quarterly, 31* (3), 577-580.

Thousand, J., & Villa, R. (1990). Sharing expertise and responsibilities through teaching teams. In W. Stainback, & S. Stainback (Eds.), *Support networks for inclusive schooling: Interdependent integrated education* (pp. 151-66). Baltimore: Paul H. Brookes.

Tjosvold, D. (1997). Conflict within interdependence: Its value for productivity and individuality. In C. De Dreu, & E. Van De Vliert (Eds.), *Using conflict in organizations* (pp. 23-37). Thousand Oaks: Sage.

Trent, J. (2010). Teacher identity construction across the curriculum: Promoting cross-curriculum collaboration in English-medium schools. *Asia Pacific Journal of Education, 30* (2), 167-183.

Vescio, V., Ross, D., & Adams, A. (2008). A review of research on the impact of professional learning communities on teaching practice and student learning. *Teaching and Teacher Education, 24*, 80-91.

操太圣、乔雪峰，2013，理想与现实：教研组作为专业学习社群的批判反思，《全球教育展望》（12），51-59。

陈相见、吴跃文，2014，我国高校教师发展存在的问题与建议，《教育探索》(3)，105-106。

崔晓红、邓华，2011，高职高专大学英语教师专业发展现状调研，《中国成人教育》(14)，97-100。

高云峰、李小光，2007，近十年我国高校外语教师教育研究文献评析，《外语界》(4)，56-64。

郭尔平、顾超美、鲍静英，2002，"中外教师英语口语课堂教学合作"实践报告，《外语界》(3)，47-52。

贾爱武，2005，外语教师教育与专业发展研究综述，《外语界》(1)，61-66。

李广平，2014，教师间的合作专业发展，《外国教育研究》(3)，5-9。

李洪修、马云鹏，2005，课程变革下教师合作的缺失与对策，《中小学教师培训》(7)，25-27。

李瑾瑜、赵文钊，2011，"集体备课"：内涵、问题与变革策略，《西北师大学报》(社会科学版)(11)，73-79。

林美婵，2005，中外英语教师的素质差异及在口语课上的优劣势，《黑龙江高教研究》(8)，172-173。

马建桂、王檬檬、高华，2007，合作学习——教改中教师发展的有效途径，《继续教育》(9)，35-37。

乔雪峰、卢乃桂、黎万红，2013，从教师合作看我国校本教研及其对学习共同体发展的启示，《教师教育研究》(6)，74-78。

饶从满、张贵新，2007，教师合作：教师发展的一个重要路径，《教师教育研究》(1)，12-16。

邵云雁、秦虎，2009，教师合作：厘清与反思，《教师教育研究》(5)，52-55。

宋敏，2004，大学与中小学合作研究的背景、必要性及内涵，《首都师范大学学报》(社会科学版)(增刊)，202-204。

孙惠清，2009，课堂效率呼唤真正的合作文化——从合作文化视角看中学英语教师的专业成长，《丽水学院学报》(2)，105-109。

孙静，2013，基于 ESP 教学的中外教师合作教学模式探索，《继续教育研究》(11)，127-128。

汤庭华，2010，青年教师合作学习研究，《长江大学学报》(社会科学版)(3)，288-289。

王鉴、方洁，2013，中小学集体备课模式的变革研究，《教育研究与实验》(6)，6-10。

文秋芳、任庆梅，2010，大学英语教师专业发展研究的趋势、特点、问题与对策——对我国 1999—2009 期刊文献的分析，《教师教育》(4)，77-83。

文秋芳、任庆梅，2011，探究我国高校外语教师互动发展的新模式，《现代外语》(1)，83-90。

徐丽华、吴文胜，2005，教师的专业成长组织：教师写作学习共同体，《教师教育研究》（5），41-44。

杨逢春，2012，大学英语教师专业发展研究综述，《牡丹江教育学院学报》（3），86-88。

张建红，2013，财经院校 ESP 教学合作模式研究，《齐齐哈尔师范高等专科学校学报》（5），104-105。

第五章　教师课堂话语[1]

张莲　北京外国语大学英语学院

自 20 世纪 70 年代起，课堂话语（classroom discourse）逐渐成为应用语言学研究、教育研究中特别重要的议题，其缘由自然与课堂话语和教育、学习之间自然、深切的关系有关。van Lier（1996：5）曾断言，课堂话语是"课程中最重要的事情"。课堂话语研究者 Walsh（2011）则进一步指出，如果理解了语言、互动与学习三者间复杂的关系，我们便能帮助教师改善其教学实践。这些看法不仅说明了课堂话语与教育教学的密切关系，也特别明确了课堂话语研究在教师教育与发展中的重要性。

从二语习得和外语学习的角度看，课堂话语研究更有着特别的意义，其焦点是透过研究师生间的话语行为来理解（语言）学习的过程，因而，它使我们有机会理解学习这个"黑匣子"（the black box）的秘密，而在大多数实验研究框架下，这个比喻常常被用来描述课堂（Long，1980，转引自 Markee，2015：24）。

Cazden（2001）认为，任何一个社会机构都是一个交流系统（communication system），课堂就是这样一个交流系统，师生在该系统内就特定的教育教学目标展开交流，成为主要的话语主体。课堂话语研究是对这一交流系统的研究，也是对教师课堂话语的研究。学者对教师课堂话语研究产生兴趣正是缘自话语对教育和学习发生几率（opportunities for learning）的重大影响。

课堂话语有广义和狭义之分，教师课堂话语亦如此。Tsui（2007）提出，广义的课堂话语应指"课堂上所有形式的话语"，包括话语中的语言成分（即口头话语，verbal discourse）和非语言成分（non-verbal discourse，如手势、声调和沉默等非语言话语）。综合前人研究，本章将课堂话语定义为：师生间为

1　本章参考了《外语课堂话语研究与教师发展》第一章和第二章（张莲等，2014）。

了实现教育教学目标进行的言语交流和互动，包括交流和互动的内容、媒介和方式。据此，所谓教师课堂话语应指：在课堂交流中，教师作为话语主导者和参与者的话语内容、媒介和方式的总和，是课堂话语重要的（在很多课堂中可能是主要的）组成部分，对学生话语有着极为重要的调节（mediate）作用（Hicks，1995-1996）。这种"调节"具体表现为前者对后者的引导、示范、控制、塑造和规约等，并由此影响着学生认知的发展和学习的发生。所以，在课堂话语研究中，我们很难将二者人为、刻意分开进行有意义的讨论。换句话说，任何探讨教师课堂话语都应该是在课堂话语作为一个整体的框架下进行。在后续文本中，因讨论涉及不同的理论视角（如互动视角、社会文化视角和批判视角等）和研究方法文献，课堂话语或教师课堂话语的定义可能会出现文字表述上的不同，但除非特别说明，上述定义的本质不变。

5.1 课堂话语的结构和分析要素

课堂话语研究的技术路线是课堂话语分析（classroom discourse analysis），其基础是兴起于 20 世纪 50 年代初的"话语分析"（discourse analysis，Brown & Yule，1983；van Dijk，1985；廖秋忠，1992；徐赳赳，1992）。话语分析是关于语言使用（language use）的分析（Brown & Yule，1983；McCarthy，2002）。话语（或语篇）是意义连贯的语言片段。对语言使用者而言，这些片段均带有目的，其目的的意义体现在一定的情境中。如前所言，课堂话语是教师与学生（均为语言使用者）之间为了实现教育教学目的而进行的交流，课堂是它出现的特定社会、认知情景，其意义体现在教学目标的完成（Cazden，2001；van Dijk，1985；Walsh，2002，2011）。所以，课堂话语通常也被看作是话语的一个特殊类型；课堂话语分析则是对课堂话语的结构、要素、生成与理解及其与学习的关系的分析，是话语分析领域中一个重要分支。

课堂话语分析并不是靠经验进行一些简单、直觉的判断，而是要采用合适的研究方法和工具。在此之前，一个重要的步骤是明确课堂话语分析什么。为此，研究者必须先确定课堂话语的结构和分析要素是什么以及什么样的方法、手段或视角可以触及其结构的本质。综合相关文献可以总结出以下几点（Cazden, 2001；Green & Dixon, 2002；Markee, 2015；Seedhouse, 2004；Walsh, 2006, 2011）：

5.1.1 话语量和话语量的分布

这是课堂话语中最基本的要素。话语量指单位时间内话语参与者（如师生双方）说话的总量。通过对课堂教学中的话语量和话语量分布进行统计分析可以知道师生各自的话语总量和占比。话语量分布通常被认为是检验课堂参与模式和实际质量的重要指标之一（Cazden, 2001；Seedhouse, 2004；Walsh, 2006）。其背后朴素的理据是，在一节课上，如果学生的话语占比较大，可能意味着学生参与学习过程的机会比较多，亦即学生思考、使用语言或解决问题的概率较大，那么，这节课很有可能是一节成功的课。反之，如果教师的话语占比很大，而学生的话语量很小，这样的课堂有可能是较为低效的，因为学生方面的语言和认知活动没有有效展开，缺乏参与和建构意义的机会。在这一点上虽然存在争议，如有教师认为课型会对话语量和话语分布产生较大影响，但一个较为普遍的共识是，在外语课堂上，学生话语参与度低在一定程度上会限制学生语言能力的发展。

5.1.2 话语过程和话语建构

课堂话语的另一个基本要素是话语过程和建构。多数情况下，话语量及其分布可能只是话语过程的结果和表象。与学习空间（learning space, Hicks, 1995-1996）的建构最相关的是话语过程。即便是在典型的教师主导的 IRF 序列（teacher Initiation, student Response, teacher Feedback, Sinclair & Coulthard, 1975）模型中，课堂话语如何及时且有效地为学生营造学习的瞬间或者顿悟的机会都与话语过程和建构密切相关。从某种意义来看，外语课堂话语的建构过程就是学生语言和认知发展的过程。话语过程可能是师生单向的，也可能是师生双向共同建构。在研究过程中，研究者通过对话语片段的定位、切分、标注和细致分析来了解话语形成的过程，并通过对每一个话语步的教学功能的深入分析探究它们是促进抑或延后了学习的发生。在具体的分析实践中，经常涉及的一些基本概念包括（Seedhouse，2004）：

话轮（turn）和话语步（move）：任何交互话语都是由话轮序列构成的。发问、回应和反馈各构成一个话语步，形成序列则构成一个轮次。轮次是话语过程的基本要素。在课堂话语实例中，这样话语步和轮次序列可以通过一定的话语模型（如 IRF）标注定位并进行规模计量。

话轮转换（turn taking）：指话轮在话语主体或参与双方或各方之间的流转。在基于 IRF 结构的课堂话语中，教师通过发问启动（initiate）话轮，学生通过回应问题接过（take）话轮，如此形成一次或数次话轮转换。在外语课堂中，因为学生对话语过程的承接或建构能力比较弱，所以一般来说，话语过程是在教师的支持下展开的。

修复（repair）：修复是指话语参与者在话语过程中及时对自己的话语进行修改、补充、说明，包括对语言用词的修复和对话语内容的修复。教师在实际的课堂话语过程中，可能有两种修复：一是对自己教学话语的修复（这在外语课堂中并不鲜见），二是对学生话语的修复，或者准确地说是纠正（correct）。在外语课堂中，师生双方修复的量，特别是语言修复的量比其他任何课堂都大。van Lier（1988）认为，课堂活动类型决定修复的类型，因此，如何修复与实际的课堂情境有关。在课堂话语实证研究中，上述概念十分重要，表现在话语步和序列的定义、标注，实现话语过程和建构的量化标注和规模计量，为深入分析话语的认知功能奠定质和量的基础。

5.1.3　角色关系

课堂话语中的角色关系指话语主体或参与者双方拥有或互认的地位、功能和作用（Fairclough，1989，1992）。角色定位会极大地影响话语的过程和建构，换言之，角色定位不同，角色所涉及的话语内容、形式和过程也可能不同。在外语课堂中，教师的语言强势地位可能影响甚至是决定学生的角色和地位：当教师是话语的主导者和控制者，学生自动成为被主导和被控制者。此外，课堂事件的类型（type of classroom events，参见 5.1.5）也会影响角色定位。

5.1.4 参与模式

课堂参与模式由话语主体或参与者间的角色关系决定且体现在话语过程中。在基于 IRF 序列模型的课堂教学中，典型的参与模式是以教师为主导，逐个提问学生，学生是被提问的对象，学生的话语功能似乎永远是回应，而且只有被提问到的学生才有机会参与回应。从这个意义上来看，教师的课堂话语方式决定了学生的话语或参与方式。参与模式通常有以下 4 种：（1）教师发问，学生逐个回应；（2）教师发问，学生之间展开讨论，教师适时参与点评；（3）一个学生阐述，教师和其余学生做听众并发问和讨论；（4）一组学生展示或讨论，教师与其他学生做听众并发问和讨论。Walsh（2011）认为，无论是哪种，教师话语最重要的功能应该是通过解释、示范、修复、重复以及提供"支架"（scaffolding）（Bruner，1978；Mercer，2010；Wood et al.，1976）等方式"塑造"学生的话语，帮助学生用最恰当的语言表达他们想要表达的意义。

5.1.5 课堂事件的类型

课堂事件的类型与具体的教学目标和任务有关。不同的目标和任务需要设计不同的课堂活动，形成不同的课堂类型。如前所言，课堂事件类型会影响课堂角色关系，自然也会影响课堂参与模式，最终体现在师生双方不同的话语总量、分布和话语过程方面上。在外语课堂中，常见的课堂事件有：（1）展示或介绍新的语言知识，如新词、新语法结构、新观点等；（2）操练并巩固所学新语言知识；（3）自由讨论专题内容；（4）基于语言综合运用的表演、游戏等；（5）语言检测等。也有从学习语言技能的角度来划分课堂事件，如听力课或写作课等。在不同类别或级别的外语课堂中，如中小学外语课堂和大学外语课堂，话语事件类型可能有所不同，但仍然可以大致划分为：基于语言或交际能力发展的事件（language-based events）、基于内容的事件（content-based events）和基于问题的事件（problem-based events）。当然，在现实的课堂中往往是三种事件边界模糊，互为交织。

5.1.6 话语主题和主题连贯性

话语量、话语分布和话语过程不可能凭空存在。它们承载的是课堂话语主题。教师和学生的课堂话语围绕特定的主题逐渐展开，而这些主题与教学目标和任务紧密相关。为了有效完成教学目标，课堂话语应具有很强的主题逻辑和连贯性。教师对课堂话语过程调整与监控的一个重要方面就是把握话语主题逻辑线索，以确保教学目标和任务被清晰、准确且顺畅地传达给学生。同时，还需特别指出的是，话语主题及逻辑连贯性的把握应该和学生的认知水平相匹配。在外语课堂中，教师需仔细推敲，注意控制、调整主题发展逻辑线索，有意识地提高学生的语言水平和认知水平。

5.1.7 认知水平

教育的终极目标是培养独立思考的人，外语教育也不例外。课堂话语恰是实现这一目标的核心环节（Hicks，1995-1996）。除了以上几个因素，在课堂话语的过程和建构中，如果没有把学生的认知水平考虑进来，准确识别其认知最近发展区，那么课堂话语的有效性就会受到影响。在外语课堂中，常常出现的情况是，教师因为顾忌学生的语言能力可能过低估计学生的认知水平，所呈现出的课堂话语没有认知的挑战性，使学生觉得枯燥乏味。有时也可能过高估计学生的语言水平和认知水平导致课堂话语高不可攀，无法领会，支架无效或低效，学生因此失去参与的兴趣或根本无法参与，如此，课堂话语过程便无法有效展开，促进学习的有效发生也就无从谈起。

5.1.8 话语效果

任何类型的话语都有一个最后的结果（效果）。与一般生活话语相比，课堂话语可能更看重对话语效果的评估，因为课堂话语的出发点正是以教学目标的完成为导向。在生活话语中，话语一方如果无意中伤害了另一方，通常采用道歉的方式希望得到对方的谅解。谅解便是双方话语交流的结果/效果。依次逻辑，课堂话语的效果应该体现在教学目标和任务的完成，而评估通常有两种方式：(1)过程性的学习者自觉认可（亦称自觉效果）；(2)终结性的测试。在研究实践中，因为课堂话语效果具有后滞的特点，需引入对比实验设计方可获取终结性效果评估，而对比实验设计对教育伦理的冲击难以忽视，所以通常也采用自觉效果展开谨慎的话语效果评估。

以上是课堂话语的各个侧面，也是教师课堂话语分析实践中常见的八个基本维度和要素。这些维度和要素直接决定了课堂话语的结构、特点和质量，研究者则可就其中的某个或某些方面为视角展开对教师课堂话语能力的研究。需要指出的是，这些维度和要素通常又可以细分出更微观层面的维度和要素，如话语步、话轮、临近对、话语标记语等等（Markee，2015；Waring，2016）。

5.2 主要分析框架和方法

课堂话语研究常被看作是一种课堂教学研究（或基于课堂的研究，classroom-based research，Allwright，1983）。比较扎实、系统的外/二语课堂研究已有近50年的历史。从历时的进程来看，大部分研究主要集中在三个方面：(1)关于课堂输入（classroom input）的研究，即学习者发展语言（如词语和语法）的语言环境；(2)关于课堂参与模式（pattern of participation）的研究（如外/二语教学的社会语言学和人类学特征）；(3)关于处理学习者错误的研究（error analysis）（Allwright，1983；Gaies，1983）。

教师课堂话语研究的发展过程就是课堂话语研究的过程，也是其研究方法演进、发展的过程。研究者从人类学、应用语言学、教育学、语言学、心理学和社会学等不同的学科传统和理论出发，以不同的路径和方法对教师课堂话语的不同侧面进行了"多方面、多层次（a multi-faceted and multi-layered）"的分析，取得了丰厚的相关成果（Green et al.，2015：26）。总体来说，过去50多年的课堂话语研究框架、路径和方法经历了从早期的"教师行为量化分析（如

Flanders 的互动分析系统和其后来各种演化系统）"到后来的"具体语言特征分析（如 [话语] 文法特征的会话和具体语言学分析、IRF 序列模型分析和基于系统功能语言理论的话语分析等）"，再到日益盛兴的"课堂民族志历时研究（如交流民族志、互动民族志以及新素养研究）"三个阶段的大变化（Markee，2015：48）。主要采用了以下几种理论框架和方法：互动分析（interaction analysis）、话语分析（discourse analysis）、民族志（ethnography）、会话分析（conversational analysis）、系统功能语言学（systemic- functional linguistics）、批判话语分析（critical discourse analysis）、多模态话语分析（multimodal discourse analysis）以及语料库语言学（corpus linguistics）等研究路径（Fairclough，1989；Gee & Green，1998；Green & Dixon，2002，2008；Green et al., 2015；Markee，2015；Seedhouse，2004；Walsh，2002，2006，2011；Wyatt-Smith & Cumming，2001；Zuengler & Mori，2002；胥国红、曲航，2009；张莲、王艳，2014；张莲等，2014）[1]。因篇幅所限，本章仅综合分析上述三大变化中四种较有代表性的框架和方法。

5.2.1 互动分析

互动分析主张采用分类系统来描述教师和学生在课堂上的语言交互行为（interaction），是早期的"教师行为量化分析"路径的代表。这种方法试图在教师行为与学生的课堂行为及学习效果之间建立一种因果关系，而其中对教师行为的分类体现出系统设计者所认同的教师在课堂上应该采用的语言行为即课堂话语的应然状态（Kumaravadivelu，1999）。最早的课堂互动分析系统包括 Flanders（1970）的 FIAC（Flanders Interaction Analysis Categories）。该系统首先用于第一语言教育研究。在其启发下，一系列类似的互动分析系统陆续出

---

1 也有学者采用更为概括性的总结，如 Walsh（2011：74-89）认为，在过去 50 年里，课堂话语的研究框架主要有互动分析（interactional analysis）、话语分析（discourse analysis）和会话分析（conversational analysis）。当然，他也提到其他的路径，如语料库语言学分析法、综合法以及其他一些不同的方法（同上：90-109）。

现，并被应用于外 / 二语课堂研究（Chaudron，1988）。

FIAC（Flanders，1970：34）强调，对课堂语言互动的观察、描述和赋值可在课堂教学的同时完成。该系统把课堂师生话语互动切分如下：

Teacher talk/ 教师话语

（1）Accepts feelings

（2）Praises or encourages

（3）Accepts or uses ideas of pupils

（4）Asks questions

（5）Lectures

（6）Gives direction

（7）Criticizes or uses authority

Pupil talk/ 学生话语

（8）Pupil talk: response

（9）Pupil talk: initiation

Silence

（10）Period of silence or confusion

该系统简便易操作，看似纷繁复杂、时刻流动的课堂话语被 10 种互动类别定位、切分、赋值且能进行规模计算。这使得以"复杂性、突发性（complexity, contingency）"为主要特点故而难以捕捉的课堂话语研究成为可能（Waring，2016）。这是该系统最大的优点，但同时也是它最受人诟病之处。首先，系统明显偏向于对教师话语的分析，其次，系统过于简单的切分、划类，难以反映课堂话语复杂的互动结构，特别是这些类别无法反映出互动与学习之间的内在关系。

互动分析通常分三步：（1）研究者结合所研究问题和对课堂的初步观察为课堂语言（有时也包括非语言活动）建立一套分类系统；（2）依据课堂录像或录音，将观察到的课堂语言（或活动）按照已经确定的系统进行归类；（3）研究者对归类的课堂话语进行量化统计和分析，以确定某种课堂话语类型的发生频率与学生学习效果之间的相关性（Mercer，2010）。

5.2.2 话语分析

　　话语分析是一种语言研究路径，是上述三大阶段中"具体语言特征分析"路径的典型代表。它使用语言学典型的原则和研究方法对课堂话语展开分析。其基本步骤包括：（1）确定课堂话语中"言语行为"（speech acts）（或话步，move）的序列；（2）总结这些话语单位构成意义连贯的话语规则；（3）将该课堂话语结构的层级描述出来（Seedhouse，2004）。Sinclair & Coulthard（1975）提出的 IRF 序列模型正是这一路径的典型代表。

　　Sinclair & Coulthard（1975）通过对 100 多节课堂话语的分析提出师生间课堂互动的言语行为可分为五种步：框架步（framing move）、焦点步（focusing move）、开始步（opening move）、回答步（answering move）和跟进步（follow-up move）。这些步又可以分别构成边界回合（boundary exchange）和教学回合（teaching exchange）（Sinclair & Coulthard，1975：40-44）。其中，IRF 序列模型，即教师引发 I（initiation）——学生反应 R（response/answering）——教师跟进 / 反馈 F（follow-up）被认为是课堂教学师生会话的典型结构 [1]，示例如下：

```
T: What's the captipal of China? ⋯⋯⋯⋯⋯⋯⋯⋯⋯⋯ Initiation
S: Beijing. ⋯⋯⋯⋯⋯⋯⋯⋯⋯⋯⋯⋯⋯⋯⋯⋯⋯⋯⋯⋯⋯ Response
T: That's right. ⋯⋯⋯⋯⋯⋯⋯⋯⋯⋯⋯⋯⋯⋯⋯⋯⋯⋯ Follow-up
```

　　该模型已成为最经典、使用最广泛的系统。与仅计算互动类别及频率的互动分析框架相比，基于话语分析的课堂话语研究则更有助于理解互动的意义。它不仅能够分析言语行为，而且对话语结构的较高层面（如回合和交换）也有一定的分析力，因而是一种相对简单而又强大的话语分析模型（McCarthy，1991）。

　　当然，该模型乃至整个话语分析路径也受到了来自不同学者的批评。其

　　1　Mehan（1979）称此步为 evaluation，所以该结构也作 IRE（evaluation）；Sinclair & Brazil（1982：49）将，该结构称为 initiation、response 和 feedback。

中一个主要的批评是，IRF 互动模型极为僵化，凸显了教师对课堂互动的控制，极大地限制了学生对学习的参与等等，体现了师生间的权力关系和教师霸权（Christie，2002）。但这种话语模式究竟是因还是果仍需推敲。Walsh（2011）认为，IRF 互动模型在课堂中盛行的主要原因是课堂互动的目标性，而负责设置目标的一方是教师。另一种批评是该模型出自 20 世纪 60 年代英国小学课堂的教学录像分析，而 50 年来课堂师生权势关系以及教学理念和方法等已经发生了很大的变化，因此该模型已经不完全适用于当代课堂话语的分析（Walsh，2001），但国内外大量的课堂话语研究显示，IRF 模型在量化描摹课堂话语方面依然有着巨大的潜力（张莲等，2014；张莲、王艳，2014）。

5.2.3 民族志分析

课堂的民族志研究（classroom ethnography）始于 20 世纪 50 年代，并于 60 年代末和 70 年代初在英美国家的人类学、社会学、语言学和教育学学科相互融合的过程中开始真正发展起来（Watson-Gegeo，1997），目前仍处在兴盛时期（Green et al.，2015）。在早期，美国的学者们在试图解决少数族裔儿童教育不公平问题的同时，将文化模式与课堂上（和社区中）的语言使用进行对比研究，意识到课堂中所体现的文化模式与语言使用模式很不一致甚至截然不同，而在此之前所采用的量化研究或教学实验研究只重视课堂输入与输出的相关性，忽视课堂的复杂性以及教师与学生的看法，无法对课堂上所体现的文化特征以及语言互动实时的动态发展作出合适的解释（Watson-Gegeo，1997）。这在很大程度上促成了课堂民族志研究的发展，并由此推动了课堂话语的民族志研究路径的快速发展（Green et al.，2015）。

课堂话语的民族志分析为研究者提供了一种在丰富鲜活的语境中对课堂互动进行系统地观察和记录的途径。它的目的在于从对语料数据自下而上（bottom-up）的深刻分析中生成理论（grounded theory）。相比之下，那些基于现成的研究模型，如互动分析和 IRF 序列模型等的自上而下的研究路径则很容易疏忽研究课堂话语所处的社会文化情境中的一些重要特征。民族志分析强调社会文化在课堂教学中的重要作用，并且提供了研究这种作用的方式，比如研究者可以从教师和学生所面临的社会压力的角度来对学校这种机构性语境加以分析和审视，如课堂话语是如何体现或阻止不同身份的表达，不同文化下的语言或语言变体在教育机构（学校里）是如何被识别和使用的，当前的教育政策对语言和文化现实（学校生活）是否敏感等（Mercer，2010）。研究结果则可以用于教师培训，帮助教师改善教学，提高教师对课堂组织、教学策略、课堂上的交互模式的认识以及在更大的社会文化背景中理解教学的意义等。

这种研究路径面临的主要问题是：（1）研究极为耗时。研究者要在相当长的一段时间里持续不断地采集数据，以纵向历时性研究为主；（2）数据的局限性。由于它要求研究者广泛深入地参与到课堂中，并对所研究事件或现象进行密切的观察和细致的描述，并作出谨慎的分析，所以，这种工作方式极为耗时费力，使得所能收集到的数据非常有限；（3）与其他质性研究路径一样，纯粹的民族志路径也会遭到诸如主观性较强、选取分析样本随意性较大、结论的概括力较弱等批评。因此，在很多的课堂话语民族志研究中，研究者已经注意加入量化的测量手段，例如对互动频度、学生个性、语言使用和学习成果的量化分析，以及通过量化分析来验证基于质化分析的假设等。这样就可以提高研究的有效性和概括力，使得来自不同课堂的观察和研究可以进行横向比较，取得更有意义的研究发现，给教学带来更多的启发（Chaudron，1988）。值得注意的是，可能因为上述问题，虽然民族志研究对揭示课堂话语所蕴涵的社会文化意义有重要作用，但在现实中课堂话语的民族志实证研究仍然比较少。

5.2.4 语料库语言学

语料库语言学是 20 世纪 80 年代才崭露头角的一门交叉学科，它研究自然语言文本的采集、存储、加工和统计分析，目的是凭借大规模语料库提供的客观翔实的语言证据来从事语言学研究并指导自然语言信息处理系统的开发。有学者认为"语料库语言学已经成为语言研究的主流。基于语料库的研究不再是计算机专家的独有领域，它正在对语言研究的许多领域产生愈来愈大的影响"

(Thomas & Short，1996)，课堂话语研究自然也不例外。

语料库语言学已经有了较为成熟的研究方法。Wallis & Nelson（2001）提出了一个3A框架，即注释（annotation）、抽象（abstraction）和分析（analysis）。其中，注释包括结构标注、词性标注、句法分析和其他形式；抽象包括面向语言学家的定向搜索，但也可能包括句法研究者的句法规则学习；分析则包括统计学评估、规则库优化和知识探索方法。具体的做法包括（Walsh，2011）：语汇索引（concordancing）、词汇频率和清单（word frequency counts or word lists）、关键词分析（key word analysis）和词簇分析（cluster analysis）。

这种方法和词汇频率分析类似，只不过词簇分析关注词语聚集、结合成语块（chunk）的规则和模式，如I mean、in other words、first of all等等。在课堂话语研究中，这种做法可用于话语标记语的研究和分析。话语标记语在课堂互动中起到"导航"的作用，帮助学生了解学习的时间和空间。研究者将自己要研究的语料中的关键词清单与作为参照系的语料关键词作对比，比如外/二语教师将学生的学术论文与同类母语作者的论文进行对比分析，以发现两个群体在学术语言的使用中所表现出的差异。这一思路显然可以用在课堂话语的分析中。

综合上述几种课堂话语研究理论框架、路径和方法的介绍和分析，我们不难看出，课堂话语研究广泛地吸收了众多学科的理论思想和方法手段，采用综合分析（combined approaches）的路径。Skukauskaite et al.（2015：44）在评价课堂话语研究方法时说，"每种视角都会提供一个看到并理解课堂生活某个部分的机会。没有一种视角，也没有一个研究者能独自揭秘所有的动态交互或者影响课堂现状发生的因素"。但是，当不同的视角和方法被一起带入视野，研究者"便有机会去比较、对照不同的理论和方法视角，并对如何利用他们来更深刻地理解课堂现实做出有依据的解释"（同上）。的确如此，了解这些方法路径的来龙去脉，对于我们认识每一项课堂研究中作者所采持的立场、采用的方法及其背后的理论、原则和学术沿革，每种路径的优势与局限有很大帮助。Wyatt-Smith & Cumming（2001）曾指出，没有哪种路径"天生优越"于其他路径。判断一种方法是否是一个好的路径选择需要看：它能否有效地为研究者的研究兴趣服务，能否恰当地代表研究者的理论认识或语言使用模式，能否符合研究者关于什么才是有效的实证证据的理念以及它能否很好地描述所研究的现象等（Green & Dixon，2002，2008；Skukauskaite et al.，2015）。这些问题实际上成为课堂话语研究方法论和路径抉择中的主要衡量标准。

外/二语课堂是一个极其复杂的话语情景，不断变化的教学目标和任务带来不断变化的课堂语境，教师和学生交互的在线性、话语意义的协商性、整个课堂话语的流动性和动态发展等，都远非一种路径和方法能够全面、准确而清晰地描述和解释。根据研究的不同目的和不同阶段，借助于不同路径中的方法和手段，发挥各自优势，可以对研究问题进行较全面、准确的观察和分析，多种方法的使用可以有效地弥补单一方法的不足，从而提高研究结果的信度和效度。

5.3 外/二语课堂话语研究与教师发展

如前定义，课堂话语是教学过程中师生间为了特定教育教学目的而进行的交流与互动（Cazden，2001；Seedhouse，2004；Waring，2016）。它既是学生内化知识、协商意义的过程，也是展示教师知识、理念和经验的过程（Marton & Tsui，2004：ix；Mercer，2004，2010）。课堂话语分析恰是对课堂话语结构、生成及教学功能的综合分析（Cazden，2001；van Dijk，1985；Walsh，2011）。事实上，早在上世纪70年代，Fanselow（1977）就明确指出："我们可以通过分析教师如何与学生交流来学习如何教书"，但对隐于其中"如何学"的机制却语焉不详。情景认知论（situated cognion）提供了一个探索、理解课堂话语研究与教师学习之间先天、深切的关系的思路和方法。情景认知论认为所有的知识都在活动（activity）中，而活动所处的社会、文化及物理环境（context）是活动本身的一部分（Brown et al.，1989；Greeno，2011）。换句话说，认知、活动和环境三者互为镶嵌，融为一体，体现了"知行合一"的认知立场。该立场不仅挑战了传统认知理论关于认知是独立于环境、在人脑中独自运行的心理机制的假设，更为解读基于课堂教学，特别是课堂话语研究的教师学习机制提供了重要的理论依据（Reynolds & Miller，2003）。在这样的认知框架下，课堂教学构成教师认知／学习的"环境"，课堂话语分析则是"活动"（Greeno，2011）。依此关系逻辑，研究者（或教师自己）通过切分案例话语单位，定位、捕捉并解读参与其中的理念、知识和经验，可以帮助教师"情景化"地审视、反思已有知识和经验，同时建构新知识、新经验。因反思透过课堂话语实录分析而展开，反思的内容、过程及深度和广度以话语量和质的分析为基础，反思的实体化、具象化（或称情景化）成为可能，其有效性得以保障（Borko，2004；Putman & Borko，2000）。在这个过程中，课堂话语分析无疑成为创设认知情景，使教师学习情景化、具象化的重要方法和工具（详见张连、王艳，2014）。

5.4 争议性问题

在过去的 50 多年里，（教师）课堂话语研究在理论和方法上都有了长足的发展，积累了丰富的成果，极大地增进了我们对语言、互动、学习，特别是外语教育教学的认识和理解。这些研究成果回答了一些基本问题，如什么是课堂话语分析，为什么要研究课堂话语以及如何研究课堂话语，达成了许多重要共识，但同时也有一些尚存争议的问题。

争议一：虽然越来越多的学者意识到课堂话语研究在教育，特别是外语教育教学中的重要性并开展了许多卓有成效的研究，但仍然有为数不少的学者、教师和教师教育者认为它只是一个琐碎、意义微小的问题。比如，Ellis（1994：239）曾认为，"二语课堂互动研究对我们关于互动如何影响习得的认识几乎没有什么帮助"。Breen（1998：119）则提出了完全相反的观点：

> （课堂中）的社会关系调节着学习的内容、方式和效果。这些关系和有目的的教学行动（被视作社会行动）直接透过我们所参与的（课堂）话语来实现……因为学习者在课堂中所学是社会而非个人建构的，所以任何关于语言是如何学习的解释都必须于语言课的话语中进行。

Walsh（2011：183）认为这种争议源于我们对学习的理解不同，因而对互动在学习中的作用和意义理解不同。如果我们认为学习是一个认知过程（a cognitive view of learning），那么我们可能就看不到互动在学习中的意义；如果我们认为学习是一个社会过程（a social view of learning），学习就意味着参与和互动，那么互动就是相关且重要的。由此可以看出，该争议的背后实际上是一个关于什么是学习的基本立场的分歧。如此，这一争议仍将长期存在。但就课堂话语研究在外语教育教学中的重要性，笔者认为，现有的论证已充分说明积极开展实证研究刻不容缓。

争议二：多数外语教师教育与发展项目仍然没有意识到课堂话语研究是一个教师反思教学的有效途径。更多的教育和培训项目聚焦教育理念、学科知识和教学方法，但较少花时间帮助教师理解课堂互动、课堂话语的重要性，并学会透过课堂话语分析实现自我发展。如前所言，课堂话语不仅是学生内化知识、协商意义的过程，也是展示教师知识、理念和经验的过程（Marton & Tsui，2004：ix；Mercer，2004，2010）。透过课堂话语分析的窗口帮助教师审视、反思自己的知识、理念和经验，这应该成为教师教育和发展的重要途径（张莲等，2014；张莲、王艳，2014）。

争议三：Walsh（2011：158）提出了"课堂互动能力"（classroom interactional competence，CIC）的概念。他认为，课堂互动能力是"师生双方把互动作为调节和辅助学习的工具的能力"（同上）。这一概念的重要贡献显而易见：（1）它再次确认互动在语言学习中的重要作用；（2）它明晰了课堂话语与学习的关系；（3）它提出提高教师教学水平和教学质量的一个努力方向。但是否存在这样一种能力仍存有争议，需要大量的实证研究予以确认。此外，结合对国内 EFL 教育语境的长期观察和经验性判断，我们认为，外语教师具有课堂互动能力的基础条件是教师自身具备优良的语言基本素质和运用能力。在此基础上，教师如何理解话语与学习的关系与教师关于语言和语言学习的认知关系密切。如此看来，"课堂互动能力"并不能概括国内大学英语教师在课堂中交流和互动能力的必备资源和基本要素，甚至可能是忽略了其中重要的一个方面，即特定语言的运用能力。

5.5 研究资源

5.5.1 推荐书目

Cazden, C. B. (2001). *Classroom discourse: The language of teaching and learning.* Portsmouth: Heinemann.

Chaudron, C. (1988). *Second language classrooms: Research on teaching and learning.* Cambridge: Cambridge University Press.

Christie, F. (2002/2005). *Classroom discourse analysis—A functional perspective.* London: Continuum.

Flanders, N. A. (1970). *Analyzing teacher behavior.* Reading: Addison-Wesley.

Markee, N. (2015). *The handbook of classroom discourse and interaction.* West Sussex: John Wiley & Sons.

Marton, F., & Tsui, A. B. M. (2004). *Classroom discourse and the space of learning.* NJ: Lawrence Erlbaum.

McCarthy, M. (1991). *Discourse analysis for language teachers.* Cambridge: Cambridge University Press.

Mehan, H. (1979). *Learning lessons: Social organization in the classroom.* Cambridge, MA: Harvard University Press.

Rymes, B. (2009). *Classroom discourse analysis: A tool for critical reflection.* NY: Hampton Press.

Seedhouse, P. (2004). *The interactional architecture of the language classroom: A conversation analysis perspective.* MA: Blackwell.

Sinclair, J., & Coulthard, R. M. (1975). *Towards an analysis of discourse.* Oxford: Oxford University Press.

Sinclair, J., & Brazil, D. C. (1982). *Teacher talk.* Oxford: Oxford University Press.

Walsh, S. (2006). *Investigating classroom discourse.* New York: Routledge.

Walsh, S. (2011). *Exploring classroom discourse: Language in action.* London: Routledge.

Waring, H. Z. (2016). *Theorizing pedagogical interaction: Insights from conversation analysis.* New York: Routledge.

5.5.2 重要期刊

Applied Linguistics
ELT Journal. Linking Theory to Practice
International Journal of Applied Linguistics
Language & Communication
Language Teaching Research
Modern Language Journal
Research on Language and Social Interaction
Second Language Studies
Studies in Second Language Acquisition
System: An International Journal of Educational Technology and Applied Linguistics
TESOL Quarterly

5.5.3 网站、数据库

CANCODE: The Cambridge and Nottingham Corpus of Discourse in English
Conversation Analysis: http://www.sscnet.ucla.edu/soc/faculty/schegloff/pubs/index.php
Corpus Pragmatics and Discourse Markers: http://www.jesusromerotrillo.es
Michigan Corpus of Academic Spoken English (MICASE): http://quod.lib.umich.edu/cgi/
c/corpus/ corpus?c=micase;page=simple
MODE Institute of Education, University of London, Multi-modal Methodologies: http://
mode.ioe.ac.uk
Multi-modality and Corpus Linguistics: http://www.cf.ac.uk/encap/contactsandpeople/
profiles/knight_dawn.html
Nystrand, M. (1999/2004). *Classroom language assessment system* (CLASS 4.0) (software
and *CLASS 4.0 User's Manual.*). Madison: Center on English Learning & Achievement.

参考文献

Allwright, D. (1983). Classroom-centered research on language teaching and learning: A
brief historical overview. *TESOL Quarterly, 17* (2), 191-203.

Borko, H. (2004). Professional development and teacher learning: Mapping the terrain. *Educational Researcher, 33* (8), 3-15.

Breen, M. P. (1998). Navigating the discourse: on what is learned in the language classroom. In W. A. Renandya, & G. M. Jacobs (Eds.), *Learners and Language Learning*, Anthology Series 39, Singapore: SEAMO Regional Language Centre.

Brown, G., & Yule, G. (1983). *Discourse Analysis.* Cambridge: Cambridge University Press.

Brown, J. S., Collins, A., & Duguid, P. (1989). Situated cognition and the culture of learning. *Educational Researcher, 18* (1), 32-42.

Bruner, J. S. (1978). The role of dialogue in language acquisition. In A. Sinclair, R. Jarvella, & W. J. M. Levelt (Eds.) *The child's conception of language.* New York: Springer-Verlag.

Cazden, C. B. (2001). *Classroom discourse: The language of teaching and learning.* Portsmouth: Heinemann.

Chaudron, C. (1988). *Second language classrooms: Research on teaching and learning.* Cambridge: Cambridge University Press.

Christie, F. (2002/2005). *Classroom discourse analysis — A functional perspective.* London: Continuum.

Ellis, R. (1994). *The study of second language acquisition.* Oxford: Oxford University Press.

Fairclough, N. (1989). *Language and power.* London: Longman.

Fairclough, N. (1992). *Critical discourse analysis: The critical study of language.* London: Longman.

Fairclough, N., & Wodak, R. (1997). Critical discourse analysis. In T. van Dijk (Eds.), *Discourse as Social interaction* (pp. 258-284). London: Sage.

Fanselow, J. (1977). Beyond RASHOMON—Conceptualizing and describing the teaching act. *TESOL Quarterly, 11* (1), 17-39.

Flanders, N. A. (1970). *Analyzing teacher behavior.* Reading, MA: Addison-Wesley.

Gaies, S. J. (1983). The Investigation of Language Classroom Processes. *TESOL Quarterly, 17* (2), 205-217.

Gee, J., & Green, J. (1998). Discourse analysis, learning and social practice. *Review of Research in Education, 23,*119-169.

Green, J. L., & Dixon, C. N. (2002). Exploring differences in perspectives of microanalysis of classroom discourse: Contributions and concerns. *Applied Linguistics, 23* (3), 393-406.

Green, J. L., & Dixon, C. N. (2008). Classroom interaction, situated learning. In M.

Martin-Hones, A. M. de Mejia, & N. H. Horngerger (Eds.), *Encyclopedia of language and education vol. 3: Discourse and education* (pp. 3-14). Birmingham: Springer Science and Business Media LLC.

Green, J. L., Castanheira, M. L., Skukauskaite, A., & Hammond, J. W. (2015). Developing a multi-faceted research process: An ethnographic perspective for reading across traditions. In N. Markee, *The handbook of classroom discourse and interaction.* West Sussex: John Wiley & Sons.

Greeno, J. G. (2011). A situative perspective on cognition and learning in interaction. In T. Koschmann (Ed.). *Theories of learning and studies of instructional practice.* New York: Spinger.

Halliday, M. A. K. (1994). *An Introduction to Functional Grammar* (2nd ed.). London: Arnold.

Hicks, D. (1995-1996). Discourse, learning and teaching. *Review of Research in Education, 21,* 49-95.

Kumaravadivelu, B. (1999). Critical classroom discourse analysis. *TESOL Quarterly, 33* (3), 453-484.

Markee, N. (2015). *The handbook of classroom discourse and interaction.* West Sussex: John Wiley and Sons.

McCarthy, M. (2002). *Discourse analysis for language teachers.* Cambridge: Cambridge unirersity Press.

Marton, F., & Tsui, A. B. M. (2004). *Classroom discourse and the space of learning.* NJ: Lawrence Erlbaum.

McCarthy, M. (1991). *Discourse analysis for language teachers.* Cambridge: Cambridge University Press.

Mehan, H. (1979). *Learning lessons: Social organization in the classroom.* Cambridge, MA: Harvard University Press.

Mercer, N. (2004). Sociocultural discourse analysis: analysing classroom talk as a social mode of thinking. *Journal of Applied Linguistics, 1* (2), 137-168.

Mercer, N. (2010). The analysis of classroom talk: Methods and methodologies. *British Journal of Educational Psychology, 80,* 1-14.

Nystrand, M. (1999/2004). *Classroom language assessment system* (CLASS 4.0) (software and *CLASS 4.0 User's Manual*). Madison: Center on English Learning & Achievement.

Putnam, R. T., & Borko, H. (2000).What do new views of knowledge and thinking have to say about research on teacher learning? *Educational Researcher, 29* (1), 4-15.

Reynolds, W. M., & G. E. Miller. (2003). *Handbook of psychology Vol. 7. Educational psychology.* Hoboken: John Wiley & Sons.

Rymes, B. (2009). *Classroom discourse analysis: A tool for critical reflection.* Cresskill, NJ: Hampton Press.

Seedhouse, P. (2004). *The interactional architecture of the language classroom: A conversation analysis perspective.* MA: Blackwell.

Sinclair, J. & Brazil, D. C. (1982). *Teacher talk.* Oxford: Oxford University Press.

Sinclair, J., & Coulthard, R. M. (1975). *Towards an analysis of discourse.* Oxford: Oxford University Press.

Skukauskaite, A., Rangle, J., Rodriguez, L. G., & Ramon, D. K. (2015). Understanding Classroom discourse and interaction: qualitative perspective. In N. Markee, *The handbook of classroom discourse and interaction.* West Sussex: John Wiley & Sons.

Thomas, J., & Short, M. (1996). *Using corpora for language research: Studies in the honour of Geoffrey Leech.* London: Longman.

Tsui, A. B. M. (2007). Classroom discourse: Approaches and perspectives. In N. H. Hornberger (Ed.), *Encyclopedia of language and education* (2nd ed.) (pp. 261-271). Berlin: Springer Reference.

van Dijk, T. A. (1985). *Handbook of discourse analysis Vol. 3. Discourse and dialogue.* London: Academic Press.

van Lier, L. (1988). *The Classroom and the language learner.* London: Longman.

van Lier, L. (1996). *Interaction in the language curriculum: Awareness, autonomy and authenticity.* New York: Longman.

Vygotsky, L. S. (1978). *Mind in society: The development of higher psychological processes.* Cambridge, MA: Harvard University Press.

Wallis, S., & Nelson G. (2001). Knowledge discovery in grammatically analyzed corpora. *Data mining and knowledge discovery,* (5), 307-340.

Walsh, S. (2001). *Characterising teacher talk in the second language classroom.* Unpublished PhD thesis, The Queen's University of Belfast.

Walsh, S. (2002). Construction or obstruction: Teacher talk and learner involvement in the EFL classroom. *Language teaching research,* 6 (1), 3-23.

Walsh, S. (2006). *Investigating classroom discourse.* New York: Routledge.

Walsh, S. (2011). *Exploring classroom discourse: Language in action.* London: Routledge.

Waring, H. Z. (2016). *Theorizing pedagogical interaction: Insights from conversation analysis*. New York: Routledge.

Watson-Gegeo, K. A. (1997). Classroom ethnography. In N. Hornberger, & D. Corson (Eds.), *Encyclopedia of language and education* (pp. 135-144). Dordrecht: Kluwer Academic Publishers.

Wood, D., Bruner, J. S., & Ross, G. (1976). The role of tutoring in problem solving. *Journal of Child Psychology and Psychiatry, 25*, 45-62.

Wyatt-Smith, C., & Cumming, J. (2001). Examining the literacy-curriculum relationship. *Linguistics and Education, 11* (4), 295-312.

Zuengler, J., & Mori, J. (2002). Microanalysis of classroom discourse: A critical consideration of method. *Applied Linguistics, 23* (3), 283-288.

廖秋忠，1992，《廖秋忠文集》。北京：北京语言大学出版社。

胥国红、曲航，2009，多模态话语分析——信息时代的新视角，《山东外语教学》(2)，3-7。

胥国红，2010，教师课堂上的言语行——对一堂大学英语精读课的多模态话语分析，《北京科技大学学报》(社会科学版)(4)，7-9。

徐赳赳，1990，话语分析——一门新的交叉学科，《国外语言学》(2)，1-7。

张莲等，2014，《外语课堂话语研究与教师发展研究报告》(待出版)。

张莲、王艳，2014，通过外语课堂话语分析促进教师学习：一项实证案例研究，《外语与外语教学》(3)，36-41。

第六章 教师行动研究

王蔷 胡亚琳 北京师范大学外国语言文学学院

6.1 引言

长期以来，教师通常被认为是教育研究的旁观者和教育理论的消费者。理论工作者期待教师把理论付诸实践，运用理论去改进教学，但教师却发现理论通常因过于抽象而无法直接用于解决教学实践中的具体问题。无奈之下，很多教师期待着研究者提供更新、更好的理论，同时又不断经历着诸多源于复杂教育教学情境中的实际教学问题所带来的困扰。面对层出不穷的新理论和新模式，教师仍感觉无所适从，难以找到直接解决自己教学实际问题的办法。显然，理论与实践之间存在着一条鸿沟，缺乏一条纽带。其实，很多教师没有认识到，研究并不专属于某些人。"教师即研究者"（teachers-as-researchers）这一观点最早出现于 20 世纪 60 年代英国课程改革时期，由英国著名课程专家 Lawrence Stenhouse（1983）第一次明确提出（王蔷、张虹，2014）。根据这一观点，教师应该成为教育理论的发展者和创造者，特别是实践性知识作为一种基于实践、可用于解决实践问题的理论，只有在实践中才能得以生成和发展，而这恰恰是理论工作者因不能深入实践而无法创造的。相较于教育理论的研究者，教师开展基于实践的研究具有他人无法比拟的优势：他们可以"零距离"置身于各个复杂而独特的教育教学环境中，具有丰富的教学实践经历和解决实践问题的智慧，从而为教师开展研究、发展和创造实践性理论提供了深厚的土壤；与此同时，我们也必须承认，总体而言，教师的理论基础和研究经历相对薄弱，对于"什么是研究"以及"如何开展研究"感到陌生和迷惘，亟需一条实际可行的研究道路和细致明确的研究指导。因此，行动研究作为理论与实践的一条纽带和一座桥梁，将行动与研究紧密地联系起来（Nunan，1990），自然也就成为最契合教师通过研究创新实践性知识的有效研究方式，也成为一线教师走向专业化的重要途径之一。

行动研究（Action Research）是一种实践者的研究（practitioner research）（McNiff，2010），在外语教育领域也已成为教师研究最广泛采用的一种方式（Kumaravadivelu，2012）。它是一种自我反思式的探究活动，需要教师以一个研究者的眼光或者从一个研究者的角度来审视自己的教学。也就是说，教师在自己特定的教学情境中，针对教学中所发现的问题，通过观察和分析，确认问题，并针对具体问题在理论的支持下，设计解决问题的计划，在实施中收集和分析数据，评价和反思过程与效果，达到解决问题、改进实践以及提高对课程、教学、学生和教与学过程的新认识的目的（王蔷、胡亚琳，2014）。

当前，我国新一轮基础教育课程改革对基础教育教师的专业素养及其专业发展提出了一系列要求，其中一项即倡导教师向研究型教师发展。《义务教育英语课程标准(2011 年版)》（教育部，2012）和《普通高中英语课程标准(实验)》（教育部，2003）均强调外语教师应具备反思意识和创新精神，在实践、探究和反思中增进自身的专业素养，努力成为研究型外语教师；《中小学教师专业发展标准及指导（英语）》（中小学教师专业发展标准及指导课题组，2012）更是将"开展教育教学研究"列为教师追求卓越的重要指标，指出"研究"是英语教师专业发展的灵魂。由此可见，外语教师成为研究者、开展教育教学研究已成为课程改革背景下教师专业发展的重要标志与要求。毋庸置疑，深化课程改革也呼唤更多的研究型教师。

本章围绕"教师行动研究"这一专题，从该领域研究的缘起、不同发展阶段的特点和成果等着眼梳理其研究脉络，随后引介和评述了三项较具代表性的行动研究项目及其实践模式，进而就当前学界对于教师开展行动研究过程中富有争议性的三点问题展开论述，并呈现两项中小学外语教师行动研究经典案例，以期帮助读者深入实践一线，理解行动研究的本质及其应用于教育领域的重要价值。章末提供了一系列有关教师行动研究的书目、期刊、网站等参考资料，供拓展学习。

6.2 研究脉络

长期以来，人们习惯于行动与研究的分离、实践者与研究者分家的现状，背后的意蕴则是理论与实践脱离的弊端。行动研究是一座联结了理论与实践的桥梁，其理论基础可上溯到亚里士多德的"理论知识"与"实践知识"之分、康德的"科学理性活动"与"实践理性活动"之别，以及舍恩对"技术理性"和"反思理性"的论述（陈向明，2000），其核心思想是倡导研究应回归生活世界，"指导人们立身处世的生活实践"（同上）。以下围绕行动研究的缘起及其三个主要发展阶段展开介绍，梳理该领域的研究脉络。

6.2.1 行动研究的缘起

行动研究最早出现在美国，有关这一研究范式的早期讨论可以追溯到 20 世纪初美国的哲学家、心理学家和教育家 John Dewey（1929）。那时的 John Dewey 就看到了教育研究者与实践者之间的脱节，他主张研究者应积极地直接参与到教学中去研究教育所要解决的问题，这一主张推动了校本课程的发展。20 世纪中叶，社会改革派学者 John Collier（1945）首次提出了行动研究的概念，即一种针对少数民族社区工作的"行动研究与研究行动"的工作模式（Wallace，1987；Neilsen，2006），虽然研究的过程还不是很具体，但是它强调了行动的意义，指出了综合各种相关人员共同参与，使其转化成行动的重要性。他的观点后来得到美国社会心理学家 Kurt Lewin 的进一步发展。Lwein 阐明了行动研究在社会理论发展中的重要作用，并于 1946 年发表了"行动研究与少数民族问题"的文章，Lewin 先将行动研究用于少数民族问题研究，后又拓展到工业培训，其宗旨是"共同讨论"、"改进实践"。20 世纪 50 年代，在哥伦比亚大学教育学院院长 Stephen Corey 的推动下，行动研究被用于教育改革。他于 1953 年出版了《改进学校实践的行动研究》（*Action Research to Improve School Practices*）一书（Corey，1953），第一个将行动研究的定义系统地引入到教育界。他鼓励教师、校长和督学运用行动研究的方式来改进他们的教学和管理。

在 Corey 等人的影响下，行动研究在 20 世纪 50 年代前期很快引起重视，被应用于社会研究和教师研究。但行动研究兴起不久便受到科学界的质疑，一些人认为行动研究没有多大的价值，因为其研究方法缺乏科学性和严谨性。从 20 世纪 50 年代后期到 60 年代中期，行动研究就像其兴起时的升温速度一样，迅速降温（Zuber-Skerritt，1996）。

20 世纪 70 年代中期，在英国教育改革专家 Lawrence Stenhouse（1975）和 John Elliott（1976）的影响下，行动研究再一次兴盛起来，逐步成为教育研究中的一个重要语汇。Stenhouse 和 Elliott 在他们的研究中明确指出，行动研究的贡献在于其对研究结论的理解与运用上的不同，它是对教学理论的进一步发展，更关注并主要立足于解决实际问题。行动研究的成果具有理论和实践意义，也具有重要的推广价值。同期，在澳大利亚、美国和加拿大等国家，以行动研究为途径推进学校教育改革和教师发展的各类项目有了较快的发展，更多教师参与到行动研究中来，更多有关行动研究的书籍、报告和期刊论文得以出版和发表。

6.2.2 行动研究的发展阶段及特点 [1]

截至目前，行动研究的发展历程主要可以分为三个阶段，即科学的行动研究阶段、实践的行动研究阶段和批判的行动研究阶段，反映了不同学者对行动研究本质的不同理解。

6.2.2.1 科学的行动研究

行动研究的第一阶段大致处于 20 世纪 40 年代至 50 年代，被称为"科学的行动研究"或"技术的行动研究"，代表人物主要是 Kurt Lewin 和 Stephen Corey。Kurt Lewin 是美国的社会心理学家，专门从事社会问题的研究，对行动研究的兴起发挥了重要的推动作用。他认为促进人的进步的最好方式是使他

---

[1]　本小节主要参考了《英语教师行动研究——从理论到实践》（修订版）（2014：16-24）。

们从事对自己的生活和工作的研究，这种突出参与性的研究和解决问题的方式更优于那种外部设计的、结构严谨的、需要监控的、避免干扰的以及使人去适应环境和设计条件的教育研究方式。行动研究可以不断地调整、再认识和再提高，无论研究规模大小，都预示着可能产生和带来一系列的变化，包括人、环境、认识以及管理体制的变化，这就是行动研究的魅力所在。Kurt Lewin(1946)用经典的圈形图表示行动研究是由计划、行动、观察和反思四个步骤组成的循环过程，每一周期的结果将开启下一周期的行动研究。

对 Lewin 来说，行动研究既具有民主的意义，又是一种科学的研究方法，它是用科学的研究方法来解决社会问题，改善人际关系。由 Lewin 开始的早期行动研究既追求民主发展又重视科学方法，因此被称为"科学的行动研究"或"技术的行动研究"。自 John Collier 首次提出"行动研究"这一概念，到 Lewin 对行动研究的重要推动，再发展到 Stephen Corey 这里，已经形成了早期行动研究的基本特征，即强调教师亲自参与研究，重视科学的方法，关注对实践的改进以及注重合作。虽然 Lewin 的观点并没有直接用于教育研究，但是对于美国的社会问题研究产生了重大的影响，到 20 世纪 70 年代以后则真正影响到教育界。

Stephen Corey 是第一位系统地将行动研究的定义引入到教育中来的学者，也是第一位提倡用行动研究来改进教学实践的学者。Corey 之所以把行动研究引进教育领域，是因为他注意到，当时实践者与研究者的分工彼此割裂开来，很少人有意识地让研究为实践服务。他鼓励教师、校长和督学运用行动研究的方式来改进他们的管理和教学，进而评价自己的决策和行动。他还坚持教师研究应是一个合作的活动。在 Corey 等人的影响下，行动研究在 20 世纪 50 年代很快引起重视，并应用于社会性研究和教师研究。

6.2.1.2 实践的行动研究

第二阶段的行动研究始于 20 世纪 70 年代，也称为"实践的行动研究"，代表人物是英国课程专家 Lawrence Stenhouse。他首次提出了"研究应成为教师教学的基础"（research as a basis for teaching）和"教师即研究者"（teachers-as-researchers）的理念，指出"研究教师的工作是不足够的，需要的是由教师自己来研究"(Stenhouse，1975)。这不仅对于英国的行动研究产生了重大影响，在世界范围内也引发了强烈关注，教师研究自此成为了一项国际运动（李方安，2009）。

Stenhouse（1975）认为，每个课堂都可以成为教育研究的场所，每个教师都应该成为教育科学研究集体中的一员。也就是说，关于课程研究与发展的课题，不论是个人的，还是研究中心的，或是学校层次的，都应该建立在课堂教学研究的基础之上，建立在教师的教学工作基础之上。我们的教育使学生具有很强的接受能力，但缺乏自主的精神和独立思考的能力。要培养学生的探究精神，首先教师要成为自主的和开放的教师，而教师要实现这一目标的唯一途径就是以研究者的眼光和角度来审视自己的教学。教师成为研究者只是一种达到目的的方式，而不是目的本身，因为通过研究，教师可以提高自己的职业判断力，促进自身不断改进实践。此外，教育最重要的任务就是完成教学大纲所提出的目标，教师研究的核心就是实现大纲与教学的统一。教师不再仅仅单纯地接受假设，而是在自己的教学实践中验证假设，调整策略与方法，从而实现教育的目标。

Stenhouse（1975）对"研究"的定义是：研究是一种系统的探索，其过程和结果必须公开以接受公众的质疑。他指出，把教师置于教育研究的核心地位是因为教师对教室和教学有管理和控制的权力；从实验的角度出发，教室是验证教育理论的最理想的场所；从自然观察的角度出发，教师是观察教学的最佳人选；因此，不论是从什么角度，我们都必须承认教师的周围充满了研究的机会。传统的教育研究多是在实验室或者小规模的研究基础上作出结论的，而这些结论真正被运用到大规模的教育实践中，还存在很多问题。对于每一位教师来说，还需要根据个人的教学环境和条件进行调整，需要教师把自己的教室当作一个个体的案例进行深入和实际的研究。教师将研究成果应用于教学中以改进教学，其本身就是一种研究，这使得教师既具有开展研究的基础，也具有开展研究的动机。虽然，研究成果如果得不到教师的回应也是没有意义的理论。但是，当时 Stenhouse 强调研究依赖于研究者的指导，并由他们撰写研究报告，而对于教师自身的参与和反思的意义还没有给予足够的重视（McNiff，1988）。

Stenhouse 是行动研究领域公认的有影响力的第二代领袖。这一时期的行动研究明确提出"教师即研究者",行动研究在这一时期也基本等同于"校本课程开发",强调行动研究是一种"公开而系统的探究",并将早期的"合作"的观点进一步明确为"一线研究"(教师亲自操作的研究)与"二线研究"(来自大学的校外研究小组操作的研究)的合作(刘良华,2002)。

6.2.1.3 批判的行动研究

Stenhouse 关于行动研究的理念影响了他身边的同事 John Elliott 和 Stephen Kemmis。1982 年 Stenhouse 去世后,Elliott 领导了英国的教育行动研究,Kemmis 则前往澳大利亚迪金大学工作,直接领导了澳大利亚的教育行动研究。Elliott 和 Kemmis 一起成为行动研究领域中的第三代核心人物。自 20 世纪 80 年代起,以他们和 Dave Ebbutt、Donald Alan Schön 等为代表的一些研究者对"科学的行动研究"和"实践的行动研究"提出质疑,一起倡导"批判的行动研究"(或称"解放的行动研究")。

在这一阶段,Elliott 提出了包括三个循环过程的行动研究模式,表明行动研究是一个对实践不断修正、完善和改进的过程,也是一个对知识的探究和创造的过程。虽然在这个模式中的各个阶段都有解释、分析原因和效果这个环节,但这一模式并未将反思明确纳入其中。与他合作的研究者 Ebbutt 改进了该模式,他指出,任何的模式都是一种理想状态下的模式,不能完全反映真实的过程,而真正在教育实践过程和行动研究过程中,每个人和每种情形都可能不同,因此应该留有变化的空间和余地,也应该更加完整地反映教师自我教育的过程和自我反思的过程(Hopkins,1985:52)。

Kemmis 在教育行动研究上的重大贡献是他与 Robin McTaggart 合著的行动研究的代表作 *The Action Research Planner*(1982)。在这本书中,他对如何在教育研究中采用行动研究的方式提出了很多具体的建议和方案,并对行动研究的模式与过程作了具体的描述。Kemmis 对行动研究的贡献还在于他直接影响了澳大利亚的教育机构,使教师认识到对自己的教学进行反思性研究的必要性。

1983 年,Schön 发表了 *The Reflective Practitioner: How Professionals Think in Action* 一书，"反思性实践"以及"反思性实践者"的观念迅速成为第三代行动研究谈论的"主题"和"关键词"。在 Schön 看来，当教师在行动中反思的时候，他就已经成为了实践的研究者，他不再依赖于现成的理论，而是把自己的行动和对行动的思考紧密地联系起来，通过行动与反思，在特有的情境中建构新的理论。Schön 认为，在具体的专业实践中，问题是复杂的，没有一个现成的、标准的或者统一的解决方案，教师需要在行动中反思（reflection-in-action），也需要对行动进行反思（reflection-on-action），后者是指教师在行动之后，藉由撰写反思或者与同事交流自己的行动，探究之前做了什么、为什么那么做、哪里做得比较好以及哪里还需要改进等等。通过对行动进行反思，教师可以对自己的行动和实践生成新的理解，从而使教学实践成为"反思性实践"，使教师成为"反思性实践者"。

综上，第三阶段的行动研究强调对教师的理解以及与教师相关的整个社会情境的理解。它理解教师在教育改革中所体验的困惑与无助，更鼓励教师反思自己内心的追求，认识自己所处的环境和影响教育、教学、个人和团队发展的种种因素，冲破那些制约人们追求真知和新知识的阻力和束缚、常规和习惯，支持教师掌握自己的职业命运和方向，追求教育的真谛。"批判的行动研究"不再强调科学的方法，而发展成为对"实证主义"的一种反思和反抗，开始关注"个人与制度"的关系问题。

从上述不同阶段中我们看到，行动研究从起初强调技术理性的思维中逐步解放出来，进而开始关注人与实践的关系，关注人所处的环境对人的影响，关注人的主观能动性和通过实践和反思生成教育理论的可能性和重要性。

6.3 实践模式

本小节基于实例梳理了外语教育领域推动教师开展行动研究的三种比较有影响的实践模式，即中外合作开展教育行动研究，高校开设行动研究课程以培养职前英语教师，以及高校与基础教育英语教师合作开展行动研究以促进在职英语教师专业自主发展。

6.3.1 国内外共建行动研究实验中心 [1]

2002 年，在英国学者 Jean McNiff、Jack Whitehead 和 Moira Laidlaw 的支持和指导下，宁夏师范学院成立了中国外语教学行动研究实验中心。这是中国第一家，也是目前国际上为数不多的将"行动研究"应用于外语教育教学领域的教育研究实验机构。该实验中心以研究和开发教师教育与专业发展课程、提高外语教育教学质量、改进学生学习效率为宗旨；以外语教育可持续性发展为基本目标；以课堂教学、教学对象、教学条件、教学环境为研究聚焦；关注自我反思教学，倡导"互动"和"交互"的研究文化，强调合作型研究范式的构建。该研究中心的教师积极开展各种课题研究，项目涉及教学、教材、教学方法、文化意识、学生情感策略、学习策略等多个方面，重点针对课堂教学中存在的具体问题进行实证性的研究，研究成果大多以研究报告或论文形式呈现，它们对解决课堂教学中的实际问题有独到的见解，对促进教学产生着积极的作用。

该中心的研究者们在研究中问自己的第一个问题就是"我该如何改进我的教育实践"，并通过五个步骤来作行动研究：（1）寻找"我"的教学问题；（2）找到解决这个问题的方法；（3）在教学中实施这一解决方案；（4）收集数据来评估实施的有效性；（5）基于评价找到新的研究问题。目前，该中心已完成多篇行动研究论文和研究报告。

6.3.2 高校开设职前教师行动研究课程

20 世纪 80 年代中期，国际上一些大学开始将行动研究作为攻读学士学位或硕士学位的专业课程，让学生在讨论和操作行动研究的过程中理解有关行动研究的历史、理论以及相关的研究成果。在行动研究作为一门课程出现在大学的本科生教育和研究生教育领域之后，人们开始"教"行动研究。开设行动研究课程的主要目的是引导学生阅读并了解教育行动研究的历史以及基本原理，及结合自己的教学实践学习使用行动研究方法。从 20 世纪 90 年代开始，国内

1　本小节主要参考了王蔷、张虹（2014：64-65）的研究。

一些师范大学开始考虑把"行动研究"列入课程对职前教师进行培养，开设行动研究课程明显地具有"课程行动研究"的特色（刘良华，2002）。

为了有效解决师资培养领域中理论与实践相脱节这一难题，从1992年开始，北京师范大学外语系就把"教学行动研究"列为研究生的必修课，开始积极探讨在大学开设行动研究课程的可行性和必要性，并展开相关研究，在实践和评估的基础上，于1994年正式将该课程列为英语语言教学方向研究生的必修课程。课程以行动研究的理论与实践为基础，以培养未来教师的创新精神和课堂教学研究能力为目的，以启发、探究、反思、合作为教学方式，注重未来教师对所处教学环境的认识、对所教学生的认知水平和需求的认识。它追求"变"，即改变现状，改进教学，变被动教学为主动追求，变循规蹈矩为进取创新，使未来教师形成自主发展、自我更新和自我完善的能力，促进教师、教学和科研同步发展。

课程由四个主要模块构成：理论研讨、技术准备、初期调查和行动研究。课程首先引导学生探究行动研究的理论意义，针对教学理论与实践脱节的问题，围绕教学反思模式，就教师应否和能否成为研究者以及行动研究的本质与实践等问题，组织学生查阅文献、分组讨论、展开交流，为实施行动研究奠定认识上和理论上的基础。课程的第二个模块重点向学生系统地介绍并帮助学生掌握课堂教学研究的方法与技巧，通过分析教学录像课提高学生对教学过程中教与学的问题的意识和认识。这一过程主要采取分专题的方式，让学生学习收集数据的方法，包括日记法、访谈法、问卷法、观摩法等。学生结合自己的教学实践记日记、开展学生访谈、设计问卷和分析问卷、设计观摩表并进行观摩等，为研究作好技术准备。在此基础上，课程进入初期调查阶段，教师指导学生针对教学中的问题进行反思和初期调查，确定问题和解决方案后，学生进入最后的行动研究实施阶段，即合作完成行动研究的一个完整过程，并撰写研究报告。

发现问题是教学行动研究的第一步，也是比较难的一步。学生往往对教学中存在的问题缺乏意识或者抓不到重点和本质。因此，课程从引导学生发现自己在教学中的问题入手，反思对自己的教学不满意的地方，结合教育和教学的理念，展开小组和集体讨论，互相启发，提高对问题的意识。找出问题后，进而分析原因，提出假设。在初期阶段，学生往往把问题的原因归结到自己所教的学生身上，怪他们缺乏动机和兴趣或努力不够、学习不用功、语言水平差等等，在通过问卷、访谈、记日记和教学观摩等方式进行初步调查和分析后，学生发现他们的很多认识和观点都被排除了，教学中的问题往往是出在自己的教学观念和教学的方式和方法上。对此，学生很受震动。他们开始重新审视自己的教学理念、教学模式和方法，开始挑战自我。

在确定研究的问题后，学生在一个非常开放、和谐的民主气氛中，互相听课，共同反思，开展充分和深入的学习和研讨，寻找解决问题的办法。教学研究的过程成了学生构建新的教学理念和专业化知识的过程，同时又是检验教学理论和方法的过程。在这一过程中，教师与学生、学生与学生相互合作，相互支持，相互启发。他们针对问题，制定和实施研究的方案。在实施过程中，观察实施步骤，通过调查问卷、互相观摩教学、对所教学生进行访谈、学生记学习日记、自己记教学日记等方式收集数据，整理和分析所收集的数据，评价教与学的效果。在教学行动研究的过程中，学生开展了大量的教育教学创新活动，深入进行教育调查研究，解决了他们在教学中遇到的很多问题，明显地改进了教学的效果。

实践表明，经过这一模式培养的外语教师不仅具有相当强的驾驭教学的能力，而且发展了很强的工作责任心、教学自信心和一定的课堂教学研究能力。学生通过不断地开展教学反思，促进了自身教育教学观念的转变。他们不再满足于现状，敢于向自己固有的教学观念提出挑战，开始认真地研究自己所教的学生，了解他们的需要，有意识地和更有针对性地选择和改变教学的方法与手段，使教学不再是一个盲目的或者一成不变的过程，而是一个丰富的、多变的、充满乐趣的和富有创新精神的过程。

6.3.3 高校与基础教育教师合作行动研究

长期以来，我国基础教育教师多是教育研究的旁观者和教育理论的消费者，现行的教师教育模式（尤其针对在职教师）也以自上而下的传递式和说教式培训为主，很少深入教师的教育教学实践，难以为促进其研究素养的发展提供长期、有效且可持续的支持。如何创建一种新型的教师教育模式，推动新课程背景下广大基础教育教师向研究型教师转化？针对上述问题，高校与基础教育教师合作开展行动研究作为一种立足实践取向的教师教育模式应运而生，且逐渐发展壮大。

　　以北京师范大学外文学院外语教育与教师教育研究所王蔷团队主持的合作行动研究项目为例。该团队坚持以高校研究者与基础教育教师合作开展行动研究为核心途径，展开了长期的实践探索，自 2007 年起先后与北京市各区县逾百名中小学英语教师结成专业学习共同体，力求构建扎根基础教育教学实践、提升教师反思能力和研究素养的教师教育模式，以此呼应课程改革和教师专业化纵深发展的要求。相关研究项目包括：2007 年至 2009 年，北京师范大学横向课题"在行动中改善课堂教学，在研究中促进专业成长——高中英语教师行动研究"（王蔷、张文华、林周婧，2010）；2009 年至 2011 年，教育部哲学社会科学基金项目"英语教师教育创新与学生英语能力发展研究——高校与基础教育教师合作行动研究"（王蔷、张虹，2012）；2012 年至今，北京市教育科学"十二五"规划重点课题"基于实践取向的教师教育模式研究"；2013 年至今，北京师范大学横向课题"朝阳区小学英语绘本教学行动研究"等等。

　　其中，以北京市教育科学"十二五"规划重点课题"基于实践取向的教师教育模式研究"为例。自 2012 年该课题立项起，北师大研究团队的 19 位高校研究者与北京教育科学研究院基础教育教学研究中心外语教研室的三位教研员以及 31 位来自北京市各区县中小学的一线教师结成课题组。在近两年的时间里，课题组采用"行动研究"这一实践取向的、以解决问题和改进实践为目的的研究范式，通过定期举办集体活动（专题讲座、培训工作坊、互动研讨等）和分组结对的日常指导，在高校成员与基教研成员之间建立起一个学习和研究的共同体，使课题组成员在合作中亲历了"观察和发现教学实践问题——分析和确认问题——制定（调整）行动计划——实施行动计划——评价行动效果"等研究环节，实现多主体的深度合作和共同发展。目前，该课题团队合作完成行动研究 28 项，覆盖小学、初中、高中三个学段，涉及中小学英语词汇教学、语音教学、阅读教学、写作教学、教师提问、学生参与、外语学习自主性和学习习惯培养等诸多领域，多项子课题成果如行动研究报告和教学设计等荣获北京市级和国家级奖项，并陆续在全国核心期刊发表。此外，针对基础教育教师开展行动研究普遍遇到的困难，课题组主持人王蔷带领高校研究团队策划、完成并公开发表"中小学外语教师开展行动研究的意义与方法"专题系列论文共 10 篇[1]。他们与中小学教师共同探讨行动研究的内涵、意义和方法，系统地介绍行动研究中常用的访谈、观察、问卷调查等数据收集方法，文献综述方法以及主题分析、话语分析、量化统计分析等数据分析方法，为推进中小学外语教师专业化、培养研究型外语教师提供理论与方法支撑。该系列论文受到基础教育教师广泛好评。

高校与基础教育教师合作开展行动研究，正是王蔷团队聚焦探讨的一种新型的教师教育模式。立足实践取向是该模式的一大特点：研究拟解决的问题源于实践，研究者来自实践，方案的设计与实施来自实践者，研究成果直接促进实践的改进。在这一模式中，基础教育教师与高校教师教育者相互合作、支持和帮助，平等互动，有效促进了教师教育模式的创新。一方面，基础教育教师体会到了理论对实践的积极指导作用，他们在实践探索中丰富了教学方式方法、解决了令自己困惑多年的实际问题、发展了教育教学研究能力、养成了教学反思习惯，促进了实践的改进和教师专业的可持续发展，自然也有利于学生学习能力和质量的提升。另一方面，高校研究者走出了象牙塔，密切关注一线教师在教育教学实践中的问题和他们的专业发展需求，在合作探寻中为中小学教师开展教学研究提供理论、方法的指导和情感支持，从而深化了自身对基础教育的认识，更好地定位自我并践行服务基础教育的责任和使命。与此同时，教研部门的保障和支持是这一模式有效建构和实施的必要条件，其在组建教师研究者队伍、敦促和扶助教师推进研究等方面发挥了重要的桥梁作用。这种作用在该项目中不断磨合提升，有利于这一教师教育模式在未来的推广。

综上，该项目为促进多方（高校、教研部门、一线教师）合作提供了一条实际可行的道路，开创了共生共赢的教研局面。在基础教育课程改革不断深化的背景下，这一实践取向的教师教育模式通过开展高校与基教研合作行动研究，正在改变着外语教育改革中教师与研究者长期分家的历史与现状，有力推动着我国研究型的外语教师队伍的建设和壮大。

1　该系列论文发表于《中小学外语教学（中学篇）》2014 年第 1—3 期及第 5—10 期。

6.4 热点问题

6.4.1 行动与研究的关系：重行动？重研究？

行动研究之所以被誉为"中小学教师参与教育科研的最佳选择"（申继亮，2006），关键在于它作为一种基于实践取向的研究范式，具有理论与实践结合、研究性与实践性兼备的特性。然而，许多刚刚接触行动研究的一线教师并不能准确把握行动与研究之间的关系，主要表现为：不认同教师作研究的价值，不能够以研究的眼光审视自身的教学问题，以及不明白在行动研究中行动即研究、研究即行动，二者密不可分的事实。

其一，由于教师的传统职业地位和身份，他们不觉得作研究是他们的工作范围，一般对研究持有矛盾甚至嘲讽的态度（Borg，2009）。其实，研究并不专属于某些人，研究应该是一种态度、一种品质和一种职业精神。教育工作的复杂性和不确定性决定了教师应具备研究的态度；同时，教育的对象是人，是学生，他们思维和情感的丰富性及复杂性，使教育必须建立在对其有所研究的基础上。教师不是知识的搬运工，而是思维的启迪者、情感的激发者、学习方法的指导者。因此，教师有必要对所教知识有所研究，对如何去教有所研究，对学生是如何学习的有所研究。

并且，我们提倡教师作实践者研究（尤其是行动研究），与一般的教育研究或应用研究的关键不同在于：（1）研究者与研究对象不同，教师作为研究者的主体作用贯穿始终，研究参与者是教师本人和所教的学生；（2）研究目的不同，不是为了验证前人的理论假设，而是为了解决教学实际问题，改善教学效果，深化对教育教学实践的理解；（3）开放性较高，允许教师根据实际情况随时调整，例如调整某个效果不佳的行动方案，并对数据收集方式作相应改动；（4）研究成果具有明显的时效性优势，可以直接应用于实践并改进实践，这是其他类型的研究都无法如此及时做到的（王蔷、胡亚琳，2014）。以下是我们所在的合作行动研究项目中一位小学英语教师在项目后期的反思节选，可以看出教师作为实践者在行动研究中的主体地位。通过开展行动研究，教师对于"作研究"的态度发生了根本性转变，研究不再仅仅是专家的事，也可以是一线教师教育生活的组成部分。

> 可以用这么一个公式来表示行动研究的内涵，即行动研究＝行动
> 者研究＋为行动研究＋行动中研究。它是一种结合了实践者的思想和
> 能力的研究。我们无需刻意去界定什么值得研究，什么不值得研究；
> 凡是"实践者"认为有兴趣的、感到困惑、引发思考的或亟待解决的
> 问题，都可以成为值得探究的内容……"研究"似乎已融入我的教育
> 教学生活，正成为我生活中的一部分。我们不仅了解了何谓行动研究，
> 也懂得了该如何在自己的教学情境中开展行动研究。
>
> （北京某小学 Q 老师，行动研究反思）

其二，行动研究要求教师在其所处的教育情境中对教育教学问题展开理性
思考，这对许多一线教师而言并不容易。无论在假设成因、初期调查或是研究
进程中的各个环节，都需要教师具有敢于质疑实践常规和固有思维的精神，认
真观察、分析和思考，还要有先进教学理念的支持。以确认问题阶段为例，教
师要学会分析问题，从学生、教师和环境因素等多角度着眼审视。多数教师往
往将教学中的问题归咎于学生不努力和家长不支持等，很少从自身去思考问题
的成因。例如，关于学生学习被动的问题，教师通常把问题归结于学生学习的
态度、学习习惯、努力程度或者家庭教育，很少会想到学生所经历的教育是否
关注了他们自主能力的培养，教师是否开展了相关的教学实践等等。与此同
时，教师可以根据需要选用问卷、访谈、课堂录像、记录观摩日志等方式就提
出的假设开展初期调查，基于调查结果，推翻不成立的假设或者补充新发现的
问题，最终完成行动研究问题的整合与确认。以下是我们所在的合作行动研究
项目中一位高中英语教师在项目后期的反思节选。可以看出，教师通过开展行
动研究养成了用研究的眼光审视实践的习惯，增强了对问题的理性思考。只有
这样，才能找准问题，探索出行动的方向。

> 在整个行动研究的过程中，最考验人耐心的环节就是对问题的确
> 认。在我看来，发现问题之后理所当然就应该是解决问题，为什么还

要确认问题，是否太过于浪费时间和精力。通过学习，我意识到行动

研究就是研究真问题……在以往的教学中，我也曾不断地采取各种办

法解决问题，但是总感觉效果不佳。参与行动研究使我终于明白，以

往正是由于缺少了对问题产生的原因提出假设、验证假设的过程，盲

目采取行动，才导致效果不佳。

（北京某高中英语教师 L 老师，行动研究反思）

其三，在教师行动研究中，行动与研究并非"两张皮"，而是相互融合的

整体。通过在个人所处的独特教育情境中开展行动研究，教师获得的是对自

身教学更深入的理解以及在此基础上不断追问和不断探究的精神。教师参与

行动研究的重要意义就在于教师学会了思考教学背后的意义，更加理性地评

价自己的教学。正如下文的一则教师反思节选所示，教师在行动研究中的理

论学习和实践探索，使理念逐步转变为自觉自愿的教学行动，在改进教学实

践的同时，推动学生发展，也推动其自身的专业成长，形成了源源不绝的变

革动力。

　　　　……行动研究不像研究。我只是更加精细地设计我的教学，更频

繁地反思，更客观全面地审视自己。教学即研究，研究即教学，这种

你中有我，我中有你的感觉太好了……以往的研究往往随着研究的结

束，一切便终止了，问题依旧是问题。但行动研究不一样，一旦你开

始了，你便会发现一个又一个新问题，然后你就被推动着不停地去琢

磨，去改变。

（北京某中学 Z 老师，行动研究反思）

6.4.2 行动研究中的技术：追求严谨？崇尚适宜？

行动研究的严谨性标准（standards of rigor）是学者们讨论的焦点之一。对

教师行动研究的一种批评是，并不是所有提高了教学效果的行动都可以成为

研究。相反的观点是，教师的反思性教学本身就是合法和有效的教师研究。

Nunan（1997）支持第一种观点，认为行动研究应该和其他研究有同样的严谨性标准，但同时他强调，如果要使教师研究在外语教学领域生根开花，我们应该认真考虑第二种观点。

我们所在研究团队的高校研究者们对教师行动研究中的严谨性也持有不同的认识，尤其在早期与基础教育教师合作开展行动研究的项目中，有些研究者重视研究方法与技术的科学性——在量化方法上，强调科学地设计调查量表和科学地分析量化数据；在质性数据上，强调对访谈数据的三级编码分析，强调数据分析的客观性。随着项目团队在合作行动研究中的实践探索不断发展，我们愈发清晰地认识到，教师研究中过度关注研究过程的系统性是危险的、减权的，容易把教师局限在传统研究范式的框架中（Freeman，1998）。我们必须清晰认识中小学教师所面临的现实困难。例如，许多教师对质性数据的分析与阐释等研究方法论问题感到尤为困扰（Yayli，2012），教师开展行动研究受到学校诸多因素影响（陈芳，2012）等等，这些问题都需要教师教育者的关注和理解，并通过合作研究等形式提供切实的指导和支持。我们感到有必要降低教师行动研究的技术复杂性，要探讨教师友善的研究方法，以便使行动研究真正成为促进教师专业发展的可持续模式。

那么，什么样的研究方法更适合教师研究，更能降低教师的学习成本，提高教师投入研究的热情和可持续性？"一般来说，便于操作、与工作实践相辅相成、'工研'矛盾不突出的方法或形式，才是适宜于教师研究的"（郑金洲，2005）。行动研究的主要研究对象应该是教师本人，故而行动研究的数据应当以教师的思考和教师的行动为主。

行动研究过程中的教师思考可以通过自我反思得以监控。教师可以通过反思日志的形式记录自己的学习过程。教师在反思日志中可以记载自己做了什么，通过行动学到了什么，也可以评价一下行动的意义，还可以反思行动研究本身（如对该研究方法的思考、对具体的数据收集方法及其效果的思考等），或是对教育教学的新认识。

教师的行动可以通过田野笔记、录像和录音的形式记录。田野笔记记录的信息可以是教师在教室站立的位置、说话的方式、如何和学生交流等。教师也可以请同事甚至学生来观察自己的教学行为。为了记录自己的教学如何影响学生的学习，教师可以邀请学生记反思性学习日志，收集学生作业，建立学生的学习档案袋等等；教师还可以访谈学生，或随时记录教学中发生的事件，比如学生学到了新东西，或者学生对自己的学习有了反思，再加上教师对这些事件的意义的评价。

简言之，教师行动研究者收集的主要数据就是他们的"教学事件"（episodes of practice）（Whitehead & McNiff, 2006）和教学故事，用以说明他们教学的发生以及他们的教学如何影响他人的学习。Allwright（2003）认为教师可以使用他们熟悉的日常课堂教学活动作为教师研究的工具，比如教师可以通过 Group Work 的形式邀请学生参与教学问题的分析和教学的民主决策。在这种意义上，行动研究中的数据收集应该也可能成为教师教学的有机部分，而非与教学实践割裂的工作负担。

6.4.3 行动研究成果形式：学术报告？ 教师叙事？

行动研究的最后一步通常是完成一份行动研究报告，以展示研究项目的重要成果。中小学教师系统性地探究和改进自己的教育教学实践的整个过程，以及他们在当中发展形成的个人理论，是教育行动研究的宝贵成果。教师将行动研究以文稿、口头汇报等方式公开化，是从实践者的角度为本专业领域的知识基础作出的重要贡献（McNiff & Whitehead, 2011）。

许多研究者介绍了如何撰写一份合乎规范的行动研究报告（McNiff, 2013；霍莉等，2013；钱小芳、马欣，2014；王蔷、张虹，2014）。在我们团队所开展的高校与基础教育教师合作行动研究项目中，也会组织相关培训，例如通过批判性阅读前人的行动研究报告，帮助教师明确撰写报告的意义，掌握相关写作方法和一些实用技巧。然而，我们多年来观察发现，不少一线教师对于将行动研究项目的成果撰写成为一份书面报告始终感到困难，所写成的论文也存在各种各样的问题，难以达到预期效果。那么，能不能以其他形式呈现教师行动研究的成果？其实，叙事也是一种适合教师用于梳理研究成果的方式。

Whitehead & McNiff（2006：54）认为，所有的行动研究报告都是为了讲述一个故事，"……故事构成了教师的个人理论。教师通过故事表述并解释了他们自己的教学行动"。行动研究是教师产生个人实践知识的过程，教师在行动研究中生成的理论是教师关于自己教学的个人鲜活理论。教师的鲜活理论不同于传统意义上的命题理论，不以抽象的命题形式存在，而通常以叙事的形式存在。教师往往通过故事的形式反思和解释他们的经验，叙事的方式可以让人在社会和历史的特定环境中审视自己和自己的行动（Johnson & Golombed，2002）。在研究报告中，教师可以采用讲故事的形式呈现他们在行动研究历程中的"生活体验"（Clandinin，2006），故事的主人公是教师自己和特定教育场景中关涉的人员（如学生、同事等），故事讲述的是教师如何改善教学实践，教师做了什么，为什么那样做以及那样做的意义。由此，教师研究者把"日常的教学故事转变为研究故事"（McNiff & Whitehead，2009），她／他所讲述的故事就变成了教学实践中具有真实生命的理论（同上）。

6.5 经典研究案例

6.5.1 案例一：培养小学低年级学生良好英语学习习惯的行动研究[1]

这是一项由小学英语教师与高校研究者合作开展的行动研究，在北京市一所普通小学一年级两个教学班的英语教学中实施。任课教师发现：(1) 部分学生注意力不集中，课上容易东张西望，玩学习用具，交头接耳，随意插话，不等别人发言完毕就急于发言等；(2) 在英语表达活动中，尤其在进行小组展示时，只顾与同伴讨论自己小组的问题，而不认真倾听他人发言和观看他人表现；(3) 有些学生很少积极主动地发言；(4) 一些学生英语发音不清、吞音或混淆个别发音。

针对这些问题，教师假设了几点成因。为了验证假设并厘清学生问题的具体体现，教师在八个教学周中记录了 28 篇教学日志，并录制和转写了一节自己的常态课。分析结果表明，刚进入小学一年级的学生缺乏基本的英语学习习

1　该项行动研究的完整研究报告发表于《中小学外语教学（小学篇）》2014年第 12 期第 35—40 页。

惯，突出表现为缺乏倾听的习惯、缺乏积极开口说英语的习惯和缺乏有意识模仿发音的习惯；教师方面同样存在问题，教师在日常教学中只是零散地关注学生的学习习惯问题，通常采用遇到问题随堂提醒的方式，缺乏及时的评价、鼓励和系统指导。

明确问题之后，教师梳理了学习习惯主题下的相关文献，不仅更深入地了解了学习习惯的类型、特点及其对于学生终身发展的重要价值，也通过拟定"学习习惯"在本轮行动研究中的定义明确了研究目标，为评价行动效果即学生特定学习习惯养成效果提供依据，还搜集了已有研究对于培养学生良好学习习惯的一系列实践方法，为行动方案设计奠定重要基础。

而后，教师先后制定并实施了八项行动方案，包括（1）拍手组织课堂，（2）指导视听策略，（3）学生课前做自我介绍，（4）学生参与评价，（5）口语活动难度分层，（6）增强发音的示范与练习，（7）指导发音规则，（8）挑选学生领读等。此外，教师采用了多种激励手段，如在言语上鼓励学生，在教学环节中奖励小贴画，以及使用一些身体语言如拍拍头、竖拇指等。上述方案紧密围绕学生在初期调查中暴露的学习习惯薄弱项。在持续一年的行动研究中，教师坚持记录教学日志，并于研究后期访谈了多名学生。研究过程中，基于数据反映的问题，教师对各项行动方案进行了修订、细化或扩展。

行动研究结束时，教师发现小学一年级学生整体上从最初普遍不会倾听、不积极开口表达、不能有意识模仿发音等学习习惯匮乏的状态，逐渐转变为能在教师的引导下静心倾听、尝试发言并关注英语语音特点。学生初步形成了一系列较为稳定的良好学习习惯，同时对英语学习也产生了浓厚兴趣。教师从不同层面反思了本轮行动研究：在教学方面，教师认为要进一步关注英语学习水平位于中后段的学生在学习习惯养成上的困难，需要重点引导他们，注意课堂活动的合理梯度，并遵循习惯养成规律，带领他们坚持练习；在行动研究方面，教师深刻体会到这种研究方式为促进一线教师在教学实践中不断思考、不断改进、实现可持续的专业发展所提供的强大助力，同时也认识到行动研究的另一关键价值在于给学生带来日益优化的学习体验和发展机会，有助于学生长远的成长和进步。

6.5.2 案例二：通过深层次解读文本促进学生综合发展的行动研究[1]

这是一项由中学英语教师与高校研究者合作开展的行动研究，在北京市一所示范高中高一年级一个教学班的英语教学中实施。任课教师发现，不少学生在英语阅读课上参与度不高，学习效果一般，主要表现为学生对阅读课缺乏兴趣，课堂比较闷，学生不主动回答问题等。

针对这些问题，教师提出了导致问题的几点假设，并针对假设开展了全班性的问卷调查与分析。调查后发现：（1）近2/3的学生不喜欢英语阅读课；（2）学生最熟悉的阅读课教学活动是教师标注并讲解教材中的重要的词、词组、句型和语法，以及就文章内容提问且内容多为事实细节；（3）学生最认同的教学活动是挖掘文章深层含义，讲解语法，了解写作特色或框架结构和深入思考文章内容以获得人生启迪；（4）学生最不喜欢的教学方法是逐句翻译文章。总之，调查结果基本验证了假设，该班阅读教学偏重知识的记忆与讲解，阅读文本以教材为主，丰富性和真实性不够并且对阅读文本的解读不够深入，导致学生在阅读课堂上兴趣不足，思维和情感参与度低。

明确了问题后，教师先后制定并实施了两个阶段的行动研究方案，并在研究过程中采用了问卷调查、学生访谈、收集学生作业和记录教学反思日志等方式监控和评价行动效果。第一阶段为教师引导下的文本深层次解读实践。教师选择了教材中五篇具有不同文本形式和内容的阅读材料，基于阅读教学的相关理论和各文本特点，带领学生尝试了提炼并归纳信息、梳理篇章结构、推断隐含意义和批判性分析评价四种深层次解读文本的方法。数据分析表明，第一阶段的行动在一定程度上提升了学生的兴趣和参与度，但教材的阅读文本不足以满足不同层次学生的个性需求和阅读欲望，并且教师引导下的文本解读给予学生自主和思维的空间也较为有限。

基于对第一阶段行动效果的评价与反思，教师在第二阶段调整了行动：一方面，拓展教材外的阅读文本如精选经典的短中篇小说和TED讲话，激发学生阅

1　该项行动研究的完整研究报告发表于《中小学外语教学（中学篇）》2014年第12期第41—45页。

读兴趣；另一方面，实施"4—3—2—1"教学模式，即让学生每周课下阅读一篇拓展材料，从中挑选四个生词并用词典查阅英文释义及例句，提三个问题，描述两个印象深刻的场景，发表自己的一个观点，汇集成一份作业，由教师挑选优秀作业在课上分享。在第二阶段中，学生需要对文本进行独立思考，结合个人经历和认识，跟文本形成互动。此时，学生真正成为了深层次挖掘文本的主体。

教师在行动研究结束时发现，本次研究对学生和自己都产生了积极的影响。通过深层次解读文本的阅读教学，学生获得了语言、思维和情感的综合发展。教师认识到，阅读教学不应拘泥于教材，要善于并勤于从学生的实际需求出发补充阅读材料；要引导学生透过语言品味文本的思想，从而触动学生内心，激发学生思维和情感的投入，尽可能帮助学生体验独立阅读的乐趣。与此同时，教师也反思了两个阶段行动研究的成效与问题，找到了下一轮的行动研究方向，即在学生自主和教师引导相结合的模式下，探索指向深层次解读文本的英语阅读教学实践。

6.5.3 案例小结与评析

在上述两则案例中，无论是小学教师还是中学教师，他们都经历了在行动研究中"观察和发现问题——分析和确认问题——制订行动计划——实施行动计划——评价行动效果（并对行动作必要调整）"的五项基本步骤，教师反思和数据的收集与分析贯穿全过程，使研究中的行动有理有据，研究的结果真实可信。

在与两位教师的合作中，我们发现：（1）案例中的两位教师在发现问题阶段花费了较长一段时间，最终分别通过记录教学日志和分析教学录像的方式突破了困境。发现问题确实不易：初次体验行动研究的教师对于教学实践中的问题可能开始有了一些感性认识，但对问题现象的描述还很模糊；即使是教学经验丰富、成绩斐然的优秀教师，也可能一时无法聚焦问题，甚至认为教学中没有问题。建议教师多花一些时间观察自己的课堂和学生，可以撰写教学随笔，可以观摩分析课堂录像，开放式地记录所观察到的教学现象，积累一段时间后便能逐步厘清行动研究的焦点。（2）两位教师所拟定和实施的行动方案紧密关照了初期调查中确认的一系列问题，且参阅了相关理论和前人已有的研究成果，确保了行动的针对性和有用性。（3）两位教师根据自己的研究需要，充分考虑学生学段特点，采用丰富多样的方式收集了大量来自学生学习和教师行动与思考的数据，并在数据分析的基础上如实评价成效，理性反思问题，避免了主观臆断。（4）在研究阶段性结束之际，两位教师都发现了教学实践中的新问题，并计划继续探索和改进。行动研究引领教师进入专业可持续发展的模态之中。

6.6 研究资源

6.6.1 推荐书目

Baumfield, V., Hall, E., & Wall, K. (2013). *Action research in education: Learning through practitioner enquiry.* London: Sage.

Burns, A. (2011). *Doing action research in English language teaching: A guide for practitioners.* Beijing: Foreign Language Teaching and Research Press.

Elliott, J. (1991). *Action research for educational change.* Milton Keynes: Open University Press.

Farrell, T. S. C. (2013). *Reflective practice: Reawakening your passion for teaching.* Beijing: Foreign Language Teaching and Research Press.

Hopkins, D. (1985). *A teacher's guide to classroom research.* Bristol: Open University Press.

Kumaravadivelu, B. (2012). *Language teacher education for a global society: A modular model for knowing, analyzing, recognizing, doing, and seeing.* New York: Routledge.

McNiff, J. (2010). *Action research for professional development: Concise advice for new and experienced action researchers.* Poole: September Books.

McNiff, J. (2013). *Action research: Principles and practice* (3rd ed.). New York: Routledge.

McNiff, J., & Whitehead, J. (2009). *Doing and writing action research.* Thousand Oaks: Sage.

McNiff, J., & Whitehead, J. (2011). *All you need to know about action research.* London: Sage.

Stenhouse, L. (1975). *An introduction to curriculum research and development.* London: Heinemann.

Wallace, M. J. (1997). *Action research for language teachers*. Cambridge: Cambridge University Press.

陈向明，2000，《质的研究方法与社会科学研究》。北京：教育科学出版社。

霍莉、阿哈尔、卡斯滕，2013，《教师行动研究（第 3 版)》(祝莉丽、张玲、李巧兰译)。北京：中国人民大学出版社。

刘良华，2002，《校本行动研究》。成都：四川教育出版社。

马克斯威尔，2007，《质的研究设计：一种互动的取向》。重庆：重庆大学出版社。

申继亮，2006，《教学反思与行动研究：教师发展之路》。北京：北京师范大学出版社。

王蔷，2002，《英语教师行动研究》。北京：外语教学与研究出版社。

王蔷、张虹，2012，《高校与中学英语教师合作行动研究的实践探索——在实践中研究，在研究中发展》。上海：上海教育出版社。

王蔷、张虹，2014，《英语教师行动研究——从理论到实践（修订版)》。北京：外语教学与研究出版社。

叶澜，1999，《教育研究方法论初探》。上海：上海教育出版社。

郑金洲，2004，《行动研究指导》。北京：教育科学出版社。

6.6.2　重要期刊

Action in Teacher Education

Action Learning: Research and Practice

Action Research International

Applied Linguistics

Educational Action Research

ELT Journal

Language Learning Journal

Language Teaching Research

Teaching and Teacher Education

Teacher Development

TESOL Quarterly

《外语教学理论与实践》

《课程·教材·教法》

《中国外语教育》

《中小学外语教学》

《中小学英语教学与研究》

《基础英语教育》

《现代中小学教育》

6.6.3 网站

（1）http://www.actionresearch.net/ 英国利物浦赫普大学教授 Jack Whitehead 的行动研究网站，系统介绍了行动研究理论与实践，为初作行动研究、有经验的行动研究者和致力于教师专业化发展的各方教育研究人员提供了很多资源链接。

（2）http://www.jeanmcniff.com/ 英国约克圣约翰大学教授 Jean McNiff 的主页，主要为教育、医护及管理与领导学中职业教育课程提供参考资料。

（3）http://resources.educ.queensu.ca/ar/ 依托于加拿大安大略省皇后大学的行动研究网站，给出了皇后大学行动研究活动及相关论文的网站链接。

（4）https://www.socialpublishersfoundation.org/ 采用众筹（crowdfunding）模式，为全世界实践研究者提供资金支持、成果在线发表与交流机会的非盈利网站。

（5）更多网络资源可参考 http://www.emtech.net/actionresearch.htm。

参考文献

Allwright, D. (2003). Exploratory practice: Rethinking practitioner research in language teaching. *Language Teaching Research, 7* (2), 113-141.

Borg, S. (2009). English language teachers' conceptions of research. *Applied Linguistics, 30* (3), 358-388.

Clandinin, D. J. (2006). Narrative inquiry: A methodology for studying lived experience. *Research Studies in Music Education, 27* (1), 44-54.

Collier, J. (1945). United States Indian Administration as a laboratory of ethnic relations. *Social Research, 12* (3), 265-303.

Corey, S. (1953). *Action research to improve school practices.* New York: Bureau of Publications, Teachers College, Columbia University.

Dewey, J. (1929). *The quest for certainty: A study of the relation of knowledge and action.* New York: Minton, Balch & Company.

Elliott, J. (1976). Developing hypothesis about classrooms from teachers' practical constructs: An account of the Ford Teaching Project. *Interchange, 7* (2), 2-22.

Freeman, D. (1998). *Doing teacher research: From inquiry to understanding.* Pacific Grove : Heinle & Heinle.

Hopkins, D. (1985). *A teacher's guide to classroom research.* Philadelphia: Open University Press.

Johnson, K., & Golombed, P. (2002). Inquiry into experience: Teachers' personal and professional growth. In J. Richards (Ed.), *Teachers' narrative inquiry as professional development* (pp. 1-15). Cambridge: Cambridge University Press.

Kemmis, S., & McTaggart, R. (1982). *The action research planner.* Geelong, Victoria: Deakin University Press.

Kumaravadivelu, B. (2012). *Language teacher education for a global society: A modular model for knowing, analyzing, recognizing, doing, and seeing.* New York: Routledge.

Lewin, K. (1946). Action research and minority problems. In G. W. Lewin (Ed.), *Resolving social conflicts* (pp. 201-216). New York: Harper & Row.

McNiff, J. (1988). *Action research: Principles and practice.* London: Mcmillan Education.

McNiff, J. (2010). *Action research for professional development: Concise advice for new and experienced action researchers.* Poole: September Books.

McNiff, J. (2013). *Action research: Principles and practice* (3rd ed.). New York: Routledge.

McNiff, J., & Whitehead, J. (2009). *Doing and writing action research.* Thousand Oaks: Sage.

McNiff, J., & Whitehead, J. (2011). *All you need to know about action research.* London: Sage.

Neilsen, E. H. (2006). But let us not forget John Collier: Commentary on David Bargal's "Personal and intellectual influences leading to Lewin's paradigm on action research". *Action Research, 4* (4), 389-399.

Nunan, D. (1990). The teacher as researcher. In C. Brumfit, and R. Mitchell, (Eds.). *Research in the Language Classroom* (pp.16-32). London: Modern English Publications.

Nunan, D. (1997). Standards for teacher-research developing standards for teacher-research in TESOL. *TESOL Quarterly, 31* (2), 365-367.

Schön, D. A. (1983). *The reflective practitioner: How professionals think in action.* New York: Basic Books.

Stenhouse, L. (1975). *An introduction to curriculum research and development.* London: Heinemann.

Stenhouse, L. (1983). Research as a basis for teaching inaugural lecture, University of East Anglia. In L. Stenhouse (Ed.). *Authority, education and emancipation* (pp. 177-195). Portsmouth, NH: Heinemann.

Wallace, M. J. (1987). A historical review of action research: Some implications for the education of teachers in their managerial role. *Journal of Education for Teaching, 13* (2), 97-115.

Whitehead, J., & McNiff, J. (2006). *Action research: Living theory.* London, Thousand Oaks, New Delhi: Sage.

Yayli, D. (2012). A hands-on experience of English language teachers as researchers. *Teacher Development, 16* (2), 255-271.

Zuber-Skerritt, O (Ed.). (1996). *New directions in action research.* London: Falmer Press.

陈芳，2012，影响高中英语教师行动研究的学校环境因素，《中国教师》(5)，53-57。

陈向明，2000，《质的研究方法与社会科学研究》。北京：教育科学出版社。

霍莉、阿哈尔、卡斯滕，2013，《教师行动研究（第3版)》(祝莉丽、张玲、李巧兰译)。北京：中国人民大学出版社。

教育部，2003，《普通高中英语课程标准（实验)》。北京：人民教育出版社。

教育部，2012，《义务教育英语课程标准（2011年版)》。北京:北京师范大学出版社。

李方安，2009，二十世纪西方教师研究运动发展脉络与启示，《华东师范大学学报（教育科学版)》(4)，24-29/41。

刘良华，2002，《校本行动研究》。成都：四川教育出版社。

钱小芳、马欣，2014，如何撰写行动研究报告，《中小学外语教学（中学篇)》(10)，46-封三。

申继亮，2006，《教学反思与行动研究——教师发展之路》。北京：北京师范大学出版社。

王蔷、胡亚琳，2014，通过开展行动研究做研究型外语教师，《中小学外语教学（中学篇)》(1)，1-6。

王蔷、张虹，2012，《高校与中学英语教师合作行动研究的实践探索——在实践中研究，在研究中发展》。上海：上海教育出版社。

王蔷、张虹，2014，《英语教师行动研究——从理论到实践（修订版）》。北京：外语教学与研究出版社。

王蔷、张文华、林周婧，2010，高校与基础教育教师合作行动研究的实践探索，《课程·教材·教法》(12)，87-93。

郑金洲，2005，《教师如何做研究》。上海：华东师范大学出版社。

中小学教师专业发展标准及指导课题组，2012，《中小学教师专业发展标准及指导（英语)》。北京：北京师范大学出版社。

第七章　职前教师教育

程晓堂　栗娜　北京师范大学外国语言文学学院

7.1 引言

近年来，随着我国改革开放的不断深入，国家和社会需要更多的高水平外语人才。整个社会都在思考如何提高外语教学的效果。在这种背景下，培养出优秀的外语教师就显得至关重要，我国的外语教师职前教育面临着巨大的机遇和挑战。

职前教师教育（pre-service teacher education）是教师教育与专业发展的重要组成部分，也是教师成长的重要阶段。具体来说，职前教师教育是指"要求学生教师（student-teachers，即师范生）在开始教学生涯之前所需要完成的课程……通常包括向未来的教师传授最基本的教学技巧，帮助他们获得教学和学科内容方面知识"（Richards, Platt, & Platt, 2000）。在中国，外语教师的职前教育通常由师范院校的外语专业承担，也有部分综合性院校开设了师范教育课程。一般来说，师范教育是指本科阶段的教师教育。很多师范生本科毕业以后到中小学任职。研究生阶段的教育并没有专门的师范专业。有些院校的研究生专业含有外语教学研究方向，该方向的毕业研究生也有到中小学和高校担任外语教师的。在国外，职前外语教师教育往往由综合性大学的教育学院提供。接受外语教师教育的学生一般已经获得学士学位，在完成教师教育后，他们通常会获得硕士学位。

外语教师是一个职业化很高的行业，这在国际上已经得到了广泛的共识。所谓职业化可以包含三层意思。首先，外语教育具有很强的专业性；其次，从业者需要具备专业的知识储备和实践经验；第三，这个行业有严格的职业准入标准（Burns & Richards, 2009）。通过职前教育，学生教师在进入外语教育这一行业的时候，已经具备了一定的学科知识和基本的教育教学技能，并且达到一定的标准，从而为他们将来进一步的专业发展提供了可能性。为了提高外语教学水平，进一步深化外语教学领域的改革，外语教师的职前教育是十分值得研究者关注和进行探索的领域。

本章将详细介绍外语教师职前教育领域的重要理论和研究。我们将从研究脉络、研究方向和成果、热点研究问题等几个方面介绍职前外语教师教育研究的概况。最后列出一些研究资源，包括各类经典书目和期刊等，供读者作扩展阅读之用。

7.2　研究脉络

外语教师教育理论和研究实践的发展，在不同的阶段呈现出不同的特点。需要指出的是，现代外语教育和教师教育都发源于西方，中国的现代外语教学和教师教育开始得相对较晚。因此，在梳理职前外语教师教育研究发展的脉络时，我们要更多地涉及西方（特别是美国）的理论和研究成果。

下面将按照时间顺序梳理职前外语教师教育的主要发展阶段，着重介绍各个阶段的理论特征、研究方法和研究成果。

7.2.1　二战前

在 19 世纪末 20 世纪初的西方（特别是美国），教师的社会地位极低，属于低收入群体，通常是大学毕业生在一时找不到理想工作的情况下暂时停留的避风港。一旦有更好的工作机会，他们往往会毫不犹豫地离开教师岗位。即使是师范学校的毕业生也并不能安心教学工作（孙曼丽，2012）。因此，高素质的大学毕业生根本不愿意成为教师，人们普遍认为只有那些最不成材的人才会去当老师。当时的西方教育界还延续着中世纪以来的教师教育观念，即认为大学毕业生，不论专业背景，根本无需接受特别的教学方法培训，就可以胜任教师的岗位，根本不承认教师这一职业的专业性。很多人认为好教师是天生的，而不是后天培养的，是与生俱来的能力（self-made），所以根本不需要正规的外语教师教育。很多人认为，教师最重要的素质是个人的"性情品格"（Schulz，2000）。在这一时期外语教育领域占主导位置的教学方法是"语法—翻译法"，枯燥单调、一成不变的教学模式使许多学习者都失去了学习外语的兴趣。

进入 20 世纪后，特别是第一次世界大战之后，随着国际交往的日益密切，世界各国（特别是西方）的外语教育进入了一个新的时期。外语学习者的数量空前增长，社会对外语教师的需求达到了一个前所未有的水平。为了应对这一局面，提高外语教学质量，培养更多的优秀外语人才，曾经长期被忽视的外语教师教育开始受到关注。以此为契机，很多师范学校都升级为师范学院（teacher colleges），当时几乎所有的中等教育机构都提供了各种"现代外语教学方法论课程"，这被认为是现代外语教师教育正式形成的标志（孙曼丽，2012）。

这一阶段的外语教师教育主要关注和反思职前教育中课程设置的问题。当时的大学和文理学院的研究者普遍认为外语教师的语言能力是最核心的素质，而且这种语言能力主要表现为对文学作品的理解和欣赏能力，所以在课程设置方面，语言类课程占据了绝对优势。例如，Johnston（1918）认为，外语教师所最应具的素质便是标准的发音，而且，职前教师教育还应该包括文学和文化史的内容，教材的内容必须包括文学。Aron（1922）则指出，学生教师应该学习语音、语法、语言史和心理学，只有当外语教师具有很高的语言技能时，外语教育的专业性才能得到确立。

与此同时，教学技能方面的课程开始出现在外语教师教育中，通常还包括课堂观摩、同伴教学以及时长二至五小时的教学实习（Johnston，1922）。很显然，这种教学方法的学习，无论是从时间的长度还是内容的深度来看，都是远远不够的，与这一时期对语言技能的重视程度形成了鲜明的对比。当然，由师范学校升级而来的师范院校在培养外语教师的时候，确实提供了教育理论和教学技能方面的培训，不过当时的教育类课程理论性过强，实践性不足，学生教师很难真正从中受益（孙曼丽，2012）。当时大多数的大学和文理学院也不认可师范院校的做法，认为师范院校根本没有能力培养合格的外语教师。

这个时期曾经开展过一项著名的现代语言教学研究（"现代语言"即英文里的 modern languages，指拉丁语、希腊语之外的主要语种，如法语、德语、西班牙语等），其中的一个目标就是研究外语教师教育的地位和发展水

平，包括对新教师的最基本的要求和外语教师培训中所应提供的课程等方面
（Crawford，1924）。这项研究的调查对象为外语教师，其授课的对象包括从小
学生到研究生的各个阶段，涉及多种语言。这项研究的结果表明，在保证语言
和文学课程的学时之外，职前教育还应该为外语教师提供海外留学的机会和至
少为期一学期的实习，外语教师最好由外语系和教育系联合培养。

这项规模浩大的研究的另一项贡献是在研究方法上的突破。它摒弃了外语
教师教育研究领域中曾经泛滥的轶事证据（anecdotal evidence），开创了以数
据——特别是定量数据——为导向的研究思路（data-driven approach）（Schulz，
2000）。例如，新罕布什尔州在 1935 年对外语教师的调查中就采用了大量的定
量数据（Parker，1935）。职前外语教师教育领域的研究也因此更具有科学性。

7.2.2 20 世纪 40 年代到 60 年代中期

第二次世界大战期间，为了战争的实际需要，美国政府大量培训外语人
才，因此对优秀外语教师的需求量增大。同时，由于战时的紧迫性，人们更希
望新教师在执教之初便已经掌握了从事这项工作所需要的一切语言技能和教学
技巧。这样的局面一直延续到了战后。在冷战期间，为了在全球范围内与苏
联争夺世界霸权，1958 年，美国颁布了《国防教育法》（*The National Defense
Education Act*），以立法的形式规定了联邦政府必须保证对教育事业的资助和投
入，现代外语与自然科学和数学一起，被认为对美国的国家安全至关重要，因
此被列为重点支持的对象。在这种背景下，外语教师教育，特别是职前外语教
师教育，得到了极大的发展，相关研究不断涌现。

经过之前几十年的发展，到二战前，美国的职前外语教师教育在课程设置
方面已经初步建立起了自己的框架，但从全国范围内来看，外语教学的方法论
方面的课程仍然没有得到应有的重视，甚至在一些大学的外语教师教育课程中
仍然不是必修课（Owens，1942）。为了改变这一局面，在职前培训的过程中，
教育者开始在教学法课程中更多地强调外语教育所特有的理念和技巧。

Thomas（1954）在调查了 431 位教学法课程任课教师后发现，他们的学
生高度肯定了课程的重要性，认为这种体现了外语教学独有特点的教学技能训

练，是整个职前培训过程中最重要、受益最大的部分。Furness（1949）针对职前外语教师教育课程中的教学方法课程的教学内容提出了 11 项建议，提出学生教师应该具有选择和评判教学内容和教学思路的能力，能够正确理解教学大纲，并且提出学生教师应该懂得在语言教学实践中进行研究的方法和相应的学术规范。Brooks（1966）更是提出要建立一个全新的职前外语教师教育培训的体系，包括学生教师的选拔、入学标准、职前培训课程大纲、教师资格证明、实习和教师职业道德规范等。

不难看出，这一阶段的职前外语教师教育的内容更加全面，课程设置的体系也更加完善。这些研究表明，随着外语教育的黄金时代的到来，外语教师教育，特别是职前外语教师教育，无论在课程的设置方面还是研究的广度方面，较前一阶段都有了很明显的提升。Schulz（2000）在统计后发现，在这 20 多年的时间里，*The Modern Language Journal* 共刊登了 50 余篇外语教师教育的研究论文，为历史最高水平。然而，这个时期许多研究提出的建议意见往往是空中楼阁，虽然似乎很有道理，但研究者并没有提出切实可行的计划，也没有提供具体的评价标准。

7.2.3 20 世纪 60 年代中期至 80 年代中期

1966 年，美国现代语言协会（Modern Language Association，简称 MLA）在其发行的 *The Modern Language Journal* 的教师教育专刊上发布了《现代外语教师教育培养方案指南》（*Guidelines for Teacher Education Programs in Modern Foreign Languages*，以下简称《指南》），这是美国外语教育史上有关外语教师教育的第一份完整翔实的纲领性文件，包括美国中小学的外语教师的能力标准和美国中小学外语教师的培养方案标准。《指南》得到了当时的美国外语教育界和教师教育界的支持。受此影响，这一时期的美国外语教师教育，开始更多地关注学生的能力，认为学生教师修得学分的多寡并不能代表其能力的高低（Freeman，1966）。教师教育者和研究者都开始关注如何使学生教师在进入教学岗位时，通过各项考试，以表明自己具备了要求的各项能力。这也是美国以能力为本位（competency-based teacher education）的外语教师教育的开始。

以能力为导向的职前外语教师教育体系，其前提是要系统分析各种教师行为（teacher behavior），判断教学方法孰优孰劣，明确为了实现教学效果而必须采取哪些相应的行为（Lee，1973）。在职前教师培训中，那些"好的、有效的、科学的"教学法受到推崇和大力推广，而那些"不好的、不太有效的、不科学的"教学法遭到冷落和唾弃（张莲，2008）。这个时期的研究者认为，教师教育课程的目标应具有可测量性和可操作性，须详细指出在某种具体的环境中应该采取哪种相应的教学方式，包括对各种可观察到的教师行为进行描述（Banathy，1968；Madsen，1975）。

但是，就外语教师的能力应该包括哪些部分、应该如何考察等问题，研究者并没有取得一致意见（Moskowitz，1976）。因此，在课程内容的设计方面，职前教育并没有取得太多的突破和改变。研究者仍然认为职前外语教师教育花在语言技能上的时间过多（Gaarder，1976），仍然建议要资助学生教师去海外生活、甚至工作（Barruitia，1971；Freeman，1971）。而且，正如 Richards（1987）所指出的，在职前教育中，确实可以同时运用一些很简单的技巧来促使学生教师的行为发生变化，但是由于外语教学本身的复杂性，这些变化并不代表学生教师教学效果的提升。因此，到了这个阶段的后期，研究者和教育者开始质疑这种研究和教学思路的有效性。这一时期出现的相关研究，使外语教师教育实证研究的特点开始鲜明起来，改变了以前描述性研究居多的局面。不过，令人遗憾的是，同前一个高速发展的时期相比，这一时期的研究无论在数量还是质量上都没有太多亮眼的表现，研究成果的影响力有限，且创新性不足（Schulz，2000）。

7.2.4　20 世纪 80 年代中期至今

在经过了一段时间的沉寂之后，从 20 世纪 80 年代中后期开始，外语教师教育迎来了高速发展的时期，涌现了许多新的研究思路和方法。

首先，从这一阶段开始，教师发展（teacher development）这一概念开始成为主流，认为学生教师应该是教师教育的主体，他们并不是被动地接受培训，而且教师的发展是一个持续的过程，并不因职前教育的结束而画上句号，教师在入职之后，应该具备对教学进行反思和研究的能力（贾爱武，2005）。这就对我们的职前教育提出了新的要求。以往的职前教育只要集中精力确保学生教师在进入教学岗位之前掌握了足够的知识和技能，而教师发展的概念决定了在传统的语言技能训练和教学素养培养之外，还要着重培养学生教师具备自主发展的能力，即反思自己的教学、发现存在的不足并找出相应的解决方法的能力。并且，教师发展这一概念决定了教师专业发展的过程应该是不断循环的过程，职前外语教师教育也必须帮助学生教师们认识到这一点，真正具有不断探索不断发展的精神，而不能认为自己得到一张毕业证书或教师资格证就万事大吉。所以，职前外语教师教育的任务不是变得次要了，而是变得更加重要了，需要教育者真正从学生教师的需要和未来教学的需要出发，培养出具备自主发展能力的合格的外语教师。

其次，这一时期的外语教师教育受到了社会文化理论的影响。其核心是，人类的学习是一种动态的社会活动，发生于具体的社会环境之中，而且因人、因工具、因活动而异（Rogoff，2003；Vygotsky，1978）。学生教师在接受职前教育之前，在接受正规学校教育的过程中，他们已经对语言教学和学习、课堂的管理、教学决策等方面形成了自己的理解。这意味着不同国家地区的学生教师所具有的经历和将要面对的课堂环境都会有很大的差异，像过去那样直接引进别国的理论、照搬别国的模式显然是行不通的。因此，全世界各国都在研究如何更好地开展职前外语教师教育。以 *TESOL Quarterly* 为例，从 1990 年到 2012 年间，其刊登的关于（除美国之外的）其他国家和地区的职前外语教师教育的文章就有八篇，包括波多黎各（Resnick，1993）、南非（Samuel，1998）、中国香港（Flowerdew，1999）、沙特（Al-Hazmi，2003）、乌干达（Tembe，2006）、阿联酋（Clarke，Ramanathan，& Morgan，2007）、泰国（Phairee et al.，2008）。正是由于全世界各地的研究者和教师都参与到对职前外语教师教育的研究和实践中来，这一个时期堪称职前教育的第二个黄金期，涌现出了很多新的研究，极大地拓展了业界对职前外语教师教育的理解。

最后，这一时期的研究方法和视角出现了一些变化。以往的研究多采用实验或调查的方法，而现在研究者们开始应用新的研究方法，如叙事研究、人种志研究和行动研究。叙事研究主要分析叙事材料，例如，可以用这种方法分析职前教师的先验知识或其对教师身份的理解（Golombek & Johnson，2004）。而在人种志研究中，研究者与被研究对象一起"生活"一段时间，通过观察、参与日常活动、倾听和谈话等方式理解作为研究对象的文化的意义，研究过程即研究结果（张莲，2008）。这种研究方式较为新颖，成本较高，但有巨大的潜力，可能会改变我们的教师教育研究方法（Toohey，1995）。行动研究一方面是教师教育者为了改善自己的教学效果或解决实际的教学困境而主动进行的研究，另一方面也包括职前教育中对学生进行行动研究的指导方面的内容。

7.3 主要研究方向和成果

现代外语教师教育，特别是职前教育，作为一项教育实践，已经存在了近一个世纪，但从前面的研究脉络中不难看出，20 世纪 60 年代之前的职前外语教师教育研究，多以理论阐述或描述性统计为主。从 60 年代开始，特别是进入 90 年代之后，受到语言学、应用语言学和教育学发展的影响，特别是二语习得领域的出现和蓬勃发展，职前外语教师教育才开始出现定性或定量的实证研究。本节将结合具体的研究成果，讨论职前外语教师教育领域中的主要研究方向和成果。

7.3.1 职前外语教师教育中理论和实践的关系

7.3.1.1 理论在职前教育中的地位

早期的职前外语教师教育主要是向学生教师传授各种理论知识，以指导他们将来的教学实践。然而，这个"理论—实践"的模式往往不过是空中楼阁（Clarke，1994）。职前教师教育课程中提供的理论知识同现实的外语教学实际相脱节；新入职教师经常抱怨他们在大学的职前教育课程中学了太多的理论，却没能积累教学经验；中小学的管理者发现新教师缺乏将所学的理论运用到教学中的能力（Johnson，1996a）。因此，许多研究者提出，尽管语言学理论和二语习得理论对职前教师的成长很重要，但仅仅学习"语言是什么"和"语言是如何习得的"等理论知识是无法转换为有效的外语教学实践的（Freeman & Johnson，1998）。从某种程度上说，理论（特别是语言学理论和二语习得理论）的地位有被边缘化的趋势（Yates & Muchisky，2003）。

但是，如果职前外语教师教育不再关注理论，把学科内容知识（即外语和外语教学理论）从大纲中删除，外语教师和外语教学的独特性也将不复存在（Tarone & Allwright, 2005），或者将削弱外语教师的权威性和专业性（Widdowson，2002）。同时，职前外语教师不仅仅是语言学习者，职前教育应该首先认识到，他们最重要的任务是学习成为一名合格的教师，他们最应该关注的是教学本身。对每一个即将成为教师的人来说，系统地思考教育的原则和目的、教学的过程，理解教育的本质，是必不可少的（苗学杰，2012）。而任何一项针对教师教育的研究，其背后都必然有自己的理论基础（Freeman & Richards，1993）。

7.3.1.2 实践在职前教育中的地位

职前教师教育中一个不可缺少的组成部分是教育实践，即让准教师在大学的模拟环境中开展教学活动或者安排准教师到真实的中小学中进行实际教学活动（苗学杰, 2012）。这里的实践主要是指广义的教育实践，涵盖了准教师成为真正教师之前所进行的一切实践活动，包括对经验教师的观察观摩和微格教学中的角色扮演等较强模拟性实践活动。

通过开展教学实践，职前教师所学到的理论才能变成现实，他们才有可能真正理解这些理论；同时，有了理论指导，教师所获得到的经验知识（experiential knowledge）才会有机会转化成教师个人的教学理念，成为其将来教学和研究的基础。因此，不应该纠结职前外语教师是否应该学习或者在多大程度上学习各种理论（如二语习得理论），而应该将重点放在如何帮助学生教师将理论和实践相结合，真正理解所学到的理论（Johnson，2006）。

教师的个人教学实践，来自于特定的教学环境，针对特定的教学对象，强调实践的重要性，并把实践经验理论化。这与传统的职前外语教师教育强调将理论转化为实践的理念正好相反。这就意味着研究者和教师需要分析大量的优秀教师的个性化教学实践，在此基础之上找出最理想的教学方法，并将其运用到不同的教学环境中去（Edge & Richards，1998）。

7.3.1.3 理论与实践的关系

基于上述对理论和实践在职前外语教师教育中的地位和作用的讨论，我们在考察二者关系的时候，需要把它们联系起来，因此外语教师教育领域引入了理论化实践（praxis）的概念（Edge & Richards，1998）。它强调理论和实践相辅相成，相互转化，共同为教师的教学服务，虽然其中包含了很多经验性的知识，但它的组织架构和转换过程都有赖于理论的支持（Johnson，2006）。

理论化实践意味着教师不再仅仅是理论的被动接受者，他们也在主动地使用和创造自己的理论，以更好地促进自己的教学实践。在这种视角下，在职前外语教师教育中，教师教育者和学生教师可以就某一个教学问题收集数据，考察其态度、信念、观念和具体的教学实践，并利用所获得的信息作为批判性教学反思的基础（Richards & Lockhart，1996）。

7.3.2 职前外语教师教育的大纲

由于外语教师教育受到语言学、二语习得理论、教育学等多种理论的影响，制定职前外语教师教育的大纲时，必须全面考虑各学科之间的关系、职前教育所处的特定的社会文化环境以及教学工具，以最大限度地保证职前教师真正学习到了教学相关的内容。在设计职前教育的教学大纲时，需要考虑学生教师的特点、教师教育者的特点、教学的方法和路径以及对教学效果的评价方式。

Graves（2009）提出，设计职前教师教育的教学大纲需要完成五项任务：（1）对学生教师进行需求分析（need analysis），以了解他们想学什么；（2）分析职前课程所处的环境（context analysis），以保证制定的大纲不会脱离实际；（3）明确职前教育课程的教学目标，即学生教师们应该学习什么或应该达到什么样的水平；（4）找出前两者之间的差距，即确定教学内容（what）以及相应的教学方法（how）；（5）确定评价教学效果的方法。

针对职前外语教师教育大纲的研究，有的集中于探讨大纲应该包括哪些课程以及大纲的执行效果。例如，张颖、王蔷（2000）为了比较全面地了解我国师范大学/学院师资培养模式的基本情况，调查了全国74所师范院校的英语语言文学专业，通过调查问卷和访谈，她们发现，许多师范院校本科英语专业四年学时的绝大部分都分配给了与语言技能相关的课程，而教学理论、方法、技巧等相关的课程占总学时不到三分之一的比例。这样的研究结果也被邹为诚（2009）所证实，许多师范院校将大量的资源用在开设"一般性的教师教育"课程上，而这些课程与外语教学的专业特殊性并没有直接的密切关系，简单地把外语师范专业等同于"外语专业"加上"教育学、心理学知识"是不科学的。事实上，我国大部分院校并没有专门的外语师范专业的课程大纲。

同时，为了制定职前外语师范专业的课程大纲，必须了解外语教师的知识结构（knowledge base）。Shulman（1987）认为教师的知识结构包括以下七类知识：(1) 学科知识（content knowledge），(2) 普通教学知识（general pedagogical knowledge），(3) 课程知识（curriculum knowledge），(4) 学科教学知识（pedagogical content knowledge），(5) 学习者及学习特点知识（knowledge of learners and their characteristics），(6) 教育环境知识（knowledge of educational contexts），(7) 教育目标、目的、价值观及其哲学和历史背景（knowledge of educational goals, purposes, values, philosophy and history）。Freeman & Johnson（1998）还强调，新的知识结构必须关注教学活动本身，围绕教师这一开展教学实践的人，了解教学环境和教学方法。这些方面对于制定课程大纲的意义重大，需要我们进行更多的研究。

7.3.3 职前外语教师教育中的实习

外语教学法课程和教育实习（practicum）共同构成了普通高等师范院校外语教师教育专业课程的主体（张颖、王蔷，2000）。教育实习就是狭义的教学实践，是指准教师进入实习学校之后，在指导教师和合作教师指导下开展的独立教学和班级管理活动，是培养职前教师具备最基础的执教能力的关键环节。教育实习的形式一般包括课堂教学、自我观摩、观摩他人教学、利用教学日志进行反思和参加学术沙龙的讨论等，内容一般包括教师教育者的指导（supervision）、系统的课堂观摩（observation）和熟悉特定的教学环境（Gebhard，2009）。而教育实习的目标一般包括：（1）获得实际课堂教学经验；（2）将之前学习到的理论知识和教学理念运用到实践中去；（3）通过教学观摩向其他有经验的教师学习；（4）提高教学环节设计的技巧；（5）掌握选择、改变、研发原创教学材料的技巧（Richards & Crookes，1988）。通过教育实习，学生教师可以检验、修正自己的教学理念，反思自己的教学理念和教学过程，完成从"学生"到"教师"的角色转换。他们可以更全面深入地理解什么是教学，自己是什么样的教师，怎样才能得到学生的配合，怎样才能完成教学目标，如何实现教学效果的最优化等等。

为了使教育实习的效果最大化，很多研究机构和研究者都进行了大量的创新和尝试。Flowerdew（1999）介绍了香港城市大学三年制的英语教师本科课程，其中包括关于语言教学理论和方法论、语言学和语言技能等方面的理论课程，以及分阶段的教育实习。在第一年的时候，学生教师观摩真实的课堂录像，之后以小组的形式进行教学反思。第二年，他们有机会进入真正的中学英语课堂开展实习，他们将在中学教师的指导下进行课堂观摩和授课。而到了第三年，他们将会再次回到中学课堂进行一次短期的教学实践，指导教师包括一位大学教师和合作学校的一位中学教师。通过教育实习，学生教师体验到在教学实践中可能遇到的困难，也明白了如何找到相应的解决措施。但在学生教师毕业后的后续调查中发现，学生在职前中学到的教学理念以及在教育实习中形成的交际性教学策略并没有体现在新教师的实际教学中。为了解决这个问题，Flowerdew（同上）指出可以利用包括网络资源在内的一些途径持续为毕业生提供教师指导，或将学制从三年延长至四年，以便留给学生更多的教育实习时间，使他们在走上真正的教学岗位时准备得更充分。类似的教育实习也出现在美国俄勒冈州立大学 ESOL 课程中，实习紧密贯穿整个教育课程，分多个学期进行，在此过程中学生教学的知识、理念和技巧都得到了发展，而且强调利用档案袋作为衡量学生教师发展的评价手段（Stoynoff，1999）。这些都是对教育实习内容和形式的不断创新。

研究者也十分关注教育实习和学生教师的理念之间的关系。例如，Farrell

（2007）指导了一名职前教师 Ho"再实习"的过程，她在第一次教育实习中被认定为不及格。通过课堂观摩、教学日志和交流，Farrell 找出 Ho 的教学理念，包括学徒观察（像我的中学老师那样教学）、教学设计（不计一切代价完成教案）和迎合原则（给课堂观摩者看他们想看到的东西），并指出我们必须鼓励职前教师在实习开始前说出自己对实习的期望，并且在整个实习过程中引导他们对自己的期望不断进行批判性的反思（同上：200）。相似地，Johnson（1996b）也记录了一名职前外语教师的教育实习经历，这位教师对语言教育和学习的理念，决定了她是如何了解自己的教师身份的。

7.4 热点问题

职前外语教师教育已经进入了有史以来最好的发展时期，创新性的研究层出不穷。本节将着重指出近年来本领域中出现的几个热点问题，可以作为未来的研究方向。

7.4.1 学生教师对职前教师教育的评价和反馈

在外语教学中，学生是教学的中心；而在职前外语教师教育课程中，学生教师就是教学的中心。因此，他们对职前教育课程的评价和反馈对不断完善之前外语教师教育课程、提高教学效果十分重要。

如果能够在设计职前教育课程的时候，充分考虑到学生教师的认知和心理特点，认真听取他们的意见，职前教育的效果无疑将得到极大的提升。例如，Wilhelm（1997）在尝试阶段吸取受训教师对 TESOL 课程中合作学习模式的反馈，并针对他们的困惑和觉得有压力的部分进行修正，然后再重新开展合作学习。事实证明，这样的做法能够提高职前外语教师教育的效果。Brandl（2000）调查了 56 名教授外语课程的助教（teaching assistant）。结果显示，他们认为在所有的培训中，职前教师培训对教学工作意义最大，帮助他们在开始教学的时候准备得更加充分，特别是对方法论方面的培训，使他们受益颇多。

7.4.2 非母语外语教师：对职前教育的要求和启示

随着全球化进程的不断深入，外语学习特别是英语学习已经成为世界各国教育体系中非常重要的一环。不同于英国、美国等以英语为母语的国家，或印度、新加坡等以英语为官方语言的国家，包括我国在内的大多数国家的外语教师，其主体必然是来自本土的非英语母语者（NNES）英语教师。

外语教师对自己的信心很大程度上取决于自己的外语水平，因此在对NNES 教师的职前教育中，语言能力的培养十分关键。事实上，在部分教师教育者和语言学习者看来，NNES 准教师最大的短板就是语言能力不足，他们的优势在于更了解学生的学习困难，学生也更容易接受他们的教学，以及沟通更加顺畅（Ma，2012；Nemtchinova，2005）。而以英语为本族语者的英语教师，他们在非英语国家任教时，他们的执教能力和教学经验往往受到 NNES 教师的质疑（Trent，2012）。

毋庸置疑，准外语教师必须具备较高的外语水平，如此，他们对自己才能充满信心，从而减轻新教师的不安全感，保证教学的顺利进行，赢得学生的信任（Seidlhofer，1999）。研究表明，NNES 教师认为职前教育中最重要的收获就是英语水平的提高，语言技能课程的重要性远远高于教学理论和方法论方面的课程（Murdoch，1994）。但是，外语教师的专业性还体现在他们对教学过程、语言知识、学生、教师和教学环境等不同方面的了解，语言能力不代表全部。因此，在帮助学生教师发展语言能力的同时，职前教育也要强调，他们也是这门语言的主人，是合格的外语教师，从而帮助其正确认识自己的职业身份并树立自信心。

研究者建议，在对本土外语教师进行培训的时候，更要充分考虑本土外语教师的特点，注重培养其职业身份的认同感和自信心，帮助学生教师平衡理想的教学理念和社会现实（Kamhi-Stein，2009）。

7.4.3 职前外语教师教育中信息技术的应用

现代科技，特别是互联网的出现，改变了我们的世界，也同样正在深刻地改变我们的外语教师教育。先进技术的广泛应用，不仅丰富了职前外语教师教育的内容，也为职前教育的模式和架构提供了更多的可能性。

通过利用信息技术，学术知识的传播可以更加的便捷和经济，而且我们的准教师可以有机会同全球各地的准教师和入职教师进行交流，这有利于职前外语教师国际视角的形成和确立。其中，在线讨论（on-line discussion）对职前教育的影响是被讨论得比较多的一个话题。通过在线讨论，学生教师可以构建其自身的职业身份，而在现实生活中这可能并不容易实现；学生教师和教师教育者都有机会发表更多的意见，也更多地倾听别人的声音；形成集体学习的氛围，共同进行教学反思；时间也更自由（Hall & Knox，2009）。曾有研究者调查了一门教学法课程的在线讨论环节，学生教师很高兴可以听到其他同学的意见，认为这对自己的职业成长十分有帮助，因此对在线讨论持十分积极的态度（Kamhi-Stein，2000）。

但是，在我国的师范外语教育中，计算机辅助教学方面的课程还没有得到应有的关注，没有进入主流的课程系列，而且在基于网络信息技术的教师教育和培训中，教师间的交流主要在同事、同学或有限的教师群体内进行（李四清，2013）。特别是近年来国际和国内的网络上，大型开放性网络课程（即 MOOC）开始流行，学生教师可以自由选择加入网络中任意外语教师培训课程，这无疑都为我们提供了新的实践和研究方向。如何将现实中的和网络中的职前教育课程有机结合起来，厘清二者之间的相互作用关系，都是值得研究者去探究的问题。

7.5 结语

本章主要回顾和评述了职前外语教师教育发展的历程、现状，以及当今研究的主要热点问题。职前外语教师教育深刻地影响了外语教师的职业发展，进而影响着外语教学。我们有理由相信，随着社会和科技的进步，会有更多的创新性的研究方法和研究视角出现，会有更多的研究者和教育者投身这一研究领域，职前外语教师教育领域将进入更好更快的发展路径。

7.6 研究资源

7.6.1 推荐书目和文章

Burns, A., & Richards, J. C. (Eds.) (2009). *The Cambridge guide to second language teacher education.* New York: Cambridge University Press.

Freeman, D,. & Johnson, K. E. (1998). Reconceptualizing the knowledge-base of language teacher education. *TESOL Quarterly, 32* (3), 397-417.

Johnson, K. E. (2006). The sociocultural turn and its challenges for second language teacher education. *TESOL Quarterly, 40* (1), 235-257.

Johnson, K. E. (2009). *Second language teacher education: A sociocultural perspective.* New York: Routledge.

Johnson, K. E., & Golombek, P. R. (Eds.) (2011). *Research on second language teacher education: A sociocultural perspective on professional development.* New York: Routledge.

Schulz, R. A. (2000). Foreign language teacher development: MLJ perspectives—1916-1999. *The Modern Language Journal, 84* (4), 495-522.

Yates, R., & Muchisky, D. 2003. On reconceptualizing teacher education. *TESOL Quarterly, 37* (1), 135-147.

7.6.2 重要期刊

The Modern Language Journal

TESOL Quarterly

Review of Educational Research

Teaching and Teacher Education

参考文献

Al-Hazmi, S. (2003). EFL teacher preparation programs in Saudi Arabia: Trends and challenges. *TESOL Quarterly, 37* (2), 341-344.

Aron, A. W. (1922). The linguistic background of the modern language teacher. *The Modern Language Journal, 7* (2), 75-83.

Banathy, B. H. (1968).The design of foreign language teacher education. *The Modern Language Journal, 52* (8), 490-500.

Barrutia, R. (1971). Study abroad. *The Modern Language Journal, 55* (4), 232-234.

Borg, S. (2006). The distinctive characteristics of foreign language teachers.*Language Teaching Research, 10* (1), 3-31.

Brandl, K. K. (2000). Foreign language TAs' perceptions of training components: Do we know how they like to be trained? *The Modern Language Journal, 84* (3), 355-371.

Brooks, N. (1966). The ideal preparation of foreign language teachers. *The Modern Language Journal, 50*, 71-78.

Burns, A., & Richards, J. C. (2009). Second language teacher education. In A. Burns, & J. C. Richards (Eds.), *The Cambridge Guide to Second Language Teacher Education* (pp.1-8). New York: Cambridge University Press.

Clarke, M. (1994).The dysfunctions of the theory/practice discourse. *TESOL Quarterly, 28* (1), 9-26.

Clarke, M., Ramanathan, V., & Morgan, B. (2007). Language policy and language teacher education in the United Arab Emirates. *The Modern Language Journal, 41* (3), 583-591.

Crawford, J. P. W. (1924). The modern foreign language investigation. *The Modern Language Journal, 9* (1), 1-10.

Edge, J., & Richards, K. (1998). Why best practice is not good enough. *TESOL Quarterly, 32* (3), 569-576.

Farrell, T. S. (2007). Failing the practicum: Narrowing the gap between expectations and reality with reflective practice. *TESOL Quarterly, 41* (1), 193-201.

Flowerdew, J. (1999). The practicum in L2 teacher education: A Hong Kong case study. *TESOL Quarterly, 33* (1), 141-145.

Freeman, D., & Johnson, K. E. (1998). Reconceptualizing the knowledge-base of language teacher education. *TESOL Quarterly, 32* (3), 397-417.

Freeman, D., & Richards, J. C. (1993). Conceptions of teaching and the education of second language teachers. *TESOL Quarterly, 27* (2), 193-216.

Freeman, S. A. (1966). Introduction. *The Modern Language Journal, 50* (6), 325-327.

Freeman, S. A. (1971). Modern language teaching: Problems and opportunities for the seventies. *The Modern Language Journal, 55* (5), 141-148.

Furness, E. L. (1949). Does your methods course function? *The Modern Language*

Journal, 33 (4), 349-354.

Gaarder, A. B. (1976). Elitism, teacher training, and other forbidden topics. *The Modern Language Journal, 60* (4), 150-155.

Gebhard, J. G. (2009). The practicum. In A. Burns, & J. C. Richards (Eds.), *The Cambridge guide to second language teacher education* (pp. 250-258). New York: Cambridge University Press.

Golombek, P. R., & Johnson, K. E.(2004). Narrative inquiry as a meditational space: Examining emotional and cognitive dissonance in second language teachers' development. *Teachers and Teaching: Theory and Practice, 10*, 307-327.

Graves, K. (2009). The curriculum of second language teacher education. In A. Burns, & J. C. Richards (Eds.), *The Cambridge guide to second language teacher education* (pp. 115-124). New York: Cambridge University Press.

Hall, D. R., & Knox, J. S. (2009). Language teacher education by distance. In A. Burns, & J. C. Richards (Eds.), *The Cambridge guide to second language teacher Education* (pp. 218-229). New York: Cambridge University Press.

Johnson, K. E. (1996a). The role of theory in L2 teacher education. *TESOL Quarterly, 30* (4), 765-771.

Johnson, K. E. (1996b). The vision versus the reality: The tensions of the TESOL practicum. In D. Freeman, & J. C. Richards (Eds.), *Teacher learning in language Teaching* (pp. 30-49). New York: Cambridge University Press.

Johnson, K. E. (2006). The sociocultural turn and its challenges for second language teacher education. *TESOL Quarterly, 40* (1), 235-257.

Johnson, K. E. & Golombek, P. R. (2011). A sociocultural theoretical perspective on teacher professional development. In K. E. Johnson, & P. R. Golombek (Eds.), *Research on second language teacher education: A sociocultural perspective on professional development* (pp. 1-12). New York: Routledge.

Johnston, L. B. (1922). Teacher training through participation. *The Modern Language Journal, 7* (1), 28-37.

Johnston, O. M. (1918). University training of the high school teacher of modern foreign languages, with particular reference to French. *The Modern Language Journal, 3* (3), 95-99.

Kamhi-Stein, L. D. (2000). Looking to the future of TESOL teacher education: Web-based bulletin board discussions in a methods course. *TESOL Quarterly, 34* (3), 423-455.

Kamhi-Stein, L. D. (2009). Teacher preparation and nonnative English-speaking educators. In A. Burns, & J. C. Richards (Eds.), *The Cambridge guide to second language teacher education* (pp. 91-101). New York: Cambridge University Press.

Lee, R. R. 1973. Performance criteria for teachers: Design of a model of innovation. *TESOL Quarterly, 7* (2), 137-144.

Ma, L. P. F. (2012). Advantages and disadvantages of native- and nonnative-English-speaking teachers: Student perceptions in Hong Kong. *TESOL Quarterly, 46* (2), 280-305.

Madsen, H. S. (1975). Achieving certification through a modified competency-based TESL teacher education program. *TESOL Quarterly, 9* (4), 353-365.

Moskowitz, G. (1976). Competency-based teacher education: Before we proceed. *The Modern Language Journal, 60* (1/2), 18-23.

Murdoch, G. (1994). Language development provision in teacher training curricula. ELT Journal, *48* (3), 253-265.

Nemtchinova, E. (2005). Host teachers' evaluation of nonnative-English-speaking teachers: A perspective from the classroom. *TESOL Quarterly, 39* (2), 235-261.

Owens, J. H. (1942). Teachers' standards and teacher improvement. *The Modern Language Journal, 26* (8), 573-586.

Parker, C. S. (1935). The raining of language teachers in the secondary schools of New Hampshire. *The Modern Language Journal, 19* (6), 401-424.

Phairee, C., Sanitchon, N., Suphanangthong, I., Graham, S., Prompruang, J., Groot, F., & Hopkins, D. (2008). The teaching practicum in Thailand: Three perspectives. *TESOL Quarterly, 42* (4), 655-659.

Resnick, M. C. (1993). ESL and language planning in Puerto Rico Education. *TESOL Quarterly, 27* (2), 259-275.

Richards, J. C. (1987). The dilemma of teacher education in TESOL. *TESOL Quarterly, 21* (2), 209-226.

Richards, J. C., & Crookes, G. (1988). The practicum in TESOL. *TESOL Quarterly, 22* (1), 9-27.

Richards, J. C., & Lockhart, C. (1996). *Reflective teaching in second language classrooms.* Cambridge: Cambridge University Press.

Richards, J. C., Platt, J., & Platt, H. (2000). *Longman dictionary of language teaching and applied linguistics.* Beijing: Foreign Language Teaching and Research Press.

Rogoff, B. (2003). *The cultural nature of human development.* Oxford: Oxford University Press.

Samuel, M. (1998). Changing lives in changing times: Preservice teacher education in postapartheid South Africa. *TESOL Quarterly*, *32* (3), 576-584.

Schulz, R. (2000). Foreign language teacher development: MLJ perspectives—1916–1999. *The Modern Language Journal*, *84* (4), 495-522.

Seidlhofer, B. (1999). Double standards: Teacher education in the expanding circle. *World Englishes*, *18* (2), 233-245.

Shulman, L. (1987). Knowledge and teaching: Foundations of the new reform. *Harvard Educational Review*, *57*, 1-22.

Stoynoff, S. (1999). The TESOL practicum: An integrated model in the U.S. *TESOL Quarterly*, *33* (1), 145-151.

Tarone, E., & Allwright, D. (2005). Language teacher-learning and student language learning: Shaping the knowledge-base. In D. J. Tedick (Ed.), *Second language teacher education: International perspectives on research and practice* (pp. 5-23). Mahwah: Lawrence Erlbaum.

Tembe, J. (2006). Teacher training and the English language in Uganda. *TESOL Quarterly*, *40* (4), 857-860.

Thomas, J. V. (1954). Special methods in the modern language area: A report. *The Modern Language Journal*, *38* (8), 387-393.

Toohey, K. (1995). From the ethnography of communication to critical ethnography in ESL teacher education. *TESOL Quarterly*, *29* (3), 576-581.

Trent, J. (2012). The discursive position of teachers: Native-speaking English teachers and educational discourse in Hong Kong. *TESOL Quarterly*, *46* (1), 104-126.

Vygotsky, L. S. (1978). *Mind in Society: The development of higher psychological development*. Cambridge: Harvard University Press.

Widdowson, H. (2002). Language teaching: Defining the subject. In H. Trappes-Lomax, & G. Ferguson (Eds.), *Language in language teacher education* (pp. 66-81). Amsterdam: John Benjamins.

Wilhelm, K. H. (1997). Sometimes kicking and screaming: Language teachers-in-training react to a collaborative learning model. *The Modern Language Journal*, *81* (4), 527-543.

Yates, R., & Muchisky, D. (2003). On reconceptualizing teacher education. *TESOL Quarterly*, *37* (1),135-147.

贾爱武，2005，外语教师教育与专业发展研究综述，《外语界》（1），61-66。

李四清，2013，计算机辅助视阈中的国外教师教育——兼评《CALL 环境下地教师教育》,《外国中小学教育》(2),44-48/43。

苗学杰,2012,融合的教师教育——教师职前教育中理论与实践关系研究,东北师范大学博士学位论文。

孙曼丽,2012,从"能力本位"到"表现标准本位"——"二战"后美国外语教师教育的发展与变革研究,福建师范大学博士学位论文。

张莲,2008,外语教师研究研究方法:回顾与展望,《外语教学理论与实践》(3),48-54。

张颖、王蕾,2000,师资培养模式与教师素质——我国师范大学/学院本科英语专业教学现状反思,《国外外语教学》(3),10-16。

邹为诚,2009,中国基础教育阶段外语教师的职前教育研究,《外语教学理论与实践》(1),1-16/19。

第八章 在职教师教育

陈则航 国红延 北京师范大学外国语言文学学院

为了更好地顺应不断发展变化的社会需求，教育也经历着各种改革，改革过程中，教师的作用逐渐凸显，教师的发展成为教育改革成败的关键（吴宗杰，2005）。当今社会，知识、信息飞速发展，在职教师不可能捧着一份一成不变的教案面对变换的工作环境和教学对象，外语教师在就职前的师范或学科教育中获得的知识与技能往往无法满足发展变化的教育、学校、学生环境所提出的新的要求，因此，在职教师的培训与发展势在必行。终身学习的概念也应运而生，为在职教师的学习与发展提供了新的契机。外语教师要在自己的职业生涯中不断学习，更新语言知识，了解多样的语言学习方式和语言教学方法，理解新的教育理念，发掘学生的不同学习需求，为学生的全面发展而发挥积极的促进作用。在全球化的时代背景下，越来越多的教育行政机构及教师教育专家投入到多种多样的外语教师培训项目中，以期更好地推动外语教师的专业发展，在获得令人瞩目成绩的同时，也存在着不少问题和有待改进之处。

8.1 本章简介

外语教师教育研究领域始终存在着专业术语的过渡与纷争，在一定程度上反映了各个时代研究界对外语教师教育与发展本质与特征的不同理解。20世纪 80 年代以前，外语教师教育重在培养教师具体的课堂教学技能和技巧（Freeman，1982），教师训练（teacher training）一词盛行。然而，training 一词多指技术、手艺的培训，在教师教育中使用有将教师培训成为教书匠之嫌，忽视了教师的通识教育及其认知结构的发展。早期的教师培训项目认为参与培训的教师具有同样的水平和目标（McKinney，1964），忽略了教师的个体差异。随着与外语教师教育研究密切相关的语言学和应用语言学理论的发展，研究者开始使用"教师教育"（teacher education）一词，暗示着外语教师不仅要接受课堂教学技能的训练，还要学习应用语言学、语言测试和评估、科研方法等理论课程，使教师能够从理论的高度认识和把握语言课堂的教学实践活动。Richards（2000）指出，"训练"到"教育"的转变，意味着二语/外语师资培养"不仅是专业技术培训，而且是整体素质教育（holistic education）"（李玉陈，2000：xxi）。

20世纪末期，外语教师教育研究受到整体教师教育及心理学科研究的多重影响，开始关注教师作为学习主体的理念。显然，"训练"和"教育"这两个术语都是指外界施于外语教师的教育，教师是受训者，是教师教育内容的接纳者，教师本人内在的自觉性、自我进步意识沦落于弱势地位。然而，教师的"自我"恰恰是真正使教师成长和发展的内在动力源泉，是促使教师培训和教师教育有效进行的发动机。因此，在强调教育的基础上重视教师自我主动性的"教师发展"（teacher development）一词应运而生，肯定了教师本身具备的知识和能力（Roberts，1998）。在英语教学文献中，"教师发展"是指教师在智能、经验以及教学态度上不断成长的过程（Lange，1990），重在鼓励教师参与开发教学理论、理解教师作决策的本质，并促进教师形成批判性的自我意识和自我评价，教师本人积极地反思自己的教学，观察自己的课堂行为，评估自己的教学效果以促进自身的教学发展（Freeman，1982）。

从广义上讲，无论是"训练"、"教育"还是"发展"，其目的都是围绕教师这一主体，促进其从不成熟到成熟、从新手到专家的逐步成长。一些学者并未对这三个术语的内涵作出严格区分，而是将它们等同起来，互换使用（贾爱武，2005：64；刘润清，2001；张晓冬、王扬，2008）。然而，笔者认为，这三个术语背后的理念是对教师教育的不同理解，在教师培养的教育理念、内容、方法以及侧重点方面都存在着一定的差异。其中，教师训练或培训将外语教学视为一项具体的技能，主要针对教师具体的、近期的需求；教师发展将教学视为一个不断发展的成长和变化过程，有着更为广泛的、长期的考虑。可见，教师训练和教师发展是一个连续体的两个极端（Freeman，1982）。本章的主要目的在于总结在职外语教师培训与发展的历程、探索有效的教师培训与发展模式，因此，我们将不对相关的专业术语作出明确的区分，而是根据不同时期的学术习惯选用不同的术语，既体现教师教育领域的发展变化，又暗示着其间的紧密联系。

　　总体上看，国内外的外语教师教育研究都体现了重视职前教育或新手教师教育的倾向，这些研究大多关注了教师基本素质的构成及职前教育在教师发展中的作用，也关注了新手教师遇到的挑战和发展的途径。专门关注有经验的在职外语教师培训与发展的研究则非常少见（顾佩娅，2008），也缺少对外语教师从新手阶段向经验型阶段转型过程的研究。如果这些在职教师在成长过程中无法得到足够的技术指导和情感支持，他们中的不少人可能会对教学产生彷徨甚至挫败感，他们或者会经历职业倦怠的困扰，或者会选择退出教育事业。因此，在职培训与发展对外语教师的终身发展至关重要，值得教育行政部门、教师教育研究者及教师培训者的更多关注（Patrick，2009）。本章将专注于在职外语教师培训与发展的主题，界定相关的研究领域、理清研究脉络、述评代表性成果、呈现争议性问题，最后介绍经典案例，厘清在职外语教师培训与发展的历程，以期对现行的教师培训与发展项目提供启示。

8.2 研究脉络

8.2.1 研究的发展

　　20 世纪 80 年代以前，外语教师培训与发展的研究主要依附于语言学、二语习得及应用语言学等相关领域的研究成果，以开发适合各种情境的理想的教学行为模式为主要目标。专门的教师教育与发展研究在外语教学研究中占有极小的比例，在很大程度上它只是一个实践领域，而非研究领域（Freeman & Johnson，1998）。基于这样的现状，培训机构培养的教师似乎能够应对各种教学任务，因此，以在职外语教师培训与发展为主题的研究更为罕见。外语教师培训的实践活动围绕如何训练教师掌握专项的教学技能而展开，这种过程——

结果式的教师教育模式以非情境化的知识为基础，忽视了教师自身的经历及其对教学的理解，期望通过统一的培训项目训练出标准化的教师，提高学生的外语语言水平。

随着 20 世纪 70 年代认知理论的发展，教师教育研究者开始关注教师如何结合情境因素及所学的理论知识在课堂中作出决策（Elbaz，1983）。教师作为学生时所获得的经验、教师的个人实践性知识、教师自身的价值与信念，以及教师所处的工作环境都受到教师教育研究者的重视。直到 20 世纪末期，二语 / 外语教学研究领域才逐渐认识到，没有一种教学方法可以适用于任何教学情境，为了应对变化多样的教学环境，教师应该掌握一些宏观的教育原则，并在实际的教学过程中发挥主动性，开发适合不同情境的有效的教学实践（Kumaravadivelu，1992，1994），独立的外语教师教育研究领域才正式确立。外语教师教育研究者重新审视了该领域的知识基础，确定了教师作为主动的教学学习者而非被动的受训者的身份，他们在所处的社会环境中与不同成员协商建构关于教学的知识，学习如何教学成为一个长期的、复杂的、不断发展的过程（Freeman & Johnson，1998）。

随着外语教师教育研究逐渐从"培训"到"发展"的术语系统转换，外语教师培训与发展突破了理论培训的单一模式，尝试开发能够激发教师主动参与的互动模式。终身学习的理念以及世界范围的教育改革使得教师教育研究者及教育行政部门在重视教师职前培养的同时，开始意识到在职教师的培训与发展对于教育的成败同样重要，专注于在职外语教师培训与发展的实证研究（如 Lopriore，1998；O'Sullivan，2003；Patrick，2009 等）有所增加，研究主题包括外语教师培训与发展的知识基础、有效的培训与发展模式和方法、培训的效果及影响因素等等。

国内的外语教师教育研究相对滞后。21 世纪初期以来，国内的外语教师教育研究以介绍西方发达国家的实践模式、相关研究的理论探讨（如陈莉，2013；梁中贤，2004；彭伟强、叶维权，2006；王添森等，2014；谢倩，2010）或综述评价类论文为主（如贾爱武，2005；刘学惠，2005；彭伟强等，2008），在职外语教师培训与发展的研究对象则主要集中在大学外语教师群体（如高云峰、李小光，2007；刘芳、夏纪梅，2011；刘家凤、鄢章荣，2008；

骆爱凤、叶张煌，2007）。近几年，随着我国基础教育如火如荼地开展，中小学英语教师的培训与发展逐渐引起研究界的关注，出现了一些对教师培训现状的调查性研究（如郝瑜、孙二军，2013；孙二军，2013；许竹君等，2012；张艳、许竹君，2012），探讨在职外语教师培训与发展实践的实证研究也有所发展（如卜玉华，2009；王蔷、张虹，2012；杨鲁新，2013）。

8.2.2 各个发展阶段的特点

20 世纪 60 年代，教师培训研究受到行为主义和实证研究取向的影响，认为外在因素的刺激至关重要，把教师看作输入与输出的系统，教师的职责只是将他人已经创造的知识传递给学生的转换器，是预设课程内容的执行者。在教师培训项目中，教师只要接受老教师的教学模式或培训者根据研究和理论所得来的知识输入即可，不需要自主地创造新的产出（杨庆余，2005）。因此，传统的外语教师培训模式以技术理性的教育理论和实践观作为主要理论依据，教师培训的形式局限于专家由外而内的讲授方式（司瑞瑞，2011），其目的是培养"理想型"的二语 / 外语教师（Strevens，何勇译，1984）。教师作为学习者主体的需求并未得到充分的考虑，他们的主动性和参与性也在极大程度上受到了压制。20 世纪 70 年代以前，在国外语言类核心期刊上以 teacher training 为主题进行检索，获得的文章主要探讨教师专业训练的知识基础，外语教师应该掌握哪些主要技能，如关于语言学、语言习得等内容（McKinney，1964）。在职外语教师进修的课程往往围绕着外语理论与实践、语言学理论与外语学习理论、教育心理学理论与教学实践三个方面进行设置（束定芳、庄智象，1999）。

20 世纪 70 年代，在认知主义研究范式影响下兴起的二语信息加工理论推翻了行为主义，外语教学开始强调外语教师在教学中的关键地位和主体作用，研究视角从外在的教学行为转向其背后的认知世界。在这一发展趋势的影响下，外语教师教育的研究重点也从开发教师应该掌握的知识系统转变为教师拥有的实践性知识及其获取的过程。然而，人类认知过程的复杂性曾经让外语教师教育研究者一度陷入更加迷惑的境地（韩曙花、刘永兵，2013）。随着研究界对外语教学复杂性本质认识的逐渐深入，学者们开始认识到教师培训不能离开课堂教学实际，外语教师的专业发展需要来自课堂实践的可持续动力，需要系统的、对终身发展起指导作用的培训，而不是与教学实践相分离的理论知识的灌输（Johnson，2006）。因此，以理论讲解为主导方式的教师培训模式因脱离教师的教学实践而受到了极大的批判。

20 世纪末期，特别是 90 年代以来，人本主义和建构主义受到教育研究者的广泛关注。前者强调以教师为本的教师教育理念，教师具有自我概念、学习动机等方面的差异，他们的独特性需求及作为人的终身发展受到重视（孙炬，2003，严明，2010）；后者强调知识的意义随着学习环境的变化而不断发展，教师的学习与发展是一个社会化过程。社会认知主义在综合了认知主义和社会建构主义两个理论视角的基础上，也得到了进一步的发展。知识是对外部世界的描述和解释，受到社会、历史、文化等环境因素的影响，因此，知识的建构，即学习的过程，是基于社会成员的互动协商和个体经历的共同作用，在个人内在的习得和社会环境的相互作用下形成的，缺一不可；专业学习是在教师重塑原有知识、信念和实践行为的过程中逐渐发生的，而不是简单地将新的理论、方法或材料强加于教师所能达成的（Johnson & Golombek，2003）。教师结合自身的知识和经验，在与他人不断互动的过程中主观能动地建构知识。外语教师培训与发展研究的理论视角不断向着多元化的方向扩展，在教师教育内容及模式等方面得到了空前的发展。

一方面，Schön（1983）提出的反思性实践者模式（model of the reflective practitioner）为教师的专业发展开拓了新的方向，该模式强调教师在教学行动中不断反思，适应不断变化的社会环境。Wallace（1991）在此基础上提出了外语学科教师发展的反思性实践模式，使外语教师培养从单纯地探讨教学内容和方法转向促进教师教育和专业化发展的新的研究领域，成为外语教师教育领域标志性的研究成果（高翔、王蔷，2003）。在这一模式中，教师具备的专业知识（received knowledge）和经验知识（experiential knowledge）是教学实践和反思的核心和理论基础，是推动教师自我发展的根本动力。教师教育者在教师培训与发展的项目中引导教师以其专业知识和教学经验为基本出发点，结合自身的教学实践发现问题，在思考、计划、实践和评价等不断反思的循环过程中，通过教师日志、听课与观察、教师评价、教学录像和教学行为研究等多种方式（Bailey，2000；Nunan，2000），寻求解决问题的办法，实现改进教学实践行为和自我发展的目的。教师的个体知识获得了合法地位，教师的反思性实践知识受到了重视和认可，围绕教师知识、教师身份等认知主题展开的研究得到了长足的发展（Borg，2003）。

　　新型的教师发展模式侧重教师自身的认知能力以及实践与理论的融合，鼓励教师参与到教师教育的研究中来，对自身的教学实践行为进行探究。"研究型教师"的概念应运而生，"教师职业发展的重要标志就是，教师的角色从纯粹的知识传递者转换为研究者，研究型教师是外语教师职业发展的方向"（赖恒静，2009）。教师参与研究不仅是在职教师发展的有效途径，也暗示着教师实践者在 TESOL 领域掌握了更多的话语权（Stewart，2006）。由内而外、以实践为导向的行动研究和基于教师个人经验与情感的自我研究、叙事探究等也成为教师培训与发展的重要方法，外语教师教育研究更加重视以解释主义世界观为基础的质性研究方法，认识到对访谈、观察等数据的定性分析和基于问卷和实验等数据的定量分析均发挥着重要的作用（徐锦芬、文灵玲，2013）。

　　另一方面，外语教师教育研究受到建构主义和社会文化理论的影响，教师所在群体的合作逐渐引起研究者的关注。Wenger（1998）等学者提出了"实践共同体"（community of practice）和"情境学习"（situated learning）的概念，对于在职教师的合作与发展有着深刻的启发。从社会文化理论（Sociocultural Theory）来看，理论学习和互动式交谈都非常必要，两者并非对立的关系，理论学习为教师提供了必要的文化媒介（cultural artefact），成为促进教师学习的文化中介物；在互动交谈中，教师与教师教育者之间或教师彼此间共同分享对理论的理解和实践过程中的困惑，达成了对理论学习的情境性理解，完成了教师学习的内化过程（internalization）。因此，教师教育者应该认识到，多种培训工具都可以为实现教师学习创造中介空间，使得他们将现有的理解表达出来，即外化（externalization），并重新认识原有的理解（reconceptualization），将其置于新的情境中（recontextualization），以便在教学中不断发展出新的、有效的活动（Johnson & Golombek，2003）。

此外，教师培训与发展过程中的合作还可以体现在教师与研究者之间的合作研究与互赢过程中。20世纪80年代以后，西方学者开始关注高校研究者与一线教师的合作，希望以此促进在职教师的专业发展。Hawkins & Legler（2004）反思了研究者与教师在行动研究中的合作及其收获，肯定了双方在合作中对语言及语言教学产生的新的认识。Cornelissen et al.（2011）提出，高校与基础学校的合作将教师教育中的理论研究与实践行为有机地结合在一起，这种实践取向的研究增强了教师的专业知识基础。近年来，我国学者对此也有所关注（吴一安，2008），特别是在基础教育课程改革的背景下，一些高校研究者尝试开展了与基础教育一线教师的合作研究，在一定范围内促进了在职外语教师的专业发展。卜玉华（2009）介绍了叶澜率领的"新基础教育"高校研究团队在上海部分中小学尝试的英语教学改革，帮助教师打造精品课型，提高教学实践能力。王蔷、张虹（2012）介绍了高校研究者团队在北京市海淀区开展的高校与中学英语教师合作开展的行动研究，教师加深了对教学和学生的理解，获得了教学的自信，提升了教学反思能力和自主创新能力。杨鲁新（2013）以北京某城区英语教师自愿研修小组活动为案例，阐释了基于行动教育理论发展的扎根课堂、教研一体的中学英语教师培训模式，高校研究者与一线教师以教学为媒介、以课例为载体开展了行动教育，教师与研究者取长补短、通力合作，构成了实践型的学习共同体，从而获得了共同的专业成长。

总体来说，在职外语教师培训与发展研究经历了从教师培训到教师专业发展的转变过程，其本质是从教师作为教书匠到教师作为职业教育工作者的角色定位的转变过程。在职外语教师教育的目标也从短期的技能培训和提高转变为教师终身学习能力的培养和发展。自我引导的、合作的以及基于探究的教师学习理念使得教师发展突破了自上而下理论学习的培训模式，逐步拓展到学习或研究小组、自我探究等多种与教师教学实践紧密结合的自下而上的有效专业发展方式中（Johnson，2006）。教师的教学不再是纯粹的、机械的付出，其本质应该是教师通过不断学习、不断研究、不断积累教学经验和教学案例，逐渐成长为教育领域专业人才的专业发展路径（吕乐、戴炜华，2007）。

8.3 代表性成果与评述

8.3.1 在职培训的教师需求研究

随着人本主义和社会认知主义的发展，在职外语教师培训摒弃了以往忽略教师个体差异而寻求标准化的"理想型"教师的传统理念，认识到教师才是培训与发展的主体，在"学习者为中心"的教育理念推动下，"教师为中心"的在职教师培训使得教师需求研究受到教师教育研究者的关注。O'Sullivan（2003）提出，在职外语教师培训必须注重教师的需求分析，而需求分析除了直接向教师发问的方式，还应该通过课堂观察、访谈等方式协助在职外语教师深入发掘教学现状以及他们对专业培训与发展的真实需求。相对而言，我国目前的在职外语教师培训与发展的需求研究大多还是通过量化的问卷调查方式开展的（如刘芳、夏纪梅，2011；孙二军，2013；夏纪梅，2002；周燕，2008），虽然大范围的问卷调查能够快速、有效地确认外语教师在职培训的意愿和现状，但是量化研究并不适用于对不同情境中教师实际发展需求的深入了解，因此还需要与质性研究方法相互补充。

同时，教师教育研究还受到社会建构主义的影响，重视教师所处的社会文化情境因素对教师发展可能产生的影响。在进行在职教师培训的需求研究中，研究者注意到，不同地区及处于不同发展阶段的外语教师在培训中的需求会有所差异，需要教师教育者不仅重视教师的本土化和区域化需求，还要重视教师培训与发展的分类、分层研究，并在此基础上开发有效的在职培训与发展项目（程晓堂、孙晓慧，2010；郝瑜、孙二军，2013）。O'Sullivan（2002）在对纳米比亚英语教师培训的行动研究中发现，在当地相对落后的地区，英语教师或者完全没有资质，或者资质较弱，教师教育者惯用的问答培训方式及其他研究中构建的反思实践模式并不能实现良好的培训效果，而当他充分考虑到这个教师群体的独特需求并对培训方式和反思性实践模式进行一定的调整后，教师参与培训的意识和对反思性实践的理解才得以加强。除了所处地区的外在条件及教师所处专业发展阶段的影响，教学所处的宏观文化环境也是影响在职教师培训与发展的重要因素。Gu（2007）介绍了中国语言教师在跨文化教师培训过程中的发展历程及影响因素，并在此基础上提出了有效的跨文化教师培训模式。

教师需求分析对于教师培训的组织规模和有效模式的探索和研究有着重要的启示。在进行需求分析的基础上，研究者认识到，大范围的教师培训项目很难顾及个体教师的特有需求，只能提供通识课程（general courses），适用于教师从整体上了解相关学科知识及理论的发展，而真正有效的教师培训应该以地区为单位，考虑到不同区域及学校的不同问题，从语言学、语言教学和教育心理学及方法论等方面进行有的放矢的培训（McKinney，1964）。

8.3.2 在职培训的有效途径和方法

如前所述，在行为主义的影响下，早期的在职教师培训大多以单一的理论讲解方式为主，由外语教育研究的专家向教师传授关于语言学和语言教学等领域新的知识，希望通过这种外部的刺激引发教师教学行为的变化。随着教师教育研究的深入发展，教师教育者认识到教师培训应该基于"授之以渔"的原则，通过多样的培训手段让教师参与到培训的过程中，结合自身的教学实践和教学环境对培训内容进行情境化的反思，在与教师教育者和其他教师的合作中获得新的认识。因此，教师教育者开发了很多有效的培训手段，其中较为常用的方法有：观察／观摩（observation）、反思（reflection）、合作（cooperation）、任务法（task-based approach）、行动研究（action research）、体验法（experiencing as a learner）、记录日志（如journal或diary）、访谈（interview）、教学录像（video tape）、参与式工作坊（workshop）、互动（interaction）、同伴互评（peer evaluation）、研讨（seminar）等等（夏纪梅，2006）。相较于单方面的理论讲授方式，以上这些培训方法使教师能够参与到培训的过程中，更好地激发了教师自主学习的意识，有利于教师在短期培训后获得持续性地终身学习的能力。

（1）教学观察／课堂观摩

教学观察／课堂观摩是在职教师培训的重要方式。一些实证研究探讨了教学观察／课堂观摩对于在职外语教师发展的促进作用。Allright（1988）曾经指出，课堂观察可以作为教师培训中的反馈工具，既可以在发现问题环节使用，也可以作为解决问题的手段使用。Patrick（2009）提出，组织在职教师进行课堂观察可以使有经验的教师有机会从不同的角度看待课堂教学，深入理解讲座或工作坊中学习到的教学理论，反思自己习惯的教学行为。教师的课堂观察和交互式讨论能够使他们在培训中获得情感的理解和支持，有助于减缓教学的压力和挫折感。Freeman（1982）曾经详细比较了针对在职外语教师教学的三种不同观察方式，即监督性课堂观察（the supervisory approach）、多选择性课堂观察（the alternatives approach）和非支配性课堂观察（the non-directive approach）。监督性课堂观察有着明确标准，适用于新手教师；多选择性课堂观察能够拓宽发展中教师的眼界，使他们了解更多的教学形式；非支配性课堂观察则能够协助经验丰富的教师反思自己的教学行为，形成新的理解。这三种观察方式虽然在观察目的、观察者与教师之间的权力关系等方面存在着差异，但它们有着各自的优势和劣势，均可以成为在职教师培训与发展的有效工具。教师教育中综合三种不同的课堂观察方式有助于引导在职外语教师逐渐从思考教什么、如何教到思考为什么这样教的问题，使他们逐步从培训走向专业发展道路，深入体会专业发展的内涵。

（2）互动式教师培训

除了教学观察，其他一些注重教师参与的互动式培训方式也受到外语教师培训者的青睐。Richards & Farrell（2005）详细地介绍了工作坊、教师支持小组（teacher support groups）、教学档案袋（teaching portfolios）、分析重要事件（analyzing critical incidents）等教师学习策略的具体操作步骤。这类培训方式强调的是教师在培训中积极主动的参与，教师之间或者教师与培训专家之间的互动能够有效推动教师迸发思想火花，实现教学思想和经验的分享，使教师获得持续发展的动力和能力。换言之，在职外语教师的发展可以通过教师与自身、教师同行及专家或教师教育者之间的沟通交流实现。官群（2011）在剖析我国新时代外语教师培训缺陷的基础上，将心理学新兴的具身认知理论和社会建构主义作为理论基础，勾画出外语教师培训的新图（NUMAP）。其中，N 指培训者与受训者之间的对话协商（negotiation），U 代表整合（unification），M 代表方法技能（methodology），A 代表行动研究（action research），P 代表专业精通

(proficiency)。然而，该研究旨在对新的培训模式进行理论可行性的探讨，还缺乏真实的实践性经历。

（3）内省式教师培训

此外，包括教师撰写日志或自传等叙事探究的方法今年来成为教师培训与发展的重要手段（Golombek & Johnson，2004）。Johnson（2009）介绍了一些教师之间可以开展的互助式发展手段，例如，相互倾听对方描述教学行为并提出问题，可以激发教师深刻反思自己的教学决策行为。近年来，我国一些年轻的学者也开始致力于叙事探究促进教师专业发展的研究中来（顾佩娅，2008）。然而，叙事探究是一项费时、费力的方法，如何在教师培训项目中，特别是短期的在职教师培训项目中发挥其作用还需进一步探索。

8.3.3 在职教师培训新型模式

随着建构主义对外语教师教育研究的影响不断加深，研究者开始尝试将"专业学习网络"（professional learning network）的概念引入在职教师培训与发展的实施过程中，并在此基础上开发了校本培训和网络培训的新型模式。校本培训以改进学校师资状况、解决教学实践问题、促进教师专业发展为目的，由学校组织和实施的面向全体教师的继续教育，其中，系列专题培训、合作反思、校本课题研究和课堂教学观摩是有效的几种方式（李静、陈亮，2011）。吴卫东（2005）指出，校本培训的理论基础包括：将教师蕴涵于教育教学活动中的个人实践性知识显性化是知识发生的一条重要途径，知识的权威不一定在高等学校，不一定只是专家学者；学校环境是影响教师专业发展的重要外在因素，"校本"切合于这个理念。基于共同体的教师学习可以改变原有的以专家讲解和灌输知识为主要方式的在职教师教育模式，有助于教师在教育改革中认识、内化新的教育教学方法，促进自身的专业发展（Hutterli & Prusse，2011）。"校本"培训使教师在职教育的问题解决模式得到了新的突破，成为教师在职教育的有效形式之一。

White & Jarvis（2013）专门介绍了校本教师培训的重要性及可行性，从具体的培训技术到情感等方方面面，详细为教师的指导者和辅导者（tutors and mentors）组织校本教师培训提出了建议和理论基础。其中，Graham（2013）和 White（2013）认为，校本培训应该加强教师的专业学习对话，培养教师的学科教学知识；Lenten（2013）则提醒教师培训者在校本培训中注意将支持和挑战相互结合起来，从情感方面为校本培训的实施做好保障。校本培训打破了以往以理论知识为尊的教师教育模式，重视基于教学实践的探究，因此，校本培训也成为促进教师科学研究能力的有效手段。

随着新世纪信息科学技术的迅猛发展，网络电子技术也开始被引入教师的学习与发展中来，在此基础上建立的电子网络学习平台（E-learning）为专业学习共同体的实施创设了新的机遇。计算机网络、多媒体、专业内容网站、信息搜索、电子图书馆、远程学习与网上课堂等媒介为教师培训与发展提供了更为广阔的沟通机制，使得教师与教师教育者及教师之间的交流与讨论冲破了时间和空间的限制；电子邮件、博客等成为教师反思和探究的新的有效媒介。目前国内外对网络化教师培训都作了不少有益的尝试和研究（陈则航、钱小芳，2011），比如，美国从 20 世纪 90 年代就已经开展利用网络进行教师培训的实践（邴冬梅、洪兴科，2004），包括"SRI International's TAPPED IN 计划"、ILF（研究学习论坛）及"21 世纪教师"网络服务等在内的网络教师培训为 10 万教师提供各种课程和学习服务，并为他们提供各种资源以及经验交流的平台。我国则已经形成了几个诸如"中小学教师网"、"远程师资培训中心"、"全国信息技术及应用远程培训教育工程（IT&AT）"等比较有影响的教师远程培训机构（温海龙，2008），各种国家级、各省市等组织的远程教师培训为广大一线教师提供了自我发展的平台。Chen（2012）指出利用电子邮件、博客、网络日志等多种网络交流手段，为职前教师与在职教师共享并讨论教学信息建立了良好的平台，网络的合作互动将社会交流的压力最小化，使他们获得了专业发展的互赢。

近年来，我国外语教师教育研究领域的学者也尝试将电子、网络技术引入教师培训的实践中来，探索了教师发展的新的模式。孙伟、崔刚（2007）对电子网络学习（E-learning）环境中我国高校英语教师培训模式进行了探究，参与培训的教师通过多种网络沟通平台，在轻松和谐的氛围下共同分享教学信息和心得。培训者充分利用先进的网络手段，引导受训者提升英语学习能力和英语知识及相关专业知识的摄取能力，有效地促进了在职英语教师的专业发展。蒋学清（2013）则详细介绍了由北京市大学英语研究会研发的"五所高校大学英语教师培训项目"，这种校际联盟式的在职教师发展模式通过大师复盘理论的培训、课堂互动的多模态文本分析、项目恒久网站与网络资源开发等主要内容，利用网络资源有效地补充了课堂面授培训方式在时间和空间上的局限性，突破了教师发展的"校本"平台，探索了大学英语教师专业培训和发展的新途径。

8.3.4 在职教师培训政策

西方发达国家基于社会政治、经济的发展需求，不断改进教育制度，并在课程改革的背景下通过立法逐渐建立了较为完善的教师培训机制，体现了政策化、一体化、标准化、专业化和终身化等特点（陈莉，2013），为外语教师的培训与发展提供了良好的外部保障。在美国，自上个世纪中叶以来，二语/外语教师发展不断探索着适应时代需求的有效模式，目前已经成为一项系统工程，走在了世界的前沿。其发达的教师培训制度主要受益于各方面的综合发展与合作，其中联邦政府各种政策的大力支持、外语专业学会相关学术平台的推动、教师专业发展学校（professional development school，PDS）的实践促进、教师专业学习共同体内部的合作与协助，以及完善教师资格认证制度的保证，是教师培训与发展向着政策化、专业化发展的重要作用因素（陈莉，2013；梁中贤，2004；王添森等，2014）。

为了迎接经济、政治、军事上的挑战，欧洲加快了一体化的进程。外语是保证成员国家内部沟通与合作的重要工具，外语教师教育也因此受到了广泛的关注。其中，在职外语教师教育已经成为教师专业成长的重要组成部分，越来越多的国家加大了对在职教师培训的投入，通过建立统一的基准、加强认证体系和搭建信息网络平台等一系列的手段，使外语教师教育逐渐走上了制度化、规范化的发展之路（彭伟强、叶维权，2006；谢倩，2010）。

随着全球化的不断深入，发展中国家也开始重视教育制度的完善，由政府部门倡导或组织的大规模教育改革席卷了越来越多的国家。例如，新世纪以来，我国第八次基础教育课程改革如火如荼地开展。2009 年，中央政府提出"国培计划"并投入大量的资金保证其顺利实施，这是政府为了促进教师队伍的建设和教育改革深化而采取的一项重要举措。基于我国不同地区教师队伍的数量和质量差异性较大的国情，"国培计划"以省级行政区作为基本的组织单位，鼓励各地区师范类高校参与教师培训并开发新型的、有效的教师培训与发展模式，通过一批"骨干"教师的发展逐渐带动整体教师队伍的发展（李瑾瑜，2011；朱旭东，2010）。"国培计划"在一定程度上推进了在职教师培训与发展研究，培训模式及培训效果成为备受关注的研究主题。王枫林（2011）提出，旨在促进教育改革的"国培"教师培训项目应该体现以人为本、按需施教的设计原则，尝试注重参与、观摩交流、实践和反思的思路，增强培训对于教师发展的效果。王勤梅等（2013）跟踪调查了"理论＋实践"的"国培"研修项目的效果以及这一培训模式对教师专业发展的影响，研究发现，教师参与合作研修培训并积极撰写反思日记、参与合作讨论后，外语教师的合作能力、反思实践能力，以及教学评价能力都有了显著的提高。

8.4　争议性问题

8.4.1　在职外语教师培训与发展应该基于理论还是实践？

在外语教师教育研究的发展历程中，培训的内容基础始终是讨论的焦点，例如外语语言知识、语言教学知识、心理学知识、课程知识等，由于研究者的立场不同，外语教师培训与发展到底是基于理论还是基于实践的问题成为该领域最具争议的问题之一。早期的教师培训研究大多探讨了教师教育的内容基础，由于学科的独特性，语言学及二语习得的理论知识理所当然地成为外语教师教育的核心内容（Bartels，2005a），始终被认为是外语教师教育最为重要的内容（Yates & Muchisky，2003），这似乎是毫无争议的事实。在很多外语教师教育课程中，关于语言学与语言习得理论的相关课程都占有至关重要的地位和比重（Strevens，何勇译，1984；Edge，高伟译，1989）。因此，专家对语言学及语言习得理论知识的讲解是传统教师培训中最为常见的方式，特别是在行为主义的影响下，教师教育者认为，足够的理论知识的输入能够刺激教师转变其教学实践行为，完全忽略了教师自身的经历及其所处情境因素对于教师教育效果的影响。

但是，Lortie（1975）明确提出，教师大部分是自我塑造而成的，内化培训或教育过程所获取的理论知识，对于他们在工作中做出相应改变只起到非常有限的作用。相对而言，教师在作为学生学习过程中对于自己老师的观察（observation of apprenticeship）对于其后期的教学行为影响更深。这一经典论述引发了外语教师教育研究者的深刻思考：单纯的语言学及语言学习理论的讲解能否引起教师教学行为的变化？不少学者开展了实证研究，探索应用语言学理论与语言教师发展的真实关系（Bartels，2005c），并得出了以下结论：教师教育课程中如果只是为教师提供脱离其教学实践的理论知识，并不能自然地引发教师在培训后的行为改变（Bartels，2005b）。

一些学者进一步提出，外语教师教育存在的关键问题就是过度重视应用语言学、二语习得及教学方法等内容（Freeman，1989；Freeman & Johnson，1998，2004）。Freeman（1989）指出，语言教学是外语教师教育的学科知识（subject matter），具体包括知识（knowledge）、技能（skills）、态度（attitude）和意识（awareness），以及教师基于这些因素而作出的决策过程。教师教育是一个动态的过程，可以通过训练（training）和发展（development）两种策略实现。以往倡导的培训主要针对具体的知识或技能，由教师教育者直接介入，指出错误并责令教师修改，具有明确的针对性，虽然效果明显，但存在着对教学片段式理解（fragmented view）的缺陷。相对而言，教师发展策略则是一种整体的、相互融合的（integrated）理念，是一种针对教学复杂性的间接介入策略，目的在于提升或改变教师的意识，进而催生教学行为的变化。教师教育者通过询问、观察，或者分享自身经历等方式，引导教师反思、批评、改进自己的教学实践，因此，教师发展远非教师教育者预设或主导的行为，而是与教师之间的合作与交流，教师在发展中的变化往往不是外显的，很难量化。教师培训与发展的关键区别在于教师教育者的角色：在培训中，教师教育者主导着培训的问题和解决问题的办法；而在发展中，教师教育者基于自身对于语言教学的理解提出讨论的问题，但是解决的方法并非是预知的，而是在教师成员共同讨论与反思的过程中逐渐生成的。培训与发展是外语教师教育的两种基本策略，并非对立，而是基于教学的复杂性而共同存在的不同策略。

那么，理论究竟应该在外语教师教育中占据什么样的地位？Johnson（1996）对这个问题进行了探讨，认为理论知识包括抽象知识（conceptual theory）和感性知识（perceptual theory），后者与教学感性和解释性的本质特征相吻合，是教师教育中应该特别重视的理论。在外语教师的培训与发展过程中，教师教育者应该多提供感性知识，鼓励教师参与讨论，让教师能够结合自身的实际环境进行理解、反思和运用（Johnson，2006）。在这样的背景下，教师教育者不仅要承担教育学者（scholar of education）的角色，还应该成为实践的探究者（inquirers into practice）（Hui & Grossman，2008a）。随着社会建构主义及认知理论的发展，外语教师教育的知识基础也在悄然发生着转换（Johnson，2006）。在交际型语言教学方法的影响下，语言知识在外语教师教育课程中的比重有所下降，虽然教师掌握深层的外语知识能够更好地促进学生的语言学习（Lantolf，2009），但理论知识必须联系教师的实践行为才能够得以内化和吸收，才能够发挥教师培训的效果，促进教师的专业发展。

对于在职教师而言，培训内容能否与课堂教学建立切实的联系显得更加重要，讲座及工作坊等培训方式旨在了解新的研究方向及研究成果，其作用固然重要，但是能够直观感受到新的教学方法及效果的课堂观察也非常重要，二者可以相辅相成，成为增进在职外语教师教学信心的重要培训手段（Patrick，2009）。程晓堂、孙晓慧（2010）指出，我国在职外语教师培训目前还存在着理论与实践脱节的问题，应该根据教师的实际需求，开发多样化的、有效的教师培训模式。

8.4.2 外部的评估还是自身的自主性？

外语教师培训领域另外一个值得探讨的问题是教师发展的动机问题，主要涉及如何结合教师培训的外部评估（accountability）及教师自身自主性（teacher autonomy）的问题。教师培训往往是教育改革的重要保证，因此，教师培训效果的评估始终受到教育行政部门的关注，这种外部评估既为教师的职业发展带来了压力，也提供了外在的动力（Crandall，2000）。而另一方面，教师教育研究者也越来越意识到教师作为学习主体的内在自觉性与自主性的重要意义。教师自主发展是指"教师具有自我发展的意识和动力，自觉承担专业发展的主要责任，通过不断地学习、实践、反思、探索，使自己的教育教学能力不断提高，并不断向更高层次的方向发展"（桂建生，2003）。McGrath（2000）指出教师的自主性不仅体现在对自己的教学有责任心，还体现在对自己的专业发展有自主性，教师成为研究者，成为反思型的实践者，自觉地不断接受新知识，增长专业能力。教师自身的自主性是教师尝试新的教学实践方式并实现专业学习和成长的根本的、内在的动力（Gorozidis & Papaioannou，2014）。如何在教师教育中有机融合外在的评估与内部的自主性是教师培训效果最大化的重要保障。

然而，教育政策的改进也在一定程度上为教师带来了更多的工作压力，教师培训制度为教师设定了更高的工作要求，特别是其中与教学没有直接联系的教师发展要求。例如，参加会议或撰写论文成为教师压力和紧张感的主要源泉，甚至导致了有经验教师的职业倦怠感。只有当外部政策与教师自身专业发展需求达成一致时，教师培训才能更好地推动教师的成长与发展，在情感上得到教师的认可，从而改变教师的教学实践行为（Droogenbroeck et al.，2014）。于是，一些学者建议一线教师参与到教育政策的制定和教师发展评估标准的开发过程中，提高教师在教育政策制定中的话语权，通过共同开发可行的教师培训政策切实改进教师的教学实践行为，促进教师的专业发展（Schnellert et al.，2008）。

相比于系统化、规范化的西方教师培训机制，我国的在职教师培训还存在着很多不足。例如，缺乏系统的教师培训体系、教师自身的专业发展意识还很薄弱（程晓堂、孙晓慧，2010；段文汇，2013）。王海啸（2009）指出，我国高校英语教师能够平均获得的进修机会还很有限，单纯依靠外部教育环境为教师教学科研培训或专业发展提供适当的机会和指导，而没有教师自主学习和发展的愿望和意识，外语教师的职业发展将会是一项十分艰巨的任务。因此，我国在职外语教师培训仍然任重而道远，既要大力建设合理的教师发展评估标准，为教师终身学习与成长提供政策化、制度化的系统保障体制，又要激发教师自身参与学习的自主性，为教师发展提供内部的动力源泉，为教师的学习与职业发展创设平衡的教育生态系统（江世勇、代礼胜，2014）。

8.5 经典研究案例

在职外语教师培训经典研究案例主要有两种，一种是研修班式的，特点是"短平快"。另一种是指导一线教师日常教学，特点是时间长、研究深入。两种方式各有千秋，都是教师发展的好途径。第一种方式本章选择由北京外国语大学中国外语教育研究中心和外语教学与研究出版社举办的研修班（文秋芳、常小玲，2012）为例加以介绍。自 2006 年以来，双方联合举办了四五十期大型专题研修班，来自全国各地近万人次的高校外语教师从中获益。研修班贯彻"合作交流、互动分享、体验实践"的教学理念，紧扣学科发展前沿，为教师提供"教学能力"、"研究能力"、"教育技术能力"、"管理能力"等多个主题的研修内容，便于教师根据自己的需要进行选择性学习。研修班活动形式丰富，包括大班讲座、小组讨论、小组汇报、小组演示、大班比赛、个人反思、大班答疑等。与一般的讲座不同，该研修班以问题为驱动，从学员的实际需求出发，采用开放式研修方式，探讨解决问题的多种可能性，学员们在集思广益和互动学习中得到了发展。实践证明，这一研修形式对高校外语教师的专业化能力提高与职业发展有显著效果，对推动我国高校外语学科发展与师资队伍建设有积极的作用。

随着外语教师教育向反思性实践模式及教师合作研究模式的发展，行动研究作为一种实践性的问题解决模式自 20 世纪 70 年代受到教育界的广泛关注，逐渐成为教师反思与学习的重要工具（Richards & Lockhart，1996；Richards & Farrell，2005），成为教育课程改革和教师发展的重要推动力（王蔷等，2010）。20 世纪 80 年代以来反思实践性教学模式在教师培训中的广泛应用（O'Sullivan，2002），行动研究逐渐受到教师教育研究者的青睐，成为教师培训的重要工具。以下将介绍不同情境中引入行动研究的外语教师培训与发展项目案例，描述教师不仅了解行动研究的基本理念和原则，而且结合自身教学实践中的真实问题，感受和经历行动研究的实际操作过程，结合与教师教育者的合作及自身的不断反思，对外语教学及自身的专业发展进行反思，获得了专业的成长，以期对在职外语教师的培训与发展作出进一步的总结和展望。

香港教育学院教师教育者 Hui & Grossman（2008b）详细介绍了他们在名誉教授 John Elliott 的鼓励下开展行动研究项目（Teaching and Learning Action Research Project）的过程，总结了行动研究项目中的不同案例，项目主要专注于三个主题：（1）学习评估（assessment of learning），（2）创新教法（innovative pedagogy），（3）连接理论与实践（linking theories and practice）。通过长达五年的努力，教师及教师教育者生成了基于特定情境的教学知识基础，将关于语言和语言教学的理论知识与教学实践行为有机地结合在一起，鼓励教师尝试新的教学方法，有效地促进了在职外语教师的专业成长和职业发展意识。

此外，来自北京师范大学的王蔷始终致力于基础教育教师培训与发展的事业，很早就将行动研究的方法引入到教师教育课程及培训的实践中（王蔷，2001）。结合我国第八次基础教育课程改革对教师发展提出的纵深要求，王蔷带领的高校教师教育团队与基础教育科研部门、基础教育英语教师开展了合作行动研究项目（王蔷等，2010；王蔷、张虹，2012），利用专题学习与案例分析相结合、集中培训与分散指导相结合、集体研讨与个别会诊相结合、骨干培养与团队合作相结合、教学实践与教学反思相结合等灵活多样的培训方式，逐渐生成了教育行政机制保障下双主体互动的教师培训模式。项目组基于长达七年的项目培训及实证研究经验发现，在职外语教师通过参与课题讨论及开展教学行动研究，获得了重要的专业发展：大部分教师从经验型教师成长为有终身发展意识的学习型和智慧型教师，提高了课程改革中新的教学理念的执行力，提升了教学研究能力。此外，合作行动研究项目对教师教育者也有着重要的启示和作用，教师教育者更加理解基础教育外语教师在现实中的"无奈"，对自身作为平等的支持者而非高高在上的指导者角色有了重新的定位和理解；在合作学习的过程中，教师教育者在外语教学和科研方面的专业能力也得到了提高。

北京外国语大学中国外语教育研究中心杨鲁新（2013）在此基础上，进行了行动教育的探究。她于 2010 年 9 月至 2011 年 6 月期间在北京某城区组织了中学英语教师自愿研修小组。来自该城区 10 所中学的 18 名英语教师和 3 名高中英语教研员自愿参加了该研修小组。活动期间共进行了 11 次研讨，内容涉及语法教学、词汇教学、阅读教学、研究方法、教材文本分析、读写结合模式等专题。研讨内容都是基于教师的需求，由研修小组教师给出提议，由杨鲁新准备相关教学理念和方法的内容，教师提供自己的教学案例供分析。本研修活动充分体现了行动教育倡导的基于课例的、研究者与教师合作的、课例讨论与行为自省相结合的全过程反思的特点。

可见，行动研究依赖于教师自身想改变的动力，与反思性教学及合作学习等新的教师培训与发展的理念相契合，与教师职业行为形成了内在的适切，成为促进教师专业发展的有效方式之一。教师通过行动研究的发展平台，得以在自身的教学实践场域中，深入反思培训中学习和掌握的新的教育教学理论，发现教学中的真实问题，并通过与教师教育者、同行教师、学生等专业共同体成员的合作与沟通，结合教学所处的独特情境需求，挖掘解决教学问题、改进教学行为，利用科学、系统的方法参与研究，逐渐从被动的教书匠转变为主动的研究者，并在这一不断循环往复的行动研究过程中实现自身的专业成长。当然，对于如何在教师培训项目中高效地开展行动研究项目，如何在合作学习共同体中为教师提供切实的技术和情感支持等细致环节，教师教育研究者还应在更多的实践中作出深入的、后续的研究。

8.6　研究资源

8.6.1　推荐书目

Bartels, N. (Ed.). (2005). *Applied linguistics and language teacher education*. New York: Springer.

Elbaz, F. (1983). *Teacher thinking: A study of practical knowledge*. London: Croom Helm.

Freeman, D., & J. C. Richards (Eds.). (1996). *Teacher learning in language teaching*. Cambridge: Cambridge University Press.

Hui, M., & Grossman, D. L. (Eds.). (2008). *Improving teacher education through action research*. New York: Routledge.

Johnson, K. E. (2009). *Second language teacher education: A sociocultural perspective*.

New York: Routledge.

Richards, J. C. (1998). *Beyond training*. Cambridge: Cambridge University Press.

Richards, J. C., & Farrell, T. S. C. (2005). *Professional Development for Language Teachers: Strategies for teacher learning*. Cambridge: Cambridge University Press.

Richards, J. C., & Lockhart, C. (1996). *Reflective Teaching in Second Language Classrooms*. Cambridge: Cambridge University Press.

Richards, J., & Nunan D. (Eds.). (1990). *Second Language Teacher Education*. Cambridge: Cambridge University Press.

Roberts, J. (1998). *Language Teacher Education*. London: Arnold.

Schön, D. (1983). *The Reflective Practitioner: How professionals think in action*. New York: Basic Books.

Wallace, J. M. (1991). *Training Foreign Language Teachers: a reflective approach*. Cambridge: Cambridge University Press.

8.6.2 重要期刊

Educational Researcher

ELT Journal

Teaching and Teacher Education

TESOL Quarterly

The Modern Language Journal

Teacher Development

参考文献

Allright, D. (1988). *Observation in the language classroom*. London: Longman.

Bailey M. K. (2000). The use of diary studies in teacher education programs. In J. C. Richards, & D. Nunan (Eds), *Second language teacher education* (pp. 215-226). Beijing: Foreign Language Teaching and Research Press, People's Education Press, & Cambridge University Press.

Bartels. N. (2005a). Researching applied linguistics in language teacher education. In N.

Bartels (Ed.), *Applied linguistics and language teacher education* (pp. 1-26). New York: Springer.

Bartels, N. (2005b). Applied linguistics and language teacher education: What we know. In N. Bartels (Ed.), *Applied linguistics and language teacher education* (pp. 405-424). New York: Springer.

Bartels, N. (Ed.). (2005c). *Applied linguistics and language teacher education*. New York: Springer.

Borg, S. (2003). Teacher cognition in language teaching: A review of research on what language teachers think, know, believe, and do. *Language Teaching, 36* (2), 81-109.

Chen, W. C. (2012). Professional growth during cyber collaboration between pre-service and in-service teachers. *Teaching and Teacher Education, 28*, 218-228.

Cornelissen, F., van Swet, J., Beijaard, D., & Bergen, T. (2011). Aspects of school-university research networks that play a role in developing, sharing and using knowledge based on teacher research. *Teaching and Teacher Education, 27*, 147-156.

Crandall, J. (2000). Language teacher education. *Annual Review of Applied Linguistics, 20*, 34-55.

Cray, E., & Currie, P. (1996). Linking adult learners with the education of L2 teachers. *TESOL Quarterly, 30* (1), 113-130.

Droogenbroeck, F. V., Spruyt, B., & Vanroelen, C. (2014). Burnout among senior teachers: Investigating the role of workload and interpersonal relationships at work. *Teaching and Teacher Education, 43*, 99-109.

Elbaz, F. (1983). *Teacher thinking: A study of practical knowledge*. London: Croom Helm.

Freeman, D. (1982). Teachers: Three approaches to in-service training and development. *TESOL Quarterly, 16* (1), 21-28.

Freeman, D. (1989). Teacher training, development, and decision making: A model of teaching and related strategies for language teacher education. *TESOL Quarterly, 23* (1), 27-45.

Freeman, D., & Johnson, K. E. (1998). Reconceptualizing the knowledge-base of language teacher education. *TESOL Quarterly, 32* (3), 397-417.

Freeman, D., & Johnson, K. E. (2004). Comments on Robert Yates and Dennis Muchisky's "On Reconceptualizing Teacher Education". Readers react...Common misconceptions about the quiet revolution. *TESOL Quarterly, 38* (1), 119-127.

Golombek, P. R., & Johnson, K. E. (2004). Narrative inquiry as a mediational space: Examining emotional and cognitive dissonance in second language teachers' development. *Teachers and Teaching: Theory and Practice, 10*, 307-327.

Gorozidis, G., & Papaioannou, A. G. (2014).Teachers' motivation to participate in training and to implement innovations. *Teaching and Teacher Education, 39*, 1-11.

Graham, S. (2013). Enhancing professional learning conversation. In E. White, & J. Jarvis (Eds.), *School-based teacher training: A handbook for tutors and mentors*. Los Angeles: Sage.

Gu, Q. (2007). *Teacher development: Knowledge and context*. London: Continuum.

Hawkins, M. R., & Legler, L. L. (2004). Reflections on the impact of teacher-researcher collaboration. *TESOL Quarterly, 38* (2), 339-343.

Hui, M., & Grossman, D. L. (2008a). Introduction. In M. Hui, & D. L. Grossman (Eds.), *Improving teacher education through action research*. New York: Routledge.

Hui, M., & Grossman, D. L. (Eds.). (2008b). *Improving teacher education through action research*. New York: Routledge.

Hutterli, S., & Prusse, M. C. (2011). Supporting the transfer of innovation into foreign-language classrooms: Applied projects in in-service teacher education. In J. Hüttner, B. Mehlmauer-Larcher, S. Reichl, & B. Schiftner (Eds.), *Theory and practice in EFL teacher education: Bridging the gap*. Bristol: Multilingual Matters.

Johonson, K. E. (1996). The role of theory in L2 Teacher Education. *TESOL Quarterly, 30* (4), 765-771.

Johnson, K. E. (2006). The sociocultural turn and its challenges for second language teacher education. *TESOL Quarterly, 40* (1), 235-257.

Johnson, K. E. (2009). *Second language teacher education: A sociocultural perspective*. New York: Routledge.

Johnson, K. E., & Golombek, P. R. (2003). "Seeing" teacher learning. *TESOL Quarterly, 37* (4), 729-737.

Kumaravadivelu, B. (1992). Macrostrategies for the second/foreign language teacher. *The Modern Language Journal, 76* (1), 41-49.

Kumaravadivelu, B. (1994). The postmethod condition: Emerging strategies for second foreign language teaching. *TESOL Quarterly, 28* (1), 27-48.

Lange, D. L. (1990). A blueprint for a teacher development program. In J. C. Richards, & D. Nunan (Eds.), *Second language teacher education*. Cambridge: Cambridge University Press.

Lantolf, J. P. (2009). Knowledge of language in foreign language teacher education. *The Modern Language Journal, 93* (2), 270-274.

Lenten, P. (2013). Providing the right mix of support for trainees. In E. White, & J. Jarvis (Eds.). *School-based teacher training: A handbook for tutors and mentors*. Los Angeles: Sage.

Lopriore, L. (1998). A systemic teacher education intervention: The Italian in-service education program for foreign language teachers. *TESOL Quarterly, 32*(3), 510-517.

Lortie, D. (1975). *School teacher.* Chicago: University of Chicago Press.

McGrath, I. (2000). Teacher Autonomy. In B. Sinclair, I. McGrath, & T. Lamb (Eds.), *Learner autonomy, teacher autonomy: Future directions* (pp.100-110). Harlow: Longman in association with the British Council.

McKinney, J. E. (1964). In-service training: Ways and means. *The Modern Language Journal, 48*(8), 483-486.

Nunan D. (2000). Action research in the language classroom. In J. C. Richards, & D. Nunan (Eds), *Second language teacher education* (pp. 62-81). Beijing: Foreign Language Teaching and Research Press, People's Education Press & Cambridge University Press.

O' Sullivan, M. C. (2002). Action research and the transfer of reflective approaches to in-service education and training (INSET) for unqualified and underqualified primary teachers in Namibia. *Teaching and teacher education, 18*, 523-539.

O' Sullivan, M. C. (2003). Needs assessment and the critical implications of a rigid textbook/syllabus for in-service education and training for primary English teachers in the United Arab Emirates. *Teacher Development, 7* (3), 437-456.

Patrick, P. (2009). Professional development that fosters classroom application. *The Modern Language Journal, 93* (2), 280-282.

Richards, J. C. (2000). *Beyond training.* Beijing: Foreign Language Teaching and Research Press, Peoples' Education Press & Cambridge University Press.

Richards, J. C., & Farrell, T. S. C. (2005). *Professional development for language teachers: Strategies for teacher learning.* Cambridge: Cambridge University Press.

Richards, J. C., & Lockhart, C. (1996). *Reflective teaching in second language classrooms.* Cambridge: Cambridge University Press.

Roberts, J. (1998). *Language teacher education.* London: Arnold.

Schnellert, L. M., Butler, D. L., & Higginson, S. K. (2008). Co-constructors of data, co-constructors of meaning: Teacher professional development in an age of accountability. *Teaching and Teacher Education, 24*, 725-750.

Schön, D. (1983). *The reflective practitioner: How professionals think in action.* New York: Basic Books.

Stewart, T. (2006). Teacher-researcher collaboration or teachers' research? *TESOL Quarterly, 40* (2), 421-429.

Wallace J. M. (1991). *Training foreign language teachers: A reflective approach.* Cambridge: Cambridge University Press.

Wenger, E. (1998). *Communities of practice: Learning, meaning and identity.* Cambridge: Cambridge university Press.

White, E. (2013). How to nurture the development of subject knowledge for teaching. In E. White, & J. Jarvis (Eds.), *School-based teacher training: A handbook for tutors and mentors.* Los Angeles: Sage.

White, E., & Jarvis, J. (Eds.). (2013). *School-based teacher training: A handbook for tutors and mentors.* Los Angeles: Sage.

Woods, D. (1996). *Teacher cognition in language teaching: Beliefs, decision-making, and classroom practice.* New York: Cambridge University Press.

Yates, R., & Muchisky, D. (2003). On reconceptualizing teacher education. *TESOL Quarterly, 37* (1), 135-147.

邴冬梅、洪兴科，2004，美国网络教师培训策略和实践的研究及启示，《现代情报》（8），185-186。

卜玉华，2009，"新基础教育"成型性研究英语教学改革报告，叶澜等编著，《"新基础教育"成型性研究报告集》（123–141 页）。南宁：广西师范大学出版社。

陈莉，2013，美国外语教师教育：标准、模式和特点，《外国教育研究》（12），115-122。

陈则航、钱小芳，2011，网络学习社区对英语教师自主发展影响的实验研究，《中国外语教育》（2），21-30。

程晓堂、孙晓慧，2010，中国英语教师教育与专业发展面临的问题与挑战，《外语教学理论与实践》（3），1-6。

桂建生，2003，中小学教师专业发展的必然选择：自主发展和专业对话，《当代教育论坛》（12），47-50。

段文汇，2013，中小学英语教师培训现状及对策，《教学与管理》（6），59-61。

高伟（译），Edge, J.（著），1989，英语教师培训中运用语言学知识，《国外外语教学》（3），41-43。

高翔、王蔷，2003，反思性教学：促进外语教师自身发展的有效途径，《外语教学》（2），87-90。

高云峰、李小光，2007，近十年我国高校外语教师教育研究文献评析，《外语界》（4），56-64。

顾佩娅，2008，外语教师教育和发展的理论、研究与实践，《外语教学理论与实践》（3），88-92。

官群，2011，英语教师培训"新图"（NUMAP）模式研究，《教育研究》（7），83-87。

韩曙花、刘永兵，2013，社会认知主义视域下的外语教师发展研究新取向，《外国教育研究》（11），67-73。

郝瑜、孙二军，2013，中小学英语教师培训现状探析：问题与对策，《外语教学》（2），48-51。

何勇（译），1984，Strevens, P.（著），1978，英语教师培训，《国外外语教学》（4），19-23。

贾爱武，2005，外语教师教育与专业发展研究综述，《外语界》（1），61-66。

江世勇、代礼胜，2014，文化生态学取向的中学外语教师国培计划实效研究，《现代中小学教育》（5），62-65。

蒋学清，2013，北京五所高校大学英语教师培训项目：理论与实践，《中国外语》（1），65-71。

赖恒静，2009，我国外语教师教育与发展研究现状及问题，《教育与教学研究》（5），40-42。

李辉，2013，国际化外语教师教育改革路径及创新研究，《中国教育学刊》（9），65-68。

李瑾瑜，2011，"国培计划"：基于政策理解与专业实践的行动策略，《中小学教师培训》（7），7-9。

李静、陈亮，2011，校本培训——高校公共英语课教师专业发展的有效途径，《教育探索》（2），110-111。

李玉陈，2000，《超越专业技术训练》。北京：外语教学与研究出版社。

梁中贤，2004，美国外语教师发展的新趋势，《外语界》（6），58-63/68。

刘芳、夏纪梅，2011，高校英语教师反思性培训实证研究——基于一项全国高校英语骨干教师培训现场的调查，《外语界》（4），55-60。

刘家凤、鄢章荣，2008，高校英语专业教师在职专业发展——基于当前英语专业教学改革中复合型人才的培养，《西南民族大学学报》（人文社科版）（4），318-321。

刘润清，2001，《论大学英语教学》。北京：外语教学与研究出版社。

刘学惠，2005，外语教师教育研究综述，《外语教学与研究》（5），211-217。

骆爱凤、叶张煌，2007，高校在职外语教师职业发展情况调查与研究，《外语界》（4），51-55。

吕乐、戴炜华，2007，教学研究：外语教师职业发展的关键，《外语界》(4)，22-27。

彭伟强、叶维权，2006，欧洲外语教师教育现状与改革动向，《外语界》(2)，47-52。

彭伟强、朱晓燕、钟美华，2008，外语教师教育与发展研究：现状、思考与展望，《外语界》(5)，38-45/83。

束定芳、庄智象，1999，《现代外语教学——理论、实践与方法》。上海：上海外语教育出版社。

司瑞瑞，2011，国内外语教师教育与专业发展研究综述，《重庆三峡学院学报》(4)，157-160。

孙二军，2013，中小学英语教师培训需求调研及对策分析，《教育导刊》(7)，30-33。

孙炬，2003，外语教师作为反思性从业者——外语教师职业发展的新趋势，《山东师范大学外国语学院学报》(4)，5-7。

孙伟、崔刚，2007，基于 E-Learning 环境的高校教师在职英语培训模式探究，《中国职业技术教育》(33)，29-31。

王枫林，2011，在"国培计划"实践中探索中学英语教师培训新模式，《中小学教师培训》(11)，3-5。

王海啸，2009，大学英语教师与教学情况调查分析，《外语界》(4)，6-13。

王勤梅、蒋道华、杨鲁新，2013，"国培计划"影响下的中学英语教师专业发展研究，《基础英语教育》(2)，14-20。

王蔷，2001，行动研究课程与具有创新精神的研究型外语教师的培养，《国外外语教学》(1)，1-7。

王蔷、张虹，2012，《高校与中学英语教师合作行动研究的实践探索——在行动中研究，在研究中发展》。上海：上海教育出版社。

王蔷、张文华、林周婧，2010，高校与基础教育教师合作行动研究的实践探索，《课程·教材·教法》(12)，87-93。

王添淼、方旭、付璐璐，2014，美国二语教师专业发展有效途径及启示，《云南师范大学学报》（对外汉语教学与研究版）(1)，15-21。

温海龙，2008，我国中小学教师远程培训现状分析，《法制与社会》(12)，239-240。

文秋芳、常小玲，2012，为高校外语教师举办大型强化专题研修班的理论与实践，《外语与外语教学》(1)，1-5。

吴卫东，2005，《教师专业发展与培训》。杭州：浙江大学出版社。

吴一安，2008，外语教师研究：成果与启示，《外语教学理论与实践》(3)，32-39。

吴宗杰，2005，《课程知识与教师话语》。北京：外语教学与研究出版社。

夏纪梅，2002，大学英语教师的外语教育观念、知识、能力、科研现状与进修情况调查结果报告，《外语界》(5)，35-41。

夏纪梅，2006，外语教师发展问题综述，《中国外语》(1)，62-65。

谢倩，2010，欧洲一体化进程中的外语教师教育，《外国教育研究》(1)，72-75。

徐锦芬、文灵玲，2013，论外语教师教育的创新研究，《外语教学》(1)，52-55。

许竹君、张艳、徐玲，2012，在职英语教师培训现状的调查与启示，《职教论坛》(16)，52-56。

严明，2010，后教学法时代在职外语教师研究取向述略，《外语教学理论与实践》(2)，23-28/14。

杨鲁新，2013，基于行动教育理论的中学英语教师在职发展模式研究，《基础英语教育》(1)，86-92。

杨庆余，2005，教师就是研究者，《上海教育》(3)，32。

张晓冬、王扬，2008，英语教师专业发展研究现状、问题与趋势，《重庆工学院学报(社会科学)》(5)，168-170/180。

张艳、许竹君，2012，中职英语教师发展与培训现状调查研究，《山西师大学报(社会科学版)》(3)：155-158。

张雁玲、郭乃照，2008，大学英语教师专业发展的途径研究，《教育理论与实践》(9)，25-27。

周燕，2008，中国高校英语教师发展模式研究，《外语教学理论与实践》(3)，40-47。

朱旭东，2010，论"国培计划"的价值，《教师教育研究》(6)，3-8/25。

第九章　教师教育者[1]

颜奕　清华大学外文系　罗少茜　北京师范大学外国语言文学学院

9.1 引言

外语教师教育者肩负"双重责任"（double commitment）（Ben-Peretz et al.，2010：118），不仅担负着职前及在职外语教师教育的任务，也间接影响着这些教师的学生学习。正如 Wright（2009）所言，外语教师教育者专业发展处于"上游"位置，为下两个层级——外语教师专业发展和外语教育活动提供了资源。如同外语教学改革的成败关键看外语教师，外语教师教育的成功与否则很大程度上把握在外语教师教育者手里。

然而，国内外应用语言学界对教师教育者的探究和了解较为匮乏，Wright（2010）就指出语言教育领域对其教师教育者的探究远落后于通识教育领域。有关教师教育者的养成，业内似乎有一个想当然的先见，即优秀教师自然也会成为优秀教师教育者。这意味着教师教育者的工作尚未得到重视和认同。Lanier & Little（1986）曾提出，"教师的教师是怎样的人？他们在做什么和想什么？"在教师教育研究领域中被整体忽略，甚至研究者也不太确定他们是谁。在我国这种拥有约三亿外语学习者及百万大中小学外语教师的教育情境中，外语教师教育者的存在和自身发展问题近年才开始引起学者们的关注（如 Wang，2012；文秋芳、任庆梅，2012；邹为诚，2009）。

本文将首先厘清外语教师教育者的概念意涵，接着述评相关研究现状，展望未来研究的可能性及描述两个相关实证研究的案例，最后分享现有研究资源，以期为相关理论建构、教育实践及研究提供启示。就理论建构，本文将通过梳理国内外相关文献并结合我国特定教育情境对"外语教师教育者"概念进行界定，

1　本章部分内容已发表于《中国外语教育》2015 年第 3 期《外语教师教育者：概念意涵、研究现状与展望》。

明确其内涵，廓清其外延。就教育实践，理解"谁是外语教师教育者"可为外语教师教育者的专业身份正名，改善公众对其存在的漠视状态，并为未来外语教师教育者资格或标准等相关政策的制定提供参考。就学术研究，本文将基于对研究现状的梳理为未来研究者揭示亟待填补的研究空白、研究方法及资源。

9.2 概念意涵

从词源学的角度看，"教师教育者"和"教师教育"密切相关。"教师教育"的概念首次于 2001 年出现在我国的官方文件——国务院颁布的《关于基础教育改革与发展的决定》中，同年朱旭东在我国教育领域首次提出了"教师教育者"的说法（康晓伟，2012）。自此，"教师教育者"这一概念逐渐进入我国教育领域的学术话语体系。然而，对"谁是教师教育者"一直没有定论，国内外学者根据各自的教育情境及目的对"教师教育者"的定义众说纷纭、莫衷一是。以下按照编年体形式，呈现近十余年国内外通识教育领域研究中对教师教育者的界定（见表 9.1）。

表 9.1 教师教育者概念纵览

国内外学者	教师教育者概念
Smith（2003）	教师教育者在高等教育院校工作，其主要任务是培训未来教师。
Koster et al.（2005）	教师教育者是为学生教师提供专业引领和支持，并培养合格教师的个人。
Murry & Male（2005）	教师教育者是二线教师（second-order teacher），即教师的教师，引导学生进入学校教学和教师教育的实践和话语。
Lunenberg & Willemse（2006）	教师教育者是作为培训者和研究者在高等教育院校中培养教师的教师。
杨秀玉、孙启林（2007）	教师教育者即教师的教师，为教师提供教育指导的人……既包括大学教育机构中负责教育、辅导准教师的指导教师及为在职教师提供继续教育的教师，又包括中小学校里协助指导实习教师的合作教师、辅助初任教师顺利度过入职阶段的指导教师等。总之，为职前与职后教师提供教育指导的教师都可谓教师教育者。

（续表）

国内外学者	教师教育者概念
李学农（2008）	教师教育者是教师专业发展的导师，专注于教师之为教师的专业素质发展。当前师范大学综合化趋势下，只有在大学专门研究和实施教师教育，培养师范生教育专业素养的教师才是教师教育者。
Shagrir（2010）	教师教育者处于教师教育的核心地位，凡是帮助学生教师作好职前准备并成为教师职业团队中一员的人都可以称为教师教育者。这不仅包括参与教育实习、承担教学理论和教学法课程的教员，还包括参与到这个专业准备过程的所有人员。教师教育者需为学生教师提供角色示范和教学示范，同时也必须认同自己作为教师教育者的身份。
Ben-Peretz et al. （2010）	教师教育者对其学生和其学生的学生具有双重责任。理想的教师教育者有四种心智模型：模范教育者（model pedagogue）、反思的自我研究实践者、专业身份发展中的合作者及自我事业的管理者。
Zhu（2010）	教师教育者是在高等教育院校中提供教师教育课程、监管职前教师的教育实习及在职教师的教学实践，并从事教师教育研究的人员。他们具有五个关键角色：教师、学者、学习者、合作者及领导者。
王加强（2011）	教师教育者需扮演"身正令行"的示范者、"使人继志"的激发者和"吾自成也"的联络者的角色。
康晓伟（2012）	教师教育者泛指所有培养或培训教师的人员，即教师的教师，既包括基础教育阶段中的教师教育者，也包括中等师范层面和高等教师教育机构中的教师教育者。教师教育者是教师教育知识的生产者、教师专业发展的引领者及教师教育文化的推动者。

综合以上学者的界定，可见"教师教育者"的概念经历了一个从单一到多元的转变过程。较早 Smith（2003）对教师教育者的界定仅限为高等教育院校的教师培训者。Murry & Male（2005）认为，相对于学科教师或一线教师（first-order teacher），教师教育者是教师的教师或二线教师（second-order teacher）。Lunenberg & Willemse（2006）则将教师教育者同时定位为教师培训者和研究者。Shagrir（2010）将教师教育者的概念外延扩展到参与职前教师教育过程的所有人员。Ben-Peretz et al.（2010）及 Zhu（2010）的界定不仅包括了教师教育者作

为教师的教师及研究者的特点，更突出了他们作为社会人的多元角色。我国学者将教师教育者定位为在不同层次教育机构中培养和引领职前或在职教师的教师。此外，王加强（2011）也提及了教师教育者的社会角色，如激发者和联络者。由此，教师教育者的意涵可分为四个层面：（1）作为教师的教师；（2）作为研究者，尤指高校的教师教育研究人员；（3）仍作为一线学科教师，尤指中小学的合作教师、指导教师或学科带头人等；（4）作为社会人，如学习者、合作者、领导者、管理者及联络者等。

近年来应用语言学界多将"二语教师教育"（SLTE）作为一个涵盖性术语（umbrella term）（如 Burns & Richards, 2009；Kumaravadivelu, 2012）。因此，相对于较早期的"语言教师培训者"（language teacher trainer），目前"语言教师教育者"（language teacher educator）这个称谓使用得更为普遍。而我国属于英语作为外语的教育情境，本文将通篇使用"外语教师教育者"或"语言教师教育者"这样的称谓。那么，该如何界定"外语教师教育者"呢？

借鉴通识教育中教师教育者概念的四个层面，本文基于我国的外语教育情境对"外语教师教育者"的意涵进行阐释（见图9.1）。首先，外语教师教育者的核心内涵是外语教师的教师。外语教师教育者与其他教育者有相同的基本职责，即为促进学习，但与其他教育者不同的是教师教育者服务对象的学习内容是教学本身。教师教育如同任何一种形式的教学一样，只有促进了学习者的学习，教育才有可能发生。换言之，没有教师（教育者）可以替代学生（教师）学习；没有教师（教育者），学生（教师）仍然可以学习。因此，"外语教师的教师"的基本职责就是促进职前或在职教师学习外语教学，其最重要的角色不是外语教师教育的主导者，而是教师学习的促进者。第二，部分外语教师教育者还从事外语教师教育及外语教学的研究工作，就职于高等教育机构。他们为学生教师或在职教师提供课程或培训，也从事研究工作及创造理论知识。多数拥有博士学位，可能并无许多一线语言教学经验。第三，一些外语教师教育者曾经或仍然是一线外语教师，如中小学校或地方的外语学科带头人或教研员等。他们除了自己的学科教学工作外，还负责辅导准教师，协助初任教师以及组织在职教师的教研活动。他们具有丰富的一线教学经验及实践性知识，并不一定从事学术研究工作。最后，外语教师教育者具有社会人的共性。他们可能是谋求自身专业发展的学习者，也可能作为合作者是外语教育实践共同体中的一员，还可能是师范院校外语院系的领导者，同时也是自身职业的管理者和规划者。图 9.1 最外圈用了虚线，以示外语教师教育者社会人角色的拓展性。

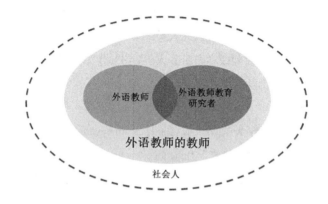

图 9.1 外语教师教育者概念界定

总之，定义中"外语教师的教师"和"社会人"这两个层面是所有外语教师教育者所共有的，而其他两个层面仅适用于一部分人。这四个层面之间的关系犹如四个集合，或包含或交织。此外，在外语教师教育者个体专业发展的过程中这四个层面的角色不是固定、静态的，可能发生复杂、动态的转换。

9.3 研究现状

应用语言学领域研究的关注焦点从 20 世纪 70 年代中期的学习者和教学法转变到 80 年代的语言教师知识和教学实践，乃至 90 年代中期语言教师发展出现了社会文化转向（Johnson，2006）。语言教师教育引起了应用语言学家的重视，由此也引发他们对语言教师教育者专业发展的兴趣，一些著作应运而生（如 Hayes，2004；Malderez & Bodoczky，1999；McGrath，1997）。这样的兴趣转向符合人类认知的逻辑顺序：学生学习受到教师教学质量的影响，而教师教学一定程度上又映射着教师教育的质量。具体而言，语言教师教育者专业发展于 20 世纪 80 到 90 年代，在西方国家逐步得到学界关注。早期探究多为思辨或引介性的非实证研究，近十年才出现了少量以系统的数据收集和分析为特征的实证研究。

9.3.1 非实证研究

首先，非实证性文献记录了早期培训语言教师教育者的活动。根据 Wright（2009），对语言教师教育者的正式培训源于上世纪 70 年代英国私立语言教育机构中的教师教育以及英国对发展中国家语言教育的援助项目。交际教学法为当时的语言教育带来了迅猛变革，随之出现了交际教学法教师培训群体，这个群体同时承担着教师和教育者的双重角色。对于这个教师培训者群体的培训标志着语言教师教育者专业发展领域的开端，培训多采取了"广泛级联传播模型"（a cascade model of dissemination）（同上：105）。随着培训经验的不断丰富，一些培训者基于切身经历描述了各自在其他国家培训语言教师教育者的活动（如 Bax，2002；Edge，1985；Hayes，2000；Tomlinson，1988 等）。

其次，非实证性研究对语言教师教育者的专业经验进行了引介。从上世纪 80 年代后期开始，一系列语言教师教育相关书籍和文章的出现使得语言教师教育者的专业实践有了参考。其中的先行者是 Doff（1988）*Teach English* 一书。在书中随附的语言教师教育者手册中，Doff 讨论了语言教师教育的指导原则、教师教育者的角色和实践，可称之为语言教师教育者专业发展的内隐课程（implicit curriculum）（Wright，2009）。又如，Wallace（1991）基于 Schön 的反思性实践理论提出外语教师教育的反思途径。此外，一些期刊文章也分享了外语教师教育者的实践经验。Gebhard（1984）分析了语言教师教育者在教师培训中可使用的五种指导模式，即指令式模式、选择式模式、合作化模式、非指令式模式及创造性模式。Bax（1997）从语言教师教育课程设置、授课方式、氛围、挑战、内容及评价等方面，总结了具有情境敏感性（context-sensitive）的语言教师教育者所应承担的 12 种角色。近期 Dellicaripini（2009）介绍了语言教师教育者在教学法课程中如何融入合作学习活动，以促进教师对合作学习理论的理解及其实践中的应用能力。Maggioli（2012）在其专著中将现有促进教师学习的四种模式比作"观而学"、"读而学"、"思而学"及"参与而学"，他认为语言教师教育者可以酌情选择适切的模式以达到促学的终极目标。这些主要受众为外语教师教育者的指导文献体现了不同时期外语教师教育的范式和方法。

第三，上世纪90年代"语言教师教育者专业发展"的概念被首次提出，随后教师专业发展的内容逐渐明晰。在McGrath（1997）编写的 *Learning to Train: Perspectives on the Development of Language Teacher Educators* 一书中，他首个明确提出"外语教师教育者专业发展"的概念。该书涵盖了外语教师教育者培训课程的设计和评估、外语教师教育者专业发展的过程、方法论及案例分析等。此后，Malderez & Bodoczky（1999）、Hayes（2004）、Wright & Bolitho（2007）等在此基础上延续了对外语教师教育者专业发展的讨论。其中，Hayes（2004）及 Wright & Bolitho（2007）使用了"培训者发展"（trainer development）指代较为正式的外语教师教育者发展途径及过程。一些学者还从应然视角讨论了外语教师教育者专业发展的内容框架。Burns（1994）提出了涵盖知识、技能和意识（KSA）的三维外语教师教育者发展内容框架。Waters & Vilches（2003）还提出了"实训室技能"（training room skills）作为语言教师教育者培训课程的内容。Waters（2005）提出，外语教师教育者需要特殊教育专长，包括有关教师学习环境、心理及学习过程的知识，及将这些知识转变为教师学习机会的实践技能。Edge（2011）在其自传体专著中提出涵括"存在"（being）与"践行"（doing）的两维语言教师教育者发展框架，前者包含"有方法的、有技巧的、有理论的、有学识的与实用的"五方面，后者则相应为"复制、应用、理论化、反思与行动"。

9.3.2 实证研究

自20世纪末，国外学者开始从事相关实证研究。首先，研究者探究了语言教师教育者专业发展的过程，包括发展轨迹和方式等。Lubelska & Robbins（1999）从认知、情感和专业的角度探究了从语言教师到教师教育者转型过程中的变化。Johnson（2000）通过自我研究（self study）探究了其硕士生英语教学法课程中的对话特征，从而反思了自身作为外语教师教育者的专业发展。Vilches（2003）也描述了自己从语言教师到教师教育者的转型过程。Hayes

（2005）通过访谈探究了三位斯里兰卡英语教师教育者生活史，揭示了他们在其特殊社会背景下的专业发展轨迹及专业信念。Moncada & Ospina（2005）通过调查发现，哥伦比亚外语教师教育者主要通过教授高级课程、作研究、参与国际会议、进行反思性实践、制定自主发展规划及参与共同体等手段促进自我专业成长。He（2009）基于对话分析描述了实践共同体中高校外语教师教育者与中学英语教师的合作。

其次，研究者探究了语言教师教育者专业发展的结果，包括专业角色和素养等。Moncada & Ortiz（2003）通过焦点团体和问卷调查探讨了外语教师教育者的理想特征和角色，结果发现，理想的外语教师教育者应具备本土知识、教学经验、外语技能和研究经验。Walker（2007）通过自我研究省察了在课堂学习研究（learning study）中自身作为英语教师教育者的多元角色与责任。此外，Norton & Early（2011）通过叙事探讨了在国际合作研究项目中高校研究者和教师之间的关系及研究者的身份认同，结果发现研究者作为教师教育者的身份最为突出。Izadinia（2012）探究了外语教师教育者的示范作用，并发现其教育观念与实践会对学生教师的外语教学观及自我认同产生趋同效应。

从上文可见，目前语言教师教育者的相关文献与有关语言学习者和教师的大量文献相比，其数可谓寥寥，且研究存在明显不足。首先，研究者未形成探究共同体，其间缺少沟通与合作，未达成共识，导致研究数量较少。其次，就研究主题来看，早期文献多是强调对语言教师教育者的诉求与呼吁式的提倡，坐而论道，论多证少，而近期对其专业发展过程、实践行为、身份认同、需求和挑战等实然问题的探究尚需向纵深发展。第三，至于研究方法，早期探究多为经验引介及理论思辨，近十年才出现少量实证研究，尚缺少深入细致的质性研究和较具规模的量化研究。尽管存在着不足，现有研究仍为进一步的探索奠定了基础。

近来，国内研究者也开始关注外语教师教育者。邹为诚（2009）通过对11所师范院校外语专业的深入调查发现，"教师教育者专业水准低，师资质量良莠不齐"是导致我国基础教育阶段外语教师质量问题的原因之一。他还发现，一些外语教师教育者缺少专业素养，缺乏教师教育者观念；对外语教师教育专业存在学术偏见；不知如何解决学科教学特点和教师教育特点之间的冲突；对教师教育者需要具备的专业知识以及学习者的语言能力和认知能力发展不了解。文秋芳、任庆梅（2012）在创建高校外语教学研究者和教师之间互动发展新模式的过程中发现，研究者通过与一线教师在情感和认知上的互动，增强了与一线教师的人际沟通能力及理论联系实践的能力。他们强调，在教师教育过程中绝不能忽视作为教师引领者的研究者自身的专业成长。Wang（2012）通过"自我"和"他者"的两个视角探究了外语教师教育者所需具备的知识基础和发展路径。她指出：外语教师教育者的专业知识有多个复杂层面；优秀外语教师教育者的知识和专长有待进一步的外显，以增进学界对这一职业的了解；外语教师教育者的专业地位需要通过系统、深入的研究及相关专业标准的建立进一步获得社会认可。颜奕（2014）以拓展学习理论为切入视角，采用质性案例研究方法，对由高校外语教师教育者、区教研员及中小学英语教师共同参与并合作的教师学习活动进行了为期一年的跟踪探究，描述并阐释了高校外语教师教育者教育专长的拓展过程及表现等。

9.4 研究展望

几位著名应用语言学家在其综述文章中都提出，应用语言学界须加大对语言教师教育者的研究力度。Borg（2010）指出，语言教师教育者的专业发展是迫切需要开拓的研究领域，值得关注的问题包括：他们如何成为语言教师教育者？如何理解自己的工作？面临哪些挑战？如何培养有效的语言教师教育者？Ellis（2010）在讨论了语言教师教育者作为二语习得理论传输者、教师指导者和教师教学反思意识的提高者等三重角色的基础上，感叹于相关研究的匮乏，并提出问题：语言教师教育者如何处理二语习得理论？对语言教师产生了怎样的影响？在二语习得研究者和教师之间扮演怎样的中介角色？Wright（2009）认为，未来需进一步探究语言教师教育者的专业发展，特别是在改革背景下其变化及教育实践过程。综合这几位学者的观点以及上文对已有研究的述评，本节将探讨未来值得关注的研究主题及相应研究取向。

9.4.1 研究主题

值得未来研究聚焦的主题包括四个方面。首先，研究可以关注不同成长阶段的外语教师教育者专业发展的轨迹。研究可聚焦新手外语教师教育者，如揭示他们从专家教师或研究者到新手教师教育者这一入职阶段的实践活动、过程、挑战及需求等。研究还可描述经验较丰富的外语教师教育者在与一线教师合作过程中或课程改革的浪潮中认知、实践或情感方面的专业成长。此外，研究可描述外语教师教育者通过自我研究等方式谋求发展的过程，还可借鉴通识教育领域的研究者使用"旅程"这个隐喻来探究外语教师教育者的发展轨迹，以揭示其专业发展过程中跋涉的艰辛和收获的喜悦。

其次，与外语教师教育者专业发展相辅相成的是其身份的建构和转变。Wright & Bolitho（2007）指出，外语教师教育者专业发展的前提是须关注"他们是谁"的根本问题。因此，未来研究有必要聚焦外语教师教育者从优秀教师或研究者到教师教育者的身份过渡和转变。例如，外语学科的教研员或学校带头人作为基于学校的（school-based）外语教师教育者如何实现从一线教师到教师教育者的身份过渡？基于高校（university-based）的外语教育研究人员又如何在与一线教师合作过程中建构教师教育者身份？

第三，未来研究可对外语教师教育者的专业素养等进行描述性或规范性探究。换言之，外语教师教育者已具备的或所需的专业素养及专长等值得全面、审慎的探究、阐述及传达。通识教育领域对教师教育者的专业素养及专长等已有一定探讨，而针对外语教育教师者领域还缺乏实证研究。因此，未来研究可聚焦外语教师教育者在实际教育教学情境中的实践工作，细致深入地描述其应对具体情境所彰显的专业素养或专长。此外，彭伟强等（2008）指出外语教师教育者的资格标准是我国外语教师教育领域需探究的问题之一。由此，未来研究还可宏观地考察应然状态下外语教师教育者所需达到的专业标准，以便为外语教师教育者的资格、聘用及职业梯级安置等提供依据。

最后，由外语教师教育者参与的实践共同体及中小学—高校间的合作关系（school-university partnerships）也是值得探究的主题。未来研究可聚焦外语教师教育者团队的合作学习和发展，或聚焦外语教师教育者和教师之间的合作和发展，还可探讨基于中小学的外语教师教育者和基于高校的外语教师教育者之间的合作。研究中的共同体既可以是自发的、非机构化的合作，也可是正式的、机构化的合作。后者中最为突出的范例就是以色列致力于教师教育者尤其是新手教师教育者发展的 MOFET[1] 学院。这所学院堪称世界独一无二，为各国教师教育者的培养工作作出典范。

9.4.2 研究取向

从研究的目的和价值导向看，研究可以分为：(1) 以"求真"为目的、以了解和理解"是什么"的学术导向的研究；(2) 以"求善"为目的、以探讨并推进"应该是什么"的实践导向的研究（陈向明，2008）。以下将从这两个方面讨论未来研究可采用的研究取向。

9.4.2.1 求"真"的学术研究

首先，大规模的量化研究方法为"鸟瞰"外语教师教育者的存在及发展现状等宏观图景提供便捷。"鸟瞰"意指总体、宏观地考察在应然或实然状态下教师教育者所具备的专业素养、身份认同和发展轨迹等。国外通识教育领域的一些大规模规范性研究主要受到标准制定这一现实诉求的影响，例如，Koster et al. (2005) 运用德尔菲法（Delphi）从教师教育者的能力和任务两个维度建构了荷兰教师教育者专业素质模型。

其次，深入细微的质性研究方法（如案例研究、叙事探究、民族志研究、现象学研究、话语分析或隐喻分析等）适宜"管窥"具体教育情境中的外语教师教育者，有益于描述和理解微观现象。采取"管窥"视角的描述性或探索性研究可对外语教师教育者实践的某一方面进行细致生动的描述及分析，探究其回应具体情境所彰显的知识、技能、信念或个人特质等，借以为初任或职前外语教师教育者提供借鉴或启示。具体问题包括他们如何教授语言教学法、如何搭建理论和实践的桥梁、如何为教师提供反馈、如何促进教师反思、如何示范

---

1 MOEFT 为希伯来语，有典范、完人之意。

及评课等。例如，Zhu（2010）通过案例研究描述了在中国基础教育课程改革背景下高校教师教育者参与改革的行为、角色及专业发展所面临的挑战等。

9.4.2.2 求"善"的自我研究

外语学术界不仅应加强对外语教师教育者这一专业群体的了解和理解，更应鼓励外语教师教育者通过自我研究深化对自身的了解，改善专业实践，提升专业地位。上世纪 90 年代，西方教育界兴起了由教师教育者发起的自我研究，旨在改变传统的教师教育方式，运用叙事、日志、自传、反思性实践、行动研究等方式，在实践中体验、交流、传播理论，并使那些长期隐于教师教育者思想内部的东西显性化。此举突破了理论与实践二元对立，是教师专业发展范式革命的延续，为教师教育提供了新的实践思路（吕立杰、刘静炎，2010）。自我研究的兴起让教师教育者这一几乎被遗忘的群体开始得到关注，公开发表的教师教育者自我研究数量在通识教育相关研究中占据相当大比例。

值得外语教师教育者自我研究的问题也有很多，如外语教师教育者日常都有哪些实践工作？如何跨越理论和实践之间的鸿沟？如何与职前或在职教师沟通？如何为教师提供示范？如何穿越不同层次的教育机构？面临怎样的挑战和矛盾？如何获取和发展知识与技能？如何形成自己的身份与角色？有怎样的教育价值观和信念？总之，外语教师教育者可运用叙事、自传、行动研究等实践取向的、以求"善"为目的的方式研究自我、了解自我、实现自我、解放自我。

9.5. 经典研究案例

9.5.1 Hayes（2005）的研究：《探究斯里兰卡非本族语英语教育者的专业生活》

（1）研究目的

在语言教育领域，非本族语者的英语教师和教育者在人数上远远超过了本族语者教师与教育者，然而在西方学术话语称霸的当下，他们的存在被边缘化，他们的声音尚未得到倾听。由此，该研究旨在填补这一研究空白，主要研究问题包括：在斯里兰卡这样英语为非本族语的国家里，（1）英语教师有怎样的职业生涯，包括他们如何进入职场，如何获得职业升迁，如何成为教师教育者？（2）他们如何实现自我专业发展？（3）他们具有怎样的教学、学习和教师教育信念？（4）斯里兰卡具有怎样的社会教育环境？

（2）研究参与者

该研究的主要参与者为三位斯里兰卡英语教师教育者，包括两位男性及一位女性。他们在受访时分别是 56 岁、50 岁及 43 岁。他们的家庭背景迥异，包括农民、军人及教师家庭。三位都曾与研究者在斯里兰卡的在职教师培训机构中共事。

（3）研究设计

该研究采用生活史方法，从说故事人的主位视角倾听与理解事件、行为或生活体验。理解是一个主体间的情感过程，研究者在分享理解的过程中也是行动的主体。换言之，在生活史研究中研究者自身的思虑、情感、观念和先见都会影响这份理解的产出。在深度访谈中，研究者通过与研究参与者的互动与之共同建构所收集的资料。此外，生活史研究的可信度可以从生活故事的内在一致性、资料的可确认度以及故事的真实性等方面考察。

该研究的背景是研究者和研究参与者都参与服务的斯里兰卡在职教师培训系统。研究者是英方项目的主管，为当地培训中心提供支持，而三位研究参与者是这些培训中心的教师教育者。六年的合作经历让双方在工作和个人关系上建立了高度信任和相互尊重。

研究者分别对三位教育者进行了一次开放性访谈，每次访谈时长两到三小时，全程录音，最终被逐字转写为 140 多页的书面资料。出于研究伦理的考虑，研究者将研究目的、研究程序和公开发表的计划都告知研究对象，并获得了他们的同意。此后，研究者对转写的访谈资料进行了分析，并提炼出凸显的主题。最终，基于这些主题和生活史的时间顺序，研究者展示并讨论了研究发现。

（4）研究发现

研究者分别从五个方面阐释了三位研究参与者的职业发展轨迹、英语教育教学信念及社会教育背景等，包括：他们最初作为英语教师的入职经历、他们对教学工作的态度、他们受教育和培训的经历、他们自身专业发展轨迹和他们参与教师发展活动的经历。换言之，研究者在描述和还原研究参与者生活故事的过程中对研究发现进行了一一阐释和讨论。文章最后，研究者还讨论了生活史方法对于挖掘非本族语英语教师和教育者主位观念与生活故事的可行性和价值。

9.5.2 Walker（2007）的研究：《在源于亚洲的"课堂学习研究"中教师教育者的角色》

（1）研究目的

课堂学习研究（learning study）是中国香港地区特有的以改善教与学为目标的校本教师发展活动。该模式的突出特征是以独特的理论框架——变异理论（variation theory）作为支撑。基于该理论框架的教学分析具有较强的技术性，强调教师对学习内容的选择和关键特征的厘清，注重学科实质。该文作者探究了自己作为英语教师教育者如何促进课堂学习研究以及承担何种角色的问题。

（2）研究参与者

该研究的主要参与者包括：香港三位小学英语教师、一位来自高等教育研究机构（higher education institution，HEI）课堂学习研究中心的顾问，以及来自高校的教师教育者，即研究者本人。三位教师都不具备英语学科知识方面的资格证书，他们与课堂学习研究顾问的母语都是广东话。而研究者本人是澳大利亚英语本族语者，已在香港居住 20 年之久，曾在香港中小学担任英语教学工作，目前在香港教育学院任职。

（3）研究设计

该研究是一项由英语教师教育者本人完成的自我研究。该研究项目前后为期一学年，课堂学习研究的目标是英语语音。收集的资料主要包括：十次会议录像与纪要、三次课堂录像、学生课前与课后测试成绩、一份由研究者与研究顾问共同完成的书面研究报告，以及教师反思日志等。在写作过程中，研究者还与三位教师中的带头人 Kate 和课堂学习研究中的主任通过邮件和面谈进一步补充了研究资料。在资料分析阶段，研究者首先按时间先后顺序对资料反复回顾和阅读，提取教师教育者在整个过程中突显的角色，基于此起草了文章，并与关键他人分享草稿，进而获得新的资料，丰富了研究者原本单一的视角。

（4）研究发现

通过五件关键事件，研究者描述并分析了其作为英语教师教育者在该课堂学习研究活动中的角色，包括：发展教师的学科知识，提升教师用英语自我评价与表达的能力，建立具有专业开放性的关系结构（positionality）以及维系一线教师的课堂探究。作者认为该研究的贡献包括：（1）课堂学习研究的研究背景较为新颖；（2）研究描述了自我研究的过程如何帮助英语教师教育者重新解读困境；（3）以往自我研究多数探究职前教师教育中教师教育者的角色，而该研究聚焦了在职教师发展校本活动；（4）研究帮助参与教师解决了语言学科内容知识不足的问题。

9.6 研究资源

9.6.1 推荐书目

Association of Teacher Educators (ATE). (2002). *Standards for teacher educators*. http://www.ate1.org/pubs/uploads/tchredstds0308.pdf.

Ben-Peretz, M., Kleeman, S., Reichenberg, R., & Shimoni, S. (Eds.) (2012). *Teacher educators as members of an evolving profession*. Lanham, Maryland: Rowman and Littlefield Education.

Berry, A. (2007). *Tensions in teaching about teaching: Understanding practice as a teacher educator*. The Netherlands: Springer.

Diadori, P. (Ed.) (2012). *How to train language teacher trainers*. Cambridge : Cambridge Scholars Publishing.

Doff, A. (1988). *Teach English*. Cambridge: Cambridge University Press.

Edge, J. (2011). *The reflexive teacher educator in TESOL: Roots and wings*. New York: Routledge.

Hayes, D. (Ed.) (2004). *Trainer development: Principles and practice for language teacher traning.* Melbourne: Language Australia.

Klecka, C. L. (Ed.) (2009). *Visions for teacher educators: Perspectives on the association of teacher educators' standards.* Lanham, Maryland: Rowman and Littlefield Education.

Loughran, J. (2006). *Developing a pedagogy for teacher education.* London: Routledge.

Maggioli, G. D. (2012). *Teaching language teachers: Scaffolding professional learning.* Lanham, Maryland: Rowman and Littlefield Education.

Malderez, A., & Bodoczky, C. (1999). *Mentor courses: A resource book for trainer-trainer.* Cambridge: Cambridge University Press.

Malderez, A., & Wedell, M. (2007). *Teaching teachers: Processes and practices.* London: Continuum.

McGrath, I. (Ed.) (1997). *Learning to train: Perspectives on the development of language teacher trainers.* Hemel Hempstead: Prentice Hall.

Randall, M., & Thornton, B. (2001). *Advising and supporting teachers.* Cambridge: Cambridge University Press.

Ur, P. (1988). *A Course in language teaching: Practice and theory.* Cambridge: Cambridge University Press.

Wright, T., & Bolitho R. (2007). *Trainer Development.* http://www.lulu.com.

9.6.2 重要期刊

The Teacher Trainer: http://www.tttjournal.co.uk/

　　该期刊是专为涉及现代语言特别是英语教学及教师培训人士准备的实用杂志。其受众包括：语言教师的指导教师、学科带头人、教研员及高校的教师教育者等。该期刊的目标是：为同行提供一个分享思路、经验、信息和新闻的论坛。该杂志一年三期，刊登文章、信件、评论、访谈及漫画等。

Studying Teacher Education: A journal of self-study of teacher education practices

　　该期刊隶属国际知名学术出版商 Taylor & Francis 旗下，主要刊登有关教师教育或教学的自我研究，旨在激励和传播这类研究及学术对话。该期刊刊登文章主题多为：自我研究、教学、教师学习、教师教育及教师和教师教育者的专业发展。

Action in Teacher Education

该期刊由美国教师教育者协会主办，旨在借助论坛为各层级教师教育实践者等业内人士提供交换思想和信息的平台。

9.6.3 网站

美国教师教育者协会：http://www.ate1.org/pubs/home.cfm

美国教育研究协会的自我研究兴趣小组（S-STEP）：http://www.aera.net/SIG109/Self-StudyofTeacherEducationPractices/tabid/15029/Default.aspx

以色列教育部 MOFET 学院：http://www.mofet.macam.ac.il/eng/Pages/default.aspx

参考文献

Bax, S. (1997). Roles for a teacher educator in context-sensitive teacher education. *ELT Journal, 51*, 223-241.

Bax, S. (2002). The social and cultural dimensions of trainer training. *Journal of Education for Teaching*: International research and pedagogy, *28*, 165-178.

Ben-Peretz, M., Kleeman, S., Reichenberg, R., & Shimoni S. (2010). Educators of educators: Their goals, perceptions and practices. *Professional Development in Education, 36*, 111-129.

Borg, S. (2010). Contemporary themes in language teacher education. *Foreign Languages in China, 7*, 84-89.

Burns, A. (1994). Suggestions for a short trainer course. *The Teacher Trainer, 8*, 20-22.

Burns, A., & Richards J. C. (Eds.). (2009). *The Cambridge guide to second language teacher education.* Cambridge: Cambridge University Press.

Dellicaripini, M. (2009). Enhancing cooperative learning in TESOL teacher education. *ELT Journal, 63*, 42-49.

Doff, A. (1988). *Teach english.* Cambridge: Cambridge University Press.

Edge, J. (1985). "The Somali Oyster": Training the trainers in TEFL. *System, 13*, 113-118.

Edge, J. (2011). *The reflexive teacher educator in TESOL: Roots and wings.* New York: Routledge.

Ellis, R. (2010). Second language acquisition, teacher education and language pedagogy. *Language Teaching, 43*, 182-201.

Gebhard, J. (1984). Models of supervision: Choices. *TESOL Quarterly, 18*, 501-514.

Hayes, D. (2000). Cascade training and teachers' professional development. *ELT Journal, 54*, 135-145.

Hayes, D. (2004). *Trainer development: Principles and practice from language teacher training*. Melbourne: Language Australia.

Hayes, D. (2005). Exploring the lives of non-native speaking English educators in Sri Lanka. *Teachers and Teaching: Theory and Practice, 11*, 169-194.

He, A. E. (2009). Bridging the gap between teacher educator and teacher in a community of practice: A case of brokering. *System, 37*, 153-163.

Izadinia, M. (2012). Teacher educators as role models: A qualitative examination of student teachers' and teacher educators' views towards their roles. *The Qualitative Report, 17*, 1-15.

Johnson, B. (2000). Investigating dialogue in language teacher education: The Teacher educator as learner. In K. E. Johnson (Ed.), *Teacher education: Case studies in TESOL practice series* (pp.157-173). Alexandria: TESOL.

Johnson, K. E. (2006). The sociocultural turn and its challenges for second language teacher education. *TESOL Quarterly, 40*, 235-257.

Koster, B., Brekelmans, M., Korthagen, F., & Wubbels, T. (2005). Quality requirements for teacher educators. *Teaching and Teacher Education, 21*, 157-176.

Kumaravadivelu, B. (2012). *Language teacher education for a global society: A modular model for knowing, analyzing, recognizing, doing, and seeing*. New York: Routledge.

Lanier, J. E., & Little, J. W. (1986). Research on teacher education. In M. C. Wittrock (Ed.), *Handbook of research on teaching* (pp. 527-569). New York: MacMillan.

Lubelska, D., & Robbins L. (1999). Moving from teaching to training. *IATEFL Teacher Trainers' SIG Newsletter, 11*, 7-9.

Lunenberg, M., & Willemse, M. (2006). Research and professional development of teacher educators. *European Journal of Teacher Education, 29*, 81-89.

Maggioli, G. D. (2012). *Teaching language teachers: Scaffolding professional learning*. Lanham, Maryland: Rowman & Littlefield Education.

Malderez, A., & Bodoczky C. (1999). *Mentor courses: A resource book for trainer-trainer*. Cambridge: Cambridge University Press.

McGrath, I. (Ed.) (1997). *Learning to train: Perspectives on the development of language teacher trainers*. Hemel Hempstead, UK: Prentice Hall.

Moncada, A. G., & Ortiz D. I. Q. (2003). Tomorrow's EFL teacher educators. *Colombian Applied Linguistics Journal, 5*, 86-104.

Moncada, A. G., & Ospina E. N. S. (2005). The professional development of foreign language teacher educators: Another challenge for professional communities. *Ikala, revista de lenguajey cultura, 16*, 11-39.

Murry, J., & Male T. (2005). Becoming a teacher educator: Evidence from the field. *Teaching and Teacher Education, 21*, 125-142.

Norton, B., & Early M. (2011). Researcher identity, narrative inquiry, and language teaching research. *TESOL Quarterly, 45*, 415-439.

Shagrir, L. (2010). Professional development of novice teacher educators: Professional self, interpersonal relations and teaching skills. *Professional Development in Education, 36*, 45-60.

Smith, K. (2003). So, what about the professional development of teacher educators? *European Journal of Teacher Education, 26*, 201-217.

Tomlinson, B. (1988). Managing change in Indonesian high schools. *ELT Journal, 44*, 25-37.

Vilches, M. L. (2003). Turning teachers into trainers. What does it entail? Plenary paper presented to the PELLTA English Language Teaching Conference, Penang, April 2003.

Walker, E. (2007). A teacher educator's role in an Asia-derived learning study. *Studying Teacher Education: A Journal of Self-study of Teacher Education Practices, 3*, 103-114.

Wallace, M. (1991). *Training foreign language teachers: A reflective approach*. Cambridge: Cambridge University Press.

Wang, Q. (2012). From a language teacher to a teacher educator—What knowledge base is needed? Paper presented to the 1st English Language Teacher Education Summit, Beijing, October 2012.

Waters, A. (2005). Expertise in teacher education: Helping teachers to learn. In K. Johnson (ed.), *Expertise in second language learning and teaching* (pp. 210-229). New York: Palgrave Macmillan.

Waters, A., & Vilches M. L. (2003). Trainer training-room skills. *The Teacher Trainer, 17*, 3-8.

Wright, T. (2009). "Trainer development": Professional Development for Language

Teacher Educators. In A. Burns, & J. C. Richards (Eds.), *The Cambridge guide to second language teacher education* (pp. 102-112). Cambridge: Cambridge University Press.

Wright, T. (2010). Second language teacher education: Review of recent research on practice. *Language Teaching, 43*, 259-296.

Wright, T., & Bolitho R. (2007). *Trainer Development.* www.lulu.com: Lulu Press.

Zhu, H. (2010). Curriculum reform and professional development: A case study on Chinese teacher educators. *Professional Development in Education, 36*, 373-391.

陈向明，2008，质性研究的理论范式与功能定位，载陈向明（编），《质性研究：反思与评论》。重庆：重庆大学出版社。

康晓伟，2012，教师教育者：内涵、身份认同及其角色研究，《教师教育研究》（1），13-17。

李学农，2008，论教师教育者，《当代教师教育》（1），47-50。

吕立杰、刘静炎，2010，在理论和实践之间教与学——西方国家教师教育者"自我研究"运动述评，《全球教育展望》（5），42-46。

彭伟强、朱晓燕、钟美华，2008，外语教师教育与发展研究：现状、思考与展望，《外语界》（5），38-45。

王加强，2011，教师教育者的多元角色分析——基于教师专业发展视角，《当代教育科学》（23），45-49。

文秋芳、任庆梅，2012，互动发展模式下外语教学研究者的专业成长，《外语界》（4），77-83。

颜奕，2014，《拓展学习理论视角下高校外语教师教育者教育专长案例研究》，博士学位论文。北京：北京师范大学。

杨秀玉、孙启林，2007，教师的教师：西方的教师教育者研究，《外国教育研究》（10），6-11。

邹为诚，2009，中国基础教育阶段外语教师的职前教育研究，《外语教学理论与实践》（1），1-19。

第十章 教师研究的社会文化视角

张凤娟 吉林大学公共外语教育学院

杨鲁新 北京外国语大学中国外语教育研究中心

10.1 本章简介

　　社会文化理论近年来在西方的心理学、教育学和应用语言学领域产生了广泛的影响。广义的社会文化理论视角包括 Vygotsky 的社会文化理论（sociocultural theory, SCT）、语言社会化理论（language socialization）、情境学习理论（situated learning），Bakhtin 的对话理论（dialogism）、批判语篇和社会关系理论等（Zuengler & Miller，2006），狭义的社会文化理论指基于 Vygotsky 学说的理论。学界通常使用的是狭义的概念，即 Vygotsky 的社会文化理论，这也是本章的主要介绍对象。该理论的核心观点是，人的心理发展具有社会性，在人的高级心理机能发展的过程中，社会文化环境是首要的、决定性的因素，个体的认知发生在参与社会文化活动的过程中。在二语教育领域，社会文化理论在过去 20 余年间的异军突起打破了自 20 世纪 60 年代以来认知论一统天下的局面，对二语习得、二语教学和二语教师发展研究产生了深远的影响。鉴于社会文化学派与传统的认知心理学派在哲学基础、核心主张和研究范式等方面都存在着迥然不同的观点（Larsen-Freeman，2007；文秋芳，2008），这些差异会影响我们在使用不同的理论视角开展研究时采取不同的路径，获得不同的认识和解读，进而对外语教学和外语教师发展产生不同的启示，因此我们有必要对新兴的社会文化理论加深了解，以便在开展相关研究时能够选择更适合、更有效的理论视角和分析框架。

　　本章旨在介绍社会文化理论的主要内容以及在教师研究中的具体运用，主要内容包括五个部分。第一部分对社会文化理论的缘起和主要内容进行描述，在解释中介、内化、最近发展区、脚手架、活动理论等核心概念和思想的同时注重联系教师的教学实践和专业发展；第二部分选取社会文化理论指导下的三个代表性教师研究成果进行概括与评述，展现社会文化理论对教师研究的解释力；第三部分阐述运用社会文化理论需要注意的问题，包括厘清概念、认识社会文化理论的优势和局限等；第四部分通过分析两个经典研究设计案例，说明如何在社会文化理论指导下开展科学严谨的教师研究；第五部分列举了相关研究资源，包括经典书目、重要文章、专门期刊等，为读者了解本领域、开展相关研究提供文献资源。

10.2 理论缘起和主要内容

社会文化理论由苏联心理学家 Vygotsky 及其同事于 20 世纪 20 年代到 30 年代期间提出并将其系统化，60 年代开始得到西方心理学界的关注，后来被运用到教育学领域。20 世纪 80 年代中期，社会文化理论开始进入二语习得研究领域（Frawley & Lantolf, 1984, 1985）。90 年代中期，一系列事件推动了社会文化理论的发展，包括《现代语言杂志》（*The Modern Language Journal*）发表了 Lantolf 编辑的社会文化理论和二语习得特刊（1994）。同年，Lantolf & Appel 主编了《维果茨基理论视角下的第二语言研究》（*Vygotskian approaches to second language research*）一书。至此，在以 Lantolf 为首的新维果茨基学派（Neo-Vygostskian）的积极推动下，社会文化理论在二语界的影响迅速扩大，得到了越来越多学者的关注和认同。这样就打破了传统的认知派主导二语教育研究的格局，形成了百花齐放、百家争鸣的理论发展趋势（Lantolf, 1996；Zuengler & Miller, 2006；Larsen-Freeman, 2007；文秋芳, 2008）。随着该理论影响力的不断扩大，一些学者（如 Freeman & Johnson, 1998；Johnson, 2006, 2009）开始把社会文化理论运用到二语教师研究领域，推动了该领域从实证主义研究范式（positivist paradigm）向解释主义研究范式（interpretive paradigm）的转变，为语言教师研究提供了新的理论基础和发展契机。

社会文化理论的核心概念包括中介、内化、最近发展区和活动理论等，以下结合语言教师的教学实践和专业发展分别加以阐述。

10.2.1 中介（mediation）

中介是社会文化理论最核心的概念。Vygotsky 主张人类所特有的高级心理机能不是从内部自发产生的，而是通过与外部环境的中介得以发展（Vygotsky，1987）。人类并不直接作用于外部世界，而是通过使用各种工具作为中介来协调与外部世界的互动，在这个过程中实现认知发展。中介工具是人类历史文化的产物，包括物质工具（例如锤子、纸、笔、计算机）和符号工具（例如语言、数字、音乐、艺术），其中语言是最重要的中介工具。

中介说对于教师发展具有重要的启示意义。Vygotsky 在阐述学习发生的机制时区分了两种概念，即日常概念（everyday concepts）和科学概念（scientific concepts）。对于教师而言，日常概念是教师对于个人日常教学经验的理解和概括，是自身朴素的教学认识；科学概念是本学科相关理论和研究成果的系统概括和总结，是教师教育的学习内容。教师学习就是一个在日常概念的基础上理解科学概念的过程，这个过程离不开各种中介工具的调节作用，例如教师教育课程、职业发展活动、指导教师、教学资源等。Johnson（2009）在论述社会文化理论对二语教师教育研究的启示时把中介工具分为文化产物和活动、科学概念、社会关系三类，其中的文化产物和活动包括教材、大纲、教学实践、培训进修等，科学概念包括二语习得理论和教学理论等，社会关系包括师生关系、同事关系等，这些中介工具的使用促进了教师从新手到熟手、乃至到专家型教师的专业成长。

10.2.2 内化（internalization）

内化是人类高级心理机能形成的关键要素（Lantolf，2006）。Vygotsky 认为，在个体认知发展的过程中，所有的高级心理机能都出现两次，首先出现在人与人交往的社会层面，然后出现在个体心理层面。这种从外在的、人际间活动转向内在的个体心理功能的过程叫做内化（Vygotsky，1987），换而言之，内化就是个体从需要外部文化产物或他人帮助完成活动发展到不明显依靠外部帮助而独立运用智力完成活动的过程（Lantolf，2000）。根据内化说，学习就是内化的过程，对于教师而言，教师学习也是内化的过程，是在反思性实践的基础上把科学理论和教学资源等外部支持和互动带来的教学感悟逐渐融入到自身认知系统的过程。例如，一名新手教师最初可能非常依赖教学参考书提供的内容和方法开展教学，随着教学经验的增长，教师逐渐学会对教学参考书的内容进行调整和增减以满足教学的需要，最终可能会完全摆脱教学参考书，根据实践中积累的教学智慧自如地开展教学，这就是一个教学知识内化的过程。

10.2.3 最近发展区（zone of proximal development, ZPD）与脚手架（scaffolding）

"最近发展区"是社会文化理论的诸多概念中使用最广泛的概念之一，指"儿童独立解决问题达到的实际发展水平与在成人指导下或在能力更强的同伴合作中解决问题的潜在发展水平之间的距离"（Vygotsky，1978：86）。Vygotsky用这个概念来说明教学与发展的关系，他认为教育应该走在发展的前面，教学必须要考虑学习者已达到的水平并展望学习者未来的发展潜力，通过提供适当的支持来帮助学习者实现更高水平的认知发展。"最近发展区"不是具体空间概念，而是一个隐喻概念，代表学习者使用和内化中介工具的空间。教师学习也是在"最近发展区"内通过各种中介工具的调节来推动教师专业发展的过程。

"脚手架"是与"最近发展区"密切相连的概念。这个术语是Wood等人（Wood, Bruner, & Ross, 1976）从建筑行业借用的术语，有时也翻译成"支架"，用来表示任何形式的成人—儿童或专家—新手协作行为，是帮助学习者在"最近发展区"内减轻完成任务所需的认知负荷、实现认知发展的重要心理工具。外语教学中"脚手架"的例子很多，例如教师有效的课堂提问策略有助于促进学生积极参与课堂学习，进行深度思考和探究，优化课堂教学效果；写作教学中来自教师和同伴的反馈能够帮助学生更好地修改作文，提高作文质量，推动写作能力的发展。在教师学习的过程中，教材、同事、教研活动等中介工具也能作为"脚手架"帮助教师领悟教学的真谛，实现教学成长。

10.2.4 活动理论（activity theory, AT）

活动理论是由 Vygotsky 的学生和密切合作者 Leont'ev 在社会文化理论中介思想基础上发展起来的，该理论强调参与社会实践活动在个体认知发展中的重要作用，主张把活动作为分析认知发展的基本单元（Leont'ev, 1981）。后来，芬兰学者 Engeström 对活动理论进行了进一步完善，提出了著名的活动理论"三角模型"（Engeström, 1987：25）。他认为活动是一个系统，包含六个要素，分别是主体、客体、工具、规则、共同体和劳动分工。主体指参与活动的个体或团体，客体指活动的对象物或目标，主体通过使用一系列物质或者符号工具把客体转化为期望的结果。共同体指活动系统内共享客体的所有成员，劳动分工指共同体成员间的分工、角色、权利和地位，规则指约束活动开展的制度和规范。活动理论为理解教学和教师发展提供了一个宏观的、系统的视角，活动视角下的教学工作就是教师和学生通过中介工具的调节在一定的规则制约下开展活动、实现教学目标的过程。教师同时处于教学系统、教师专业发展系统等多个活动系统中，这些系统内部以及系统之间的复杂关系深刻影响着教师的教学行为和专业发展。

以上为了讨论方便分别概述了社会文化理论的几个核心概念，但实际上这些概念并不孤立存在，而是具有各种密切的联系，共同影响学习和发展。例如学习者通过参与社会活动和使用中介工具使知识和理念得以内化，学习所发生的最近发展区是中介发挥作用的阵地和隐喻空间，而活动理论则进一步发展了 Vygotsky 的社会文化理论，把中介作用、人际互动等概念置于社会活动的分析框架下，凸显了参与社会实践活动对学习和发展的作用。

10.3 代表性成果与评述

以上对社会文化理论的核心概念进行了简要介绍，下面将结合相关教师研究成果具体展示社会文化理论如何解释教师学习和专业发展，所选研究涉及叙事、职业认同、探究式专业发展等教师教育与发展领域的热门话题，具有一定的代表性。

10.3.1 K. E. Johnson 和 P. Golombek 的研究

Johnson & Golombek（2011）利用社会文化理论视角，深入分析了叙事（narrative）对二语教师教育的重要作用。他们指出，虽然叙事被认为是教师探索其教学实践和专业发展的有效手段，但是学界对于叙事活动如何改变教师的教学行为和专业发展并没有深入细致的认识。从社会文化角度考察，叙事作为一种中介工具能够激发教师认知，从而促进教师专业发展。叙事对教师发展的中介功能可以提炼为三点，即外化（externalization）、言语化（verbalization）和系统检验（systematic examination），这三点不是孤立存在的，而是相互关联，共同作用于教师的专业发展历程。叙事的外化功能在于叙事能够帮助教师把日常经验提升到意识层面，把教师内隐的信念、知识和感受外显化，从而获得检验、理解和改变自身精神世界的机会。叙事的言语化功能主要不在于表达思想，而在于促进内化过程。叙事能够帮助教师内化科学概念（例如二语教学的理论和研究成果），学会运用科学概念检验和理解其日常教学经验，从而调整自身对教学的认识和实践。叙事的系统检验功能在于从事叙事活动（例如书写外语学习自传或者教学成长故事）有助于教师系统考察自身的教学认知和实践，思考社会文化历史环境对于教师工作的影响，从而获取对于教师职业更加全面的认识。

Johnson & Golombek 使用了两个教师叙事案例来阐释叙事手法的以上三个功能，由于篇幅所限，这里仅描述第一个叙事。在这个叙事中，新教师 Jenn 为了更好地理解学生，完善与学生的互动，写了一个学期的教学反思日志。她的日志作为一种促进自身专业发展的重要中介工具，使她能够审视和重新解读自己的教学理念，尤其是清晰认识到自己的学生观和评价观（叙事的外化功能）。后来，Jenn 为了完成一门硕士生课程上的教师研究项目，对她的教学反思日志进行了反复研读和深入思考，注意到了很多重复出现的主题。她利用权力关系的科学概念解释了自己与学生的沟通障碍，由此对自己的课堂角色和师生沟通模式有了新的认识（叙事的言语化功能）。在利用反思日志完成教师研究项目的过程中，Jenn 对学习教学的过程以及课堂师生互动模式进行了系统的描述和分析，对教学和课堂环境有了更加全面的认识（叙事的系统检验功能）。

本文中 Johnson & Golombek 通过运用社会文化理论视角对叙事的功能进行了深入的分析。分析表明，叙事不仅是教师探究的有效手段，还能起到建构知识的作用，这种来源于教师工作情境的实践知识与正统的教师知识同等重要，能够帮助我们理解教师的认知世界和工作情境，改变教师教育领域的整体面貌，为教师教育领域带来新的发展契机。

10.3.2 I. Lee 的研究

Lee（2013）采用案例分析的方法，通过访谈教师和收集教师课堂研究报告，研究了我国香港地区四名中学英语教师在学习写作教学过程中的职业认同发展。作者采用了三维分析框架研究教师认同，包括话语认同（identity-in-discourse）、实践认同（identity-in-practice）和活动认同（identity-in-activity），这三种认同维度的区别在于话语认同指教师对自身职业认同的话语表述，实践认同指教师课堂教学中表现出的认同，活动认同指教师在工作情境中进行认同协商的过程。研究问题有两个：(1) 写作教师如何建构职业认同（话语认同和实践认同）？(2) 哪些因素影响写作教师的职业认同建构（活动认同）？数据分析显示，写作教师认同具有多维性：写作教师认同是在教师话语中建构的，体现在教师谈论写作教学工作中，是受社会文化历史情境影响的一种活动。

在研究"话语认同"和"实践认同"时，作者发现教师们在参加写作教师培训课程后对写作教学更有热情、更加投入，对自己身份的认识从原来的英语教师转变为写作教师，对自身角色的认识从学生作文的"批改机器"转变为学生写作能力的促进者，教学风格从教师主导型变成强调学生参与，并且都在教学中采取了新的教学方法。在这个过程中他们习得了新的话语来谈论写作教学工作，建构了新的写作教师身份认同。

在研究"活动认同"时，作者采用了活动理论作为分析框架，把教师作为写作教学活动系统的"主体"，考察他们如何在这个系统中理解自身的角色，开展写作教学工作。数据分析显示，很多因素影响教师在自身的工作环境中完成认同建构。首先，写作教师教育课程和教师的反思性实践作为活动系统中的"工具"调节着教师的认同发展。写作教师教育课程改变了教师们对写作教学的传统看法（例如以语法和词汇讲解为主），帮助他们了解并掌握了多样化的写作教学理念和策略。通过大量反思性实践，教师们把所学的理论知识有机运用到教学工作中，实现了知识的内化，并且在这个过程中对自己的写作教学能力更有信心，对自身的写作教师身份更加认同。另外，社会文化历史因素对教师的认同发展也有很大影响，这些因素包括"规则"（例如学校要求教师必须对学生作文完全纠错、课时限制、大班教学、教师工作量大等教学现实情况）、"共同体"（例如同事的保守理念和做法）和"劳动分工"（例如同事不愿共同进行写作教学创新）。在职业认同建构的过程中，教师们一方面受到社会文化历史环境的制约，另一方面也对教学环境施加了一定的影响，做出了一些教学改变和创新。因此，写作教师认同建构是一个双向的过程，同时也是一个动态发展的过程。

该研究聚焦写作教师的职业认同，通过采用认同研究的新成果和活动理论作为分析框架，增进了学界对于写作教师专业发展的认识。活动理论的分析视角揭示了写作教师认同建构不是发生在真空中，而是受到复杂的教学环境影响，写作教师利用各种中介工具调节与教学环境的关系，在这个动态互动的过程中实现职业认同建构和专业发展。

10.3.3 T. Tasker 的研究

Tasker, Johnson, & Davis（2010）分析了英国某大学的一名英语教师 Mann 通过参与合作发展（cooperative development）活动所发生的教学理念变化。合作发展是探究式教师专业发展的一种模式，指教师通过与一群具有合作精神的同事进行互动对话解决教学困惑、实现教学目标，最终实现教师个体的专业发展。研究采用社会文化理论作为研究框架，数据分析遵循人种语义学的原则。通过分析 Mann 的叙事故事，揭示了与同事们的互动对话如何推动 Mann 的认知发展。最初的叙事故事显示，Mann 对自己的教学工作并不满意，意识到自己的一些教学理念和教学实践存在脱节现象。例如在备课方面，Mann 感觉自己认真严谨的备课对教学是一种束缚，在教学过程中会受到备课教案限制而放不开手脚，教学效果有时反而不如偏离教案效果好。通过与同事的对话互动，Mann 有机会对自己表达出来的内心真实的教学想法进行检验和反思，认识到上好课不等于严格执行备课计划，只有根据课堂上学生的反应进行灵活调整才能保证教学效果。另外，在辅导学生方面，Mann 也存在一些困惑，通过与同事的对话互动，他对自己在辅导学生过程中的角色和责任也有了新的理解。从社会文化角度考察，Mann 参加的教师合作发展活动为他创造了一个中介空间（mediational space），使他能够在"最近发展区"内通过同事的中介调节外显并重组自己的教学想法，获取新的教学感悟，并实现自我调节。

在本研究中，社会文化理论视角下的叙事分析表明，教师合作发展模式能够为教师创造中介空间和对话过程，促进教师学习的发生。社会文化理论融合了认知视角和社会视角，使我们能够细微地观察到教师如何在所处的教学环境中利用各种中介工具实现对自我、对教与学的新认识，是研究教师学习的有效理论框架。

10.4 运用该理论需注意的问题

社会文化理论是在一定的社会历史背景下提出并经过很多后人完善和发展起来的，在运用该理论开展我国的外语教师研究时，我们要厘清概念，并认识到该理论对于研究外语教师教育与发展有创新和不足之处，这样才能准确、恰当、有效地使用社会文化理论开展中国外语教师的本土化研究。

10.4.1 准确理解和正确运用社会文化理论

在二语教育领域，社会文化学派是以传统认知派的新兴挑战者身份进入研究视野的，认清社会文化派与认知派之间的差异是准确理解社会文化理论的重要步骤。这方面的经典包括 Zuengler & Miller（2006）、Larsen-Freeman（2007）、文秋芳（2008）等所著文章，这些文章从哲学倾向、语言观、学习观、研究对象和研究方法等方面系统阐述了两派的差异，有助于我们在对照分析的基础上深入理解社会文化理论的特点并正确运用该理论开展相关研究。

另外需要注意的是，社会文化理论是一个动态发展的理论，经过众多学者多年的发展已经在某些方面超越了 Vygotsky 当年提出的理论，因此在运用该理论开展相关研究时要关注新进展和新动向。例如，Vygotsky 把"最近发展区"内的中介工具局限为专家或更有能力的同伴，后来的研究拓展了"最近发展区"内中介工具的范围，任何同伴、物质工具（例如计算机）或符号工具（例如教材、期刊）都能促进学习者在"最近发展区"内的发展（Wells，1999）。这种更广阔的认识对二语教师教育尤为重要，根据这一视角，同事之间也可以创建"最近发展区"，互为中介推动彼此的认知发展，通过讨论日常教学问题，进行探究式专业发展等方式实现教学成长（参见前面的代表性研究 Tasker, Johnson, & Davis，2010）。

10.4.2 社会文化理论对教师研究的贡献和创新之处

教师教育与发展的核心任务是帮助教师学习如何开展教学工作。Freeman & Johnson（1998）指出，过去的二语教师教育内容和模式主要依托语言学和二语习得的理论知识，目的是帮助教师把所学的理论知识转化为有效的教学实践，这种自上而下的模式忽视了教师的主体性和教学的复杂性，对实际教学工作指导有限。社会文化理论更加关注教师如何学习，利用社会文化理论中对人类学习的认识开展教师研究有助于帮助我们理解教师学习的机制和条件，从更广阔的视角出发揭示教师学习所涉及的重要认知和社会过程，从而为教师教育的内容、模式和过程提供重要的启示。

Johnson（2009：16）系统总结了社会文化理论对二语教师教育的贡献和启示，这些也正是利用该理论开展教师研究的优势所在：（1）社会文化理论视角重视教师学习，把教师视为教学的学习者，主张教师学习是一个常规化、终身化的过程，贯穿于教师求学、教师教育和教学生涯的整个过程，教师教育的重要目标就是培养教师终身学习的能力；（2）社会文化理论视角突显了教师学习的社会性，教师学习不是发生在真空里，而是教师通过参与各种学校和课堂教学活动在中介工具的调节下实现教学理念和教学实践的转变。运用社会文化理论视角能够揭示教师学习的认知和社会过程，这种融合了认知和社会视角的教师学习理念既强调了教师的主体性，又凸显了社会文化环境对教师认知发展的重要影响，为解释教师学习提供了一个比较全面的视角；(3) 社会文化理论视角揭示了促进教师学习的各种中介工具，有利于我们更好地理解教师学习发生的过程和条件，也有助于我们开阔思路、创造新的中介工具（例如反思性教学、教师研究等），帮助教师在外化、审视和检验自身教学想法的基础上联系科学理论，转变教学理念和实践；(4) 社会文化理论指导下的教师学习不仅影响教师的教学认知和教学行为方式，而且进而影响学生的学习方式和学习内容；(5) 社会文化理论不是关于如何开展二语教师教育的某种方法论或者系统做法，而是一种理论视角，一种理解教师学习的方式，能够帮助二语教师教育者摒弃传统的技能培训模式，聚焦并更好地理解和支持二语教师的专业发展。

10.4.3 社会文化理论的局限和不足之处

目前二语教育界对社会文化理论的认识在很大程度上仍然处于探索和初步运用阶段，对一些核心概念的理解仍然存在争议，例如 Johnson（2009：70）提到学界对于"脚手架"的概念存在很多不同声音，文秋芳（2010）一书中对社会文化理论的中介、内化、最近发展区、脚手架、私语等概念进行了述评，指出其无法解释之处，并且认为社会文化理论过于强调学习的社会性，弱化了学习者的个体差异，对影响学习的个体因素解释不足。这些都说明，社会文化理论具有自身的适用性和有待商榷之处，在开展教师研究时要充分认识到社会文化理论的优势与局限，通过与心理学、生态学等其他理论视角形成互补才能全面理解教师发展的本质。

另外，国内外运用社会文化理论开展的教师实证研究十分有限，目前有关社会文化理论对于教师研究解释力的文章以理论思辨类型影响力大，基于实证研究的一手数据还不够丰富和扎实，未来仍需积累更多的实证数据来探索和验证社会文化理论对教师研究的适用性和创新之处。尤其在我国的特定外语教学环境下，社会文化理论在多大程度上能够解释我国的外语教师教育与发展，为其理论和实践带来新的研究视角和发展契机，还需要广大研究者集中力量不断探索。

综上所述，我们在运用社会文化理论开展教师研究时既要认识到其理论优势，又要注意其可能存在的局限之处，根据研究目的决定是否选择社会文化理论作为理论指导和分析框架。正如文秋芳（2008：18）指出："社会派是二语习得领域的新范式，笔者认为我们不要盲目'追新'。范式的选择取决于研究目的。"只有对各种二语教育相关理论具备全面的了解和批判性的认识，才能在开展教师研究时选择恰当的理论框架，获取更为深入、准确的认识。

10.5 经典研究案例

以下通过分析两个研究案例说明如何运用社会文化理论开展教师研究。其中杨鲁新、付晓帆（2014）的研究跟踪了中国语境下两名中学英语教师通过参加专业研修活动实现的语法教学理念和实践转变，Arshavskaya（2014）的研究分析了一名美国教师教育者如何利用博客互动促进职前教师的实习学习。两个研究涉及不同的社会文化语境（中美），选取了不同的研究对象（职前教师和在职教师），根据研究目的和对数据的解释力采用了社会文化理论中不同的概念（活动理论、中介概念）对教师学习进行了深入细致的探讨。

10.5.1 语法教学理念及实践转变——活动理论取径

杨鲁新、付晓帆（2014）依据活动理论分析了两名中学英语教师在参加专业研修活动过程中的语法教学理念和实践转变。研究采用历时个案分析的方法，跟踪了两名教师为期四个月的研修活动，研究问题为：（1）在参加研修活动的过程中，两名中学英语教师的语法教学理念及实践是否发生了变化？（2）如果有变化，这些变化是如何发生的？影响这些变化的主要因素是什么？本研究中的研修活动由高校研究人员（第一作者）发起，中学英语教师自愿参加，研修活动的内容包括语法和其他语言技能的教学。在第一次活动时，高校研究人员向参加教师介绍了 Larsen-Freeman（2001）的"语法技能"（grammaring）概念，即在语法教学中把语法规则的形式、意义和使用融为一体，而不是孤立地讲练语法规则。为了深入探查研修活动对教师们语法教学理念和实践的影响，研究人员广泛收集了各种数据，包括访谈、问卷、观察笔记、反思日志和相关文本资料。教师们在第一次活动之前填写了语法教学理念问卷，在研修活动过程中通过反思日志与研究者交流研修活动的效果和体会。研究人员还对教师进行了课堂观察和访谈，访谈分为课前访谈和课后访谈，课堂观察记录了观察笔记。除了来自教师的数据，研究人员还收集了学生数据以构成更好的三角互证，包括对两位教师的学生进行问卷调查，了解他们对语法教学效果的评价，并选取每位教师的三名学生进行访谈。此外还收集了研究人员与教师之间的邮件往来、教案和课件、学生作业等文本资料。在数据分析阶段，研究人员对数据进行仔细阅读，寻找反复出现的主题，最终确定了与研究相关的四个主题。数据讨论分两部分，首先采用活动理论框架下的展化学习理论（expansive learning theory）分析两位教师在参加研修活动的过程中如何转变语法教学理念和实践，然后利用活动理论分析了两位教师所在的中学活动体系和研修活动体系对教师实现语法教学理念和实践转变的影响。分析发现，通过参加研修活动，两名教师的语法教学理念和实践都发生了变化，从原来较为枯燥的注重语法规则的讲练转变为通过丰富多彩的教学活动实现语法规则意义、形式和使用的统一。其中一名教师的变化过程经历了提问与分析、检验新模式、实践新模式、反思过程和巩固新的实践模式五个阶段，另外一名教师没有经历检验新模式阶段，直接进入了另外四个阶段的学习模式，学习节奏更快。影响两位教师语法教学理念和实践转变的因素包括个人的教育背景和工作环境等，尤其是所在学校的活动体系和参加研修的活动体系。

该研究是国内外少有的针对教师语法教学理念和实践转变的实证研究，属于教师学习领域的课题。追踪教师学习的过程和方式具有很大的挑战性，因为教师学习是一个长期、复杂和潜移默化的过程，所以选择有效的理论框架和恰当的研究方法就显得尤为重要。本研究采用历时个案研究的设计，通过多种方法收集了大量丰富细致的数据，并且利用活动理论和展化学习理论深度揭示了教师学习发生的情境和过程，增进了学界对英语教师在职教育的认识。

10.5.2 Analyzing mediation in dialogic exchanges in a preservice second language (L2) teacher practicum blog: A sociocultural perspective

Arshavskaya（2014）利用社会文化理论研究了一名教师教育者如何利用博客互动这一中介工具促进职前教师的实习学习。研究对象包括在美国某大学 TESL 专业工作的教师教育者 Melanie 和在本专业就读的职前教师 Edie。数据主要来源于 Edie 在一个学期的实习过程中所写的博客，博客中包含了 Edie 的教学困惑和感受以及 Melanie 给予她的反馈和建议。数据分析采用了扎根理论（Glaser & Strauss，1967；Bogdan & Biklin，1992），研究者反复阅读博客内容，寻找能够代表 Edie 对教学的感悟和 Melanie 促进 Edie 教学认知的关键短语和句子，然后根据复现的概念和规律进行编码。数据分析显示，本研究中教师教育者在教学实习博客互动中的中介作用主要体现在以下两个方面：（1）重新表述职前教师对教学的认识，使其更接近专家的理解，并且通过使用专家话语（例如学习共同体、投资、正向强化等）重新命名职前教师的教学认知，这样就在教师基于教学经验的日常概念和专家基于研究发现的科学概念之间建立起联系，有助于帮助职前教师在自身教学经验基础上掌握科学理论；（2）通过介绍各种教学概念促进职前教师对教学活动的概念理解。例如，通过"赋权增效"的教学概念引导教师给予学生更多的学习自主权（如让学生选择课堂报告的题目），干预职前教师的情感失调，帮助职前教师解决教学困惑，弥合教学认知和教学实践之间的差距。

本研究的特色是利用社会文化理论的中介概念微观考察教师教育者与职前教师在实习过程中的博客互动效果，职前教师通过记录博客外化了教学实习过程中的困惑和挑战，教师教育者通过博客反馈引入相关教学概念，帮助职前教师解决教学问题，促进职前教师的实习学习。该研究的发现对于理解博客情境下职前教师的专业学习以及完善教师教育实习工作都具有积极的启示意义，但是由于研究样本较小，仅限于一名教师教育者和一名职前教师，该研究的发现不具有普遍意义。未来可以通过采用更大的样本、进行长期跟踪研究、采取课堂观察等形式检验和充实本研究的发现。

10.6 研究资源

10.6.1 推荐书目

Johnson, K. E. (2009). *Second language teacher education: A sociocultural perspective.* New York: Routledge.

Johnson, K. E., & Golombek, P. R. (2011). *Research on second language teacher education: A sociocultural perspective.* New York: Routledge.

Lantolf, J. P. (2000). *Sociocultural theory and second language learning.* Oxford: Oxford University Press.

Lantolf, J. P., & Appel, G. (1994). *Vygotskian approaches to second language research.* Norwood: Ablex.

Lantolf, J. P., & Poehner, M. E. (2008). *Sociocultural theory and the teaching of second languages.* London: Equinox.

Lantolf, J. P., & Poehner, M. E. (2014). *Sociocultural theory and the pedagogical imperative in L2 Education: Vygotskian praxis and the research/practice divide.* London: Routledge.

Lantolf, J. P., & Thorne, S. (2006). *Sociocultural theory and the genesis of second language development.* Oxford: Oxford University Press.

Vygotsky, L. S. (1978). *Mind in society: The development of higher psychological processes.* Cambridge: Harvard University Press.

Vygotsky, L. S. (1986). *Thought and language.* Cambridge: MIT Press.

10.6.2 推荐文章

Cross, R. (2010). Language teaching as sociocultural activity: Rethinking language teacher practice. *Modern Language Journal, 94,* 434-452.

Freeman, D., & Johnson, K. E. (1998). Re-conceptualising the knowledge base of language teacher education. *TESOL Quarterly*, *32*, 397-417.

Johnson, K. E. (2006). The sociocultural turn and its challenges for second language teacher education. *TESOL Quarterly*, *40*, 235-257.

Lantolf, J. P. (1996). SLA theory building: "Letting all the flowers bloom!" *Language Learning*, *46*, 713-749.

Lantolf, J. P. (2000). Second language learning as a mediated process. *Language Teaching*, *33*, 79-86.

Lantolf, J. P. (2006). Sociocultural theory and second language learning: *State of the art. Studies in Second Language Acquisition*, *28*, 67-109.

Lantolf, J. P. (Ed.). (1994). Sociocultural theory and second language learning [Special issue]. *The Modern Language Journal*, *78* (4).

Lantolf, J. P., & Johnson, K. E. (2007). Extending Firth & Wagner's ontological perspective to L2 classroom praxis and teacher education. *The Modern Language Journal*, *91*, 875-890.

Larsen-Freeman, D. (2007). Reflecting on the cognitive-social debate in second language acquisition. *The Modern Language Journal*, *5*, 773-787.

Zuengler, J., & Miller, E. (2006). Cognitive and sociocultural perspectives: Two parallel SLA worlds? *TESOL Quarterly*, *40*, 35-58.

文秋芳，2008，评析二语习得认知派与社会派 20 年的论战，《中国外语》（3），13-20。

6.3 重要期刊

期刊名称：*Language and Sociocultural Theory*（2014 年创刊）

主编：James Lantolf

期刊网站：https://www.equinoxpub.com/journals/index.php/LST/index

参考文献

Arshavskaya, E. (2014). Analyzing mediation in dialogic exchanges in a pre-service second language (L2) teacher practicum blog: A sociocultural perspective. *System*, *45*, 129-137.

Bogdan, R., & Biklin, S. K. (1992). *Qualitative research for education: An introduction to theory and methods*. Boston: Allyn & Bacon.

Engeström, Y. (1987). *Learning by expanding: An activity-theoretical approach to developmental research*. Helsinki: Orienta-Konsultit.

Firth, A., & Wagner, J. (1997). On discourse, communication, and (some) fundamental concepts in SLA research. *The Modern Language Journal*, *81*, 285-300.

Frawley, W., & Lantolf, J. P. (1984). Speaking as self-order: A critique of orthodox L2 research. *Studies in Second Language Acquisition*, *6*, 143-159.

Frawley, W., & Lantolf, J. P. (1985). Second language discourse: A Vygotskyan perspective. *Applied Linguistics*, *6*, 19-44.

Freeman, D., & Johnson, K. E. (1998). Reconceptualizing the knowledge-base of language teacher education. *TESOL Quarterly*, *32*, 397-417.

Glaser, B., & Strauss, A. (1967). *The discovery of grounded theory: Strategies for qualitative research*. Chicago: Aldine.

Johnson, K. E. (2006). The sociocultural turn and its challenges for second language teacher education. *TESOL Quarterly*, *40*, 235-257.

Johnson, K. E. (2009). *Second language teacher education: A sociocultural perspective*. New York: Routledge.

Johnson, K. E., & Golombek, P. (2011). The transformative power of narrative in second language teacher education. *TESOL Quarterly*, *45*, 486-509.

Lantolf, J. P. (1996). SLA theory building: "Letting all the flowers bloom!" *Language Learning*, *46*, 713-749.

Lantolf, J. P. (2000). *Sociocultural theory and second language learning*. Oxford: Oxford University Press.

Lantolf, J. P. (2006). Sociocultural theory and L2 development: State-of-the-art. *Studies in Second Language Acquisition*, *28*, 67-109.

Lantolf, J. P., & Appel, G. (1994). *Vygotskian approaches to second language research*. Norwood: Ablex.

Larsen-Freeman, D. (2001). Teaching grammar. In M. Celce-Murcia (Ed.), *Teaching English as a second or foreign language*. Boston: Heinle & Heinle.

Larsen-Freeman, D. (2007). Reflecting on the cognitive-social debate in second language acquisition. *The Modern Language Journal*, *5*, 773-787.

Lee, I. (2013). Becoming a writing teacher: Using "identity" as an analytic lens to understand EFL writing teachers' development. *Journal of Second Language Writing, 3*, 330-345.

Leont'ev, A. N. (1981). *Problems of the development of the mind.* Moscow: Progress.

Tasker, T., Johnson, K. E., & Davis, T. (2010). A sociocultural analysis of teacher talk in inquiry-based professional development. *Language Teaching Research, 14*, 1-12.

Vygotsky, L. S. (1978). *Mind in society: The development of higher psychological processes.* Cambridge: Harvard University Press.

Vygotsky, L. S. (1987). Thinking and speech. In R. W. Rieber, & A. S. Carton (Eds.), *The collected works of L . S . Vygotsky.* New York: Plenum Press.

Wells, G. (1999). *Dialogic inquiry: Toward a sociocultural practice and theory of education.* Cambridge: Cambridge University Press.

Wood, D., Bruner, J. S., & Ross, G. (1976). The role of tutoring in problem-solving. *Journal of Child Psychology and Child Psychiatry, 17*, 89-100.

Zuengler, J., & Miller, E. (2006). Cognitive and sociocultural perspectives: Two parallel SLA worlds? *TESOL Quarterly, 40*, 35-58.

文秋芳，2008，评析二语习得认知派与社会派 20 年的论战，《中国外语》(3)，13-20。

文秋芳，2010，《二语习得重点问题研究》。北京：外语教学与研究出版社。

杨鲁新、付晓帆，2014，语法教学理念及实践转变——活动理论取径，《外语与外语教学》(1)，60-66。

第十一章　教师研究的生态学视角[1]

彭剑娥　汕头大学文学院

11.1　本章简介

随着 20 世纪 90 年代以来我国对外语教学改革的高度重视，外语教师教育也成为重要的研究领域。在"社会文化转向"（Johnson，2006）理论的影响下，外语教师教育研究从早期的关注教师知识、教学能力等转向以"全人"视角，关注教师的信念、情感、职业诉求等专业发展研究。研究内容和重点的拓展也带来了对研究范式的思考和革新。长期以来，外语教学研究借鉴自然科学研究的范式，侧重将研究现象浓缩为少数可测量的变量，采用数理统计方法检验变量之间的关系。而社会建构主义范式则青睐质性方法，主张进入教师的生活和情感，关注外语教师发展的个体性、情境性和社会性。当前社会科学广泛应用的生态学理论也强调个体与环境的交互作用，生态学理论在教师教育研究中日益受到关注。

本章旨在介绍生态学理论及其在教师教育研究的应用。首先介绍生态学理论的缘起和主要内容，回顾语言教学研究领域的生态学取向，然后重点介绍美国心理学家 Bronfenbrenner 的生态系统理论，继而论证生态学理论在外语教师教育研究的适切性。在此基础上，对生态学理论视域下的教师研究成果进行评述，并提出需要注意的问题。最后，介绍采用生态学理论视角的经典设计案例。由于该理论在外语教师教育研究的实证应用尚且不多，本文只是抛砖引玉，以期引起专家学者的关注，为教师教育研究提供启示。

1　本章系 2014 年国家社科基金一般项目"高校外语教师国际学术论文发表的现状与影响因素"（批准号：14BYY067）的研究成果。初稿"外语教师发展研究的生态学视角"曾在《语言教育》2015 年第 4 期发表，本文在原有基础上进行了修改与扩展。

11.2　理论缘起和主要内容

11.2.1　生态学理论的缘起

　　生态学是当今快速发展的一门学科，在自然科学和人文社会科学领域广泛应用。生态学的定义最早由德国生物学家 Ernst Haeckel（1866）提出，指研究生物与周围环境关系的总体性科学，从更广义上解释生物存在的条件（引自 Kramsch & Steffensen，2008）。生态学（ecology）一词出自希腊文 Oekologie，由词根"oikos"和词尾"logos"组成，分别指"房屋、居住地"和"论述、研究"，从字面本意看，生态学指"研究住所的学问"（宋改敏、陈向明，2009：51）。随后学者们开始探索从生态学的理论视角和方法研究自然科学和社会科学领域的问题，并衍生出很多交叉学科，如环境生态学、城市生态学、教育生态学等。生态学理论主张整体论，将有机体置于生存环境中进行考察，关注个体与环境的相互影响作用。生态学的整体论拓宽了社会科学研究的视角，近些年来，教育研究尤其是语言教学研究形成了生态学转向。

11.2.2　语言教学研究的生态取向

　　语言教学研究的生态取向与生态语言学（ecolinguistics）密不可分。生态语言学又称语言生态学（ecology of language），是语言学与生态学相结合的一门新兴学科。"语言生态"（language ecology）这一概念最早由挪威的语言学家 Einar Haugen 于 1972 年提出，在《语言生态学》一文中，他将"语言生态"定义为"研究任何特定语言与环境之间的相互作用关系"（Haugen，2001：57），语言、语言使用以及社会环境是语言生态学研究的理论焦点。语言被视作有生命的有机体，有自身产生和发展的规律，并且与其他语言以及存在的环境产生相互作用。生态语言学的研究领域很广，包括"语言多样性、濒危语言、语言进化、语言习得、语言批评、语言与生态危机、语言政策、语言人权等"（范俊军，2005：112）。

　　过去 20 年来，国外的二语习得和教学研究的生态学取向备受瞩目，以

Kramsch（2002）、Leather & van Dam（2003）、van Lier（2004）、Tudor（2001）等为代表的学者从不同角度主张采用生态学理论研究语言学习和发展。Kramsch（2002）认为，传统的心理语言学基于"学习者如电脑"的隐喻思维，认为语言学习只是机械地将输入变为吸收（intake)，然后生成语言输出，忽视了环境的作用；相反，语言社会化（language socialization）研究领域则立足"学习者如学徒"的隐喻思维，研究学习者如何以新成员身份在特定的实践社区向专家成员学习准确、恰当地使用语言。Kramsch（2002）强调语言习得和语言社会化不可分割，主张使用现象学立场，以微观视角着眼于细微，呈现总体与局部、共性与个性的现象。Leather & van Dam（2003：13）提出语言活动的环境是由社会建构并处于动态协商中，因此研究设计和数据阐释要避免不合理的标准化（normativity)。van Lier（2002）提出生态符号学理论，主张研究在交际环境中语言的突现（emergence)。van Lier认为，在意义输出行为、对话者、物质以及环境的相互作用中，语言突现出来并成为环境的组成部分。以语言学习环境为例，van Lier（2004）指出，学习环境充满了符号资源（即意义潜势)，学习者具备学能，学习者与环境的积极互动能够推进其感知和行动，促成意义建构。Tudor（2003）指出教学是复杂的人类活动，提出采用生态学视角，将语言教学视作所有参与成员的生活中不可分离的一部分。Tudor（2001）从生态学理论出发，阐述了课堂教学的动态性、学习者信念对学习态度和行为的影响，以及环境与本土学习文化对教学方法的影响，为二语教学带来极大启示。

11.2.3 Bronfenbrenner 的生态系统理论

以美国心理学家 Bronfenbrenner 为代表所提出的生态学理论对教师教育研究具有重要指导意义。Bronfenbrenner 的最主要贡献是提出人类发展生态系统理论。他认为发展的个体不是被动受环境影响的"白板"，而是成长着的动态实体，不断进入并重新建构其居住的环境；其次，环境与个体互相适应，形成双向的相互作用；环境不仅仅指与个体相关的当下情景，而且包含这些情景之间的关系以及更大的环境影响（Bronfenbrenner，1979)。

Bronfenbrenner 将生态环境看作一组同心的、嵌套的系统，根据与个体的密切程度由中心往外依次为微系统（microsystem）、中间系统（mesosystem）、外系统（exosystem）和大系统（macrosystem）。微系统指"在具有特定的物理、社会和符号特征的面对面的情景中，发展中个体体验到的活动、角色和人际关系的一种模式，该情景中的这些特征邀请、允许或阻碍与个体当下环境持续、逐渐复杂的互动或活动"（Bronfenbrenner，1993：15）。简而言之，微系统指个体身处的当下环境以及环境中与个体直接地或面对面地交互作用的各种人或物之间的关系。微系统是个体活动和参与人际交往的直接环境，对个体的发展产生最直接的影响。例如，外语教师所工作的学校、家庭就是其个体发展重要的微系统。

中间系统指"发展中个体积极参与的两个或多个情景之间的联系和进程"（Bronfenbrenner，1993：22），亦即个体的微系统之间的交互作用关系。例如，一名外语教师授课的课堂、家庭以及所在的院系团队等之间的连接就构成了中间系统，在这些系统的体验会相互作用，如果该教师在院系团队中体验到人际关系的矛盾，或者在家庭生活中经历挫折，都可能会影响他在另一微系统"课堂"的教学活动。

外系统指"两个或多个情景之间的联系和进程，其中起码有一个情景不包含发展中个体，但是其中的事件对他所居住的当下环境中的进程具有间接影响"（Bronfenbrenner，1993：24）。例如，虽然学生的家庭不包含教师，但是学生家庭所发生的事件或在家庭的体验会通过影响该名学生甚至该学生所在班级的其他同学，进而对教师的课堂教学产生间接影响。可见，有必要从发展中个体以外更大的空间和关系中探寻影响发展的原因和解决办法。

大系统指"微系统、中间系统和外系统所共有的，反映某一文化、亚文化及其他更大社会结构的总体模式，特别指总体模式所涵盖的激活发展的信念系统、资源、危险、生活方式、机会结构、生活道路选择、社会更替模式"（Bronfenbrenner，1993：25）。简而言之，宏系统指广阔的意识形态，指隐含却无处不在地影响特定文化所有成员的社会蓝图。例如，我国的传统文化强调教师的权威地位，"一日为师、终身为父"等俗语所体现的文化图式无形中会影响教师的教学风格、师生关系的处理等，恪守师道尊严信念的教师可能偏好严肃拘谨的教学风格。

Bronfenbrenner 的生态系统理论此后经历了不断发展和完善，为了强调"情景"和"发展"的重要性，Bronfenbrenner（1995，2005）提出了生物生态模型（the bioecological model），将发展定义为"人类个体和群体的生物心理特征持续和变化的现象"（Bronfenbrenner & Morris，2006：793），强调发展的条件是个体与当下环境的人、物及符号之间持续且有规律的交互作用（称作最近过程），并且纳入时间系统（chronosystem），考察各个系统随着时间变化而发生的变化。生物生态模型将发展定位在整个生命历程及世代繁衍的时空，主张研究设计包含过程、个体、情景和时间四大要素以及它们的交互作用，从而在理论上更加完善。

11.2.4 生态学理论在外语教师教育研究的适切性

生态学的理论视角对我国外语教师教育研究具有适切性。首先，外语教师本身就是发展着的个体，他们大多数视外语为目标语，也是这门外语的终身学习者。在职业生涯中，他们需要在外语知识、学科专业知识、教学能力等各方面不断提升，在课堂、学校、学术圈等各个环境中与同事、同行等交流互动，因此，外语教师是沿着明确的专业技术道路不断发展的个体。其次，从生态系统的角度剖析外语教师成长的环境，能够展示更全面的教师发展的图景。在微系统层面，职场上外语教师普遍教学任务繁重，教学压力大。在院系团队、家庭生活的微系统中外语教师也分别扮演着不同的角色，因此，作为鲜活的"人"，外语教师的成长与他们在各个微系统的体验息息相关。在中间系统层面，外语教师在各个微系统的活动和体验或相互促进，或相互制约，最终影响其发展轨迹。在外系统层面，尽管外语教师没有直接参与，但是系统中各种因素，如学生家长对英语教育的重视程度、学校对外语教师的教学科研政策等都会对外语教师的成长或职业规划产生影响。最后，大系统层面上，传统教育文化观念、社会价值观、社会赋予英语的地位等，都会对外语教师的专业发展产生影响。简而言之，外语教师的成长扎根于生活环境，他们与各个生态环境系统进行着复杂的交互作用。采用生态学理论，能够获取更深入、科学的研究成果。

11.3 代表性成果与评述

在教育学领域，教师发展的生态研究日渐成为焦点。宋改敏、陈向明（2009）总结了教师专业成长研究的三种观点：一是理智取向，强调科学知识和知识基础对专业发展的重要性；二是实践—反思型取向，强调教师在实践中反思的重要性；三是生态学取向，将教师"置于成长的时空构架中去看待教师的专业成长"（宋改敏、陈向明，2009：51）。朱伟、王跃平（2012）认为生态取向的教师专业发展是"教师在教育的背景中，不断地与其生长的社群进行信息传递、技能交流、智慧碰撞和文化构建的过程"（朱伟、王跃平，2012：24），并进而提出生态取向的教师专业发展途径：以名家领航为导向、以教研组为基地、以名师工作室为依托、以高校引领为特点。

生态理论视域下的教师教育研究处于起始阶段，重要的实证研究成果不多。总体上，研究大致可分为两种：一种是研究设计与生态学理论相符，研究个体与环境的交互作用对教师的信念、情感、教学目标制定等方面的影响（如Gao & Xu，2014；Zhang & Liu，2014），另一种是明确指出采用生态学理论，并以具体的理论框架阐释研究结果（如Cross & Hong，2012；宋改敏，2011）。从文献看，目前以第一种研究居多。例如，朱旭东（2011）主编的《教师专业发展理论研究》回顾了西方20世纪70年代以来的教师信念研究，其中一些研究的共性是"把教师信念置于教师所在的即时社会环境中（课堂、学校、家庭、国家、社会等）"、"关注教师信念产生的文化、社会、国家等大环境和课堂中的具体教学环境"。因此，虽然这些研究不一定有"生态理论"的标签，但都可纳入生态文化理论框架下。

二语教师研究多从社会文化角度，研究某个或某些环境因素对教师职业发展的影响。研究表明，教师个体在教学环境中的活动和体验对教师成长起着重要作用。Childs（2011）以社会文化理论的活动理论（activity theory）为构架，以芬兰一名在读硕士生兼新入职英语教师为个案，通过半结构访谈、刺激回想（stimulated recall）、日志、与助教的面谈以及课程计划等作为数据源，研究该教师在为期两个学期中对二语教学的认知发展。Childs采用扎根内容分析法，分析四种活动系统对该教师认知发展的影响：语言学习信念、研究生与新入职教师的角色平衡、支持系统（导师、职业发展项目、同行英语老师、研究生课程），以及课堂教学活动。Childs 的研究展示了学校环境对教师认知的调节（mediation）作用。在第一个学期，该教师根据自己的浸入式语言学习经历和信念开展教学，结果受挫，研究生课程学习与教学产生了时间和精力的冲突，期间他不断反思并与导师、同事等交流，在教学认知上不断发展。到了第二学期，该教师转去了德语教学部，此前经历的问题以及和导师、同行的接触变得很少，他对教学的反思及认知也就松懈了。Childs（2011）提出，教师教育应该让学生知道，"环境是强大的调节者，可以塑造他们对教学的理解，也被他们的理解塑造"。

除学校外，其他环境如家庭，也对教师发展产生影响。Brannan & Bleistein（2012）采用定量和质性方法，研究社会支持与新入职教师的效能感的关系。通过对问卷数据的分析，他们发现来自家庭的支持能够显著预测教师在教学策略和课堂管理方面的效能感，而定性访谈数据显示，这些新入职教师希望在工作实务和情感方面得到导师、同僚、家庭等的社会支持。实务方面（如教学理念、课程计划、课堂管理等，情感方面）包括倾听、鼓励、友谊、经验分享等。可见，课堂以外的因素对教师的课堂教学效能感具有影响作用。

社会经济、文化等大环境因素同样会左右外语教师的发展。Gao & Xu（2014）采用传记法，研究了在某所重点大学就读硕士学位的十名中学英语教师的从教动机和职业承诺（professional commitment）的变化，这些教师均来自内陆经济落后地区，研究通过分析这些教师从自我角度和他人角度表征的理想自我，发现社会流动性（social mobility）、英语能力以及对理想自我的想象等因素的共同影响，使他们选择从事原本不喜欢的教师职业。入职后，教学使他们产生成就感和满足感，与他们的理想自我关联起来，然而客观环境的限制（如缺乏提升英语能力的条件、学生懈怠以及学校对教师的评价政策等）对他们的职业承诺产生负面影响，甚至使他们萌生离开原岗位的想法。Gao & Xu 的研究深入展示了外语教师在特定地域环境中自我表征的动态发展以及职业规划的变化。

第二种研究的特点是明确说明采用生态学理论，这类研究在外语教师发展领域较少，较多见于其他学科教师发展的文献。Cross & Hong（2012）对两名小学教师的情感状况进行了历时三年的个案研究，这两名教师任教于美国中西部社会经济状况相对落后一区域的一所小学，学生主要为非裔美国人。研究以 Bronfenbrenner 的生态系统为框架，将教师与学生、家长、同事以及校长的互动关系界定为微系统，学生与家长之间、同事与校长之间的互动关系视作中间系统，资源匮乏、高文盲率和失业率的区域境况视作外系统，而历史文化背景、政策变化、贫穷与高失业率等大背景因素构成大系统。通过访谈、课堂观察、电子邮件通信以及研究者备忘录等方法，收集质性数据。研究发现，在微系统中，这两名教师与学生建立良好关系，从学生的背景出发，理解学生的问题行为，关注他们的需求；面对家长打扰课堂、不支持孩子学习的情况，他们寻求与家长的积极互动；面对其他同事对教学的漠视，她们结成团队，互相帮助，并寻求校长的帮助。研究者从历史角度分析，奴隶制历史残留的烙印之一就是白人政策制定者无视这些社区居民的生活状况。研究发现，尽管任教的社区环境不理想，这两名教师并未沉浸在不快的情感，而是将注意力放在追求良好教学成果上，说明了教学应对策略与教师心理尤其是教学信念和职业身份认同有密切关系。

生态学理论也受到国内外语教师教育研究的重视，但是目前很多文献着眼于理论研究，重要的实证成果不多。戴炜栋、王雪梅（2011）提出在信息化环境下，外语教师的专业发展应该包含信息与通信技术素养、网络教育叙事研究能力、网络元评价能力，并且参照 Bronfenbrenner 的生态系统框架，提出了外语教师专业发展的网络生态环境系统，为研究外语教师专业发展作出了理论探讨。周颖（2012）认为网络教育生态系统的三个基本要素是教师、技术与学生，其研究旨在了解网络教育生态系统中英语教师的生态位。教师生态位指"教师在网络教育生态系统中所处的'态'（地位）与'势'（作用）的综合，即英语教师在网络教育生态系统中的地位和作用"（周颖，2012：21）。周颖以北京一所网络教育学院 206 名在读学生为调查对象，通过问卷调查、访谈、师生之间的 MSN 语聊，发现在网络教育生态系统中，英语教师拥有不可或缺的地位，承担着师友、朋友、导师及专家的角色，发挥学业指导和心理疏导的作用。

11.4 运用该理论需注意的问题

生态学视角对外语教师教育研究具有高屋建瓴的理论意义，在实际研究中，需要注意以下四个问题。

首先，以整体观规划研究设计。生态学理论强调个体与环境的互联性、互依性、互动性（Kramsch & Steffensen, 2008），生态系统中各个因子交互作用，影响生物体的发展，整体作用大于部分之和。更重要的是，在揭示环境对个体影响的同时，不能忽略个体对环境的反作用。教师作为发展中的个体，是外语教学生态系统的一个因子，必然与其他生态因子相互影响，共同改变着生态系统。例如，研究外语教师信念，可以探索课堂、教师共同体、学校政策、社会文化价值等各种环境因素的影响，也应该同时探查教师信念如何影响教学设计、课堂管理、教师共同体的观念，甚至学校政策等，从而立体呈现生态系统中教师作为"全人"、"社会化的人"的个体能动作用，以全面呈现教师发展的生态总貌。

其次，不仅仅关注环境中的个体，也要研究发展中的个体。Bronfenbrenner 的生态系统理论原本旨在批判传统心理学的二元论，却造成了此后研究者对环境的空前重视，而忽略了个体的发展，从过去研究"没有情景的发展"，变成了现在研究"没有发展的情景"（Bronfenbrenner & Morris，2006：795）。因此，研究者应当采用历时研究方法，拉长时间跨度，研究教师在与生态系统积极互动中的成长轨迹。例如，Xu（2012）研究了四名教师从大学第四年的实习阶段到从教的前三年这一时间跨度中教师身份认同的转变，分析了这些教师的两类认同（想象认同和实践认同）以及对应的社会认知形态（社会认知的四种形态：基于规则、基于暗示、基于榜样、基于图式），研究设计体现了生态学理论所提倡的历时性。可见，要深入研究教师发展，可以对教师入职前、入职的起始阶段、初步成熟阶段甚至成熟阶段进行跟踪研究，以获得更有价值的成果。

第三，生态学理论本身并不预设研究方法，应当根据研究内容、研究问题、研究对象、数据来源等因素选择合理的方法，不必拘泥于定量或质性方法之争。生态语言学的学者倡导以整体观研究语言和语言使用的环境因素，关注多样性，揭示特殊性而不是普遍性，因此建议使用质性、历时数据（Kramsch & Steffensen，2008：18）。吴宗杰（2008）提出教师发展研究应该摒弃自然科学通用的实证主义方法，转向以下的研究范式：关于教师生活的叙述研究、关于教师发展环境的话语研究、关于教师知识的现象学与民族志研究、探索型实践与行动研究。这些范式与社会文化理论、语言生态学理论相一致。

　　以 Bronfenbrenner 为代表的心理学家则强调在研究设计上考虑过程、个体、情景和时间要素，而不否定定量方法。在 Bronfenbrenner 很多著作中，关于案例的研究大多使用定量方法。如 Drillien（1957，引自 Bronfenbrenner & Morris，2006）在为期七年的关于儿童心理发展的研究中，在婴孩 2 岁、3 岁、4 岁时分别测量了母婴互动过程、社会阶层以及婴儿的行为问题，以检验这些因素以及婴儿出生体重对儿童行为的影响。母婴互动过程主要体现在母亲对婴儿行为或状态变化的反应，通过驻家观察和访谈来测量，社会阶层则根据父母收入、受教育程度以及社区的社会经济水平测量，行为问题则以过度活跃、过分依赖、胆怯、消极等行为特征出现的频率来测量。Bronfenbrenner & Morris（2006）通过图示呈现了 Drillien 的研究数据（见图 11.1），清楚展示了这些因素之间的关系，可见，定量方法也适用于生态理论视角的研究。

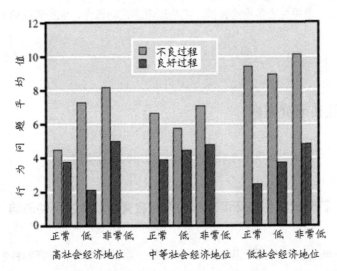

图 11.1 母亲反应、出生体重、社会阶层对婴孩问题行为的影响（译自 Bronfenbrenner & Morris, 2006: 800）

此外，近些年来社会科学领域兴起的混合方法也同样适用。Dörnyei（2007）主张采用实用主义的哲学观，将定量与质性的范式之争转向选择最适合研究问题的方法。因此，研究设计应当遵循生态学的理论主旨，根据研究问题确定方法。例如，如果将教师发展置于一系列嵌套的生态系统进行研究，课堂就可以是微系统。在这微系统中，可以采用心理测量，进行定量研究，检验教师信念、教师动机与教师自我效能感等心理因素变量之间的关系。如果要深入探讨教师的内心世界及与其他生态因子的互动关系，则可采用质性方法，获取更多细致、丰富的数据。

最后，生态学理论尤其是 Bronfenbrenner 的生态系统理论视域宏大，系统因素的关系复杂，研究者需要界定范围，明确说明研究什么和不研究什么。黄希庭（2007）认为这一理论的缺点在于，实证研究中无法对生态系统中无数高度复杂的交互作用关系进行观测。Tudge, Mokrova, Hatfield, & Karnik（2009）等在回顾 Bronfenbrenner 后来的生物生态理论在研究中的使用和误用时也指出，如果研究不是应用"最新版本"的理论或只研究部分概念，都必须作出明确说明。因此，采用生态学理论视域，应当厘清理论和概念，以免研究的效度受到质疑。

11.5 经典研究案例

以下介绍两个采用生态系统理论的教师研究设计案例。

11.5.1 教师教育生态环境对韩国教师教育者职业发展的影响

Hwang（2014）基于 Bronfenbrenner 的生态系统理论，研究各种生态系统因素对韩国教师教育者职业发展的影响。她依照从微系统到大系统的层次，分析了教师教育课程、学校环境、政策和社会环境以及国际环境对教师教育者职业发展的影响。

Hwang（2014）的研究使用了混合方法，研究问题是"教师教育的生态环境如何影响着韩国教师教育者尤其是小学教师教育者关于自身职业发展的忧虑和需求？"。Hwang 在开始时拟使用定量方法，却发现根据研究问题，难以确定待测变量。于是采用了两阶段探索性序贯设计（two-phase, exploratory sequential design）：在第一阶段，对 21 名教师教育者分别进行访谈，每次访谈约 1 个小时，访谈内容包括他们的背景信息、对职业发展的忧虑、职业发展机会以及环境影响等。在第二阶段，Hwang 根据质性结果设计调查问卷，问卷内容包括教师教育者的背景信息，参加会议、研讨会和工作坊的情况，个人忧虑和需求，职业发展方式，与学生和同事的关系，学校、政治社会和全球环境因素等，并将问卷以电子邮件方式发给国内 13 所小学教师教育机构的所有在编教师，共发出 823 份问卷，回收 164 份，然后对问卷数据进行频数分析。

Hwang 发现参加研究者最大的忧虑包括学术研究压力、缺乏研究助手、缺乏好的科研环境及时间等，这些忧虑既与学校环境密切相关，也受政策和社会环境（如全国教师从业考试对教学的影响，同僚、学生、学生家长、校长参与教师评价所带来的压力等）以及国际环境的影响（如英语的重要性、基于业绩的薪酬激励机制的实施等）。Hwang 的研究通过混合方法，细致分析了从微观到宏观因素对教师教育者职业发展的影响。

11.5.2 教师专业成长的学校生态环境

国内的教师研究中，宋改敏（2011）较为详尽地应用了 Bronfenbrenner 的人类发展生态学理论。该研究采用质性方法，以参与由北京市 S 小学发起的"学习和发展共同体项目"（Learning and Development Community，LDC）的四所学校的教师和教辅人员为研究对象，研究教师专业成长的生态环境。研究基于 Bronfenbrenner 的生态系统，确立教师发展的学习生态圈：小系统（即微系统）指"教师作为发展的人所处的环境"；中间系统包括 LDC 环境，教师和领导、教师和教师、学生和教师、家长和教师之间的关系，以及校长的环境；外系统由来自加拿大、澳大利亚以及国内专家所组成的专家研究团队以及 LDC 其他教师构成；大系统则指"由国家教育政策、社会习俗和价值观所形成的信念或意识系统构成的环境"。研究问题如下：

(1) 在大系统中，社会意义和信念系统是怎样影响教师专业成长的？

(2) 在外系统中，专家团体是怎样影响教师专业成长的？

(3) 在中间系统中，学校组织和LDC是怎样嵌套成一体的？教师在LDC中是怎样成长的？校长、学生、家长等是怎样影响教师专业成长的？

(4) 在小系统中，通过对教师在职业认识、情感和行为中所思所行的描述，教师的专业成长是怎样的？

(宋改敏，2011：30)

研究者主要采用实地访谈法、小组座谈法、观察法、文献法等方法，兼用随机谈话、偶然观察等非正式的资料收集方法。在资料分析过程中，采用扎根理论（grounded theory）的原理，不预设任何观点，使用类属分析和情景分析互相结合的方法，类属分析指"对资料进行归类，形成叙事和分析的主题，之后对相关的故事进行情景分析"（宋改敏，2011：28）。在汇报结果时，作者从外往内如剥洋葱般层层剖析各个生态系统的要素，采用叙事的视角，对教师的专业成长和各系统环境之间的关系进行深描。

该研究的主要发现包括：（1）在大系统层面，世界范围内对教师教育理念的关注、国内新课改的理念、教师对自身专业化发展的需求以及"民主、开放、合作的当代社会意识"（宋改敏，2011：40）构成了教师专业发展的大系统。大系统对教师专业成长起着外力推动作用。（2）外系统有着丰富的专家资源和专业优势，为教师专业发展提供了平台，其中，专家团队对教师的教学观念和教学行为起到很大的影响作用，激发教师成为研究者。（3）中间系统是教师成长的关系系统，LDC作为教师学习和发展共同体，以促进教师研究为宗旨，为教师创设了如"家"般的专业生存和发展的环境，促进教师交流，实现着"教师相互'偷窃知识'和教师知识管理的共同体职能"（宋改敏，2011：75）。同时，领导、学生、家长和教师之间形成的合作文化氛围对教师专业成长产生重要影响。（4）小系统最接近心理学意义，这一系统中教师的职业认同、幸福感以及教研能力得到了深入刻画。研究发现，教师在参与LDC的行动研究中，随着幸福感的体验和教研能力的提高，其职业认同发生了根本变化，实现了教师由"教书匠"到"研究者"的生态位转变。

宋改敏的研究较系统地应用了 Bronfenbrenner 的生态系统理论，将影响教师专业成长的社会大环境、意识形态以及教师的个体心理历程纳入有机的生态系统，以叙事的笔触描画出教师鲜活的专业成长轨迹。诚然，如果以上研究能同时描述教师对生态环境的影响作用，则更切合生态学的理论主张。

11.6 研究资源

11.6.1 推荐书目

Bronfenbrenner, U. (2005). *Making human beings human: Bioecological perspectives on human development*. Thousand Oaks: Sage.

Fill, A., & Mühlhäusler, P. (Eds.). *The ecolinguistics reader: Language, ecology and environment*. London: Continuum.

van Lier, L. (2004). *The ecology and semiotics of language learning: A sociocultural perspective*. Boston: Kluwer Academic.

11.6.2 重要期刊

Language Teaching Research

Manitoba Education Research Network (MERN) *Monograph Series*

TESOL Quarterly

Teaching and Teacher Education

11.6.3 推荐文章

Rosa, E. M., & Tudge, J. R. H. (2013). Urie Bronfenbrenner's theory of human development: Its evolution from ecology to bioecology. *Journal of Family Theory and Review, 5* (6), 243-258.

Tudge, J. R. H. (2013). Urie Bronfenbrenner. In H. Montgomery (Ed.), *Oxford bibliographies on line: Childhood studies*. New York: Oxford University Press.

11.6.4 网站

Bronfenbrenner's Ecological Systems Theory of Development：http://education-portal.com/academy/lesson/bronfenbrenners-ecological-systems-theory-of-development-definition-examples.html#lesson

英国文化教育协会英语教学网：http://www.teachingenglish.org.uk/publications

参考文献

Brannan, D., & Bleistein, T. (2012). Novice ESOL teachers' perceptions of social support networks. *TESOL Quarterly, 46* (3), 519-541.

Bronfenbrenner, U. (1979). *The ecology of human development*. Cambridge: Harvard University Press.

Bronfenbrenner, U. (1993). The ecology of cognitive development: Research models and fugitive findings. In R. H. Wozniak, & K. W. Fischer (Eds.), *Development in context: Acting and thinking in specific environments* (pp. 3-44). Hillsdale: Lawrence Erlbaum Associates.

Bronfenbrenner, U. (1995). The bioecological model from a life course perspective: Reflections of a participant observer. In P. Moen, G. H. J. Elder, & K. Lüscher (Eds.), *Examining lives in context: Perspectives on the ecology of human development* (pp. 599-618). Washington, DC: American Psychological Association.

Bronfenbrenner, U. (2005). *Making human beings human: Bioecological perspectives on human development*. Thousand Oaks: Sage.

Bronfenbrenner, U., & Morris, P. A. (2006). The bioecological model of human development. In W. Damon & R. M. Lerner (Eds.), *Handbook of child psychology, Vol. 1: Theoretical models of human development* (6th ed.) (pp. 793-828). New York: Wiley.

Childs, S. S. (2011). "Seeing" L2 teacher learning: The power of context on conceptualizing teaching. In K. E. Johnson, & P. R. Golombek (Eds.), *Research on second language teacher education: A sociocultural perspective on professional development* (pp. 67-85). New York: Routledge.

Cross, D. I., & Hong, J. Y. (2012). An ecological examination of teachers' emotions in the school context. *Teaching and Teacher Education, 28*, 957-967.

Dörnyei, Z. (2007). *Research methods in applied linguistics: Quantitative, qualitative, and mixed methodologies.* Oxford: Oxford University Press.

Gao, X., & Xu, H. (2014). The dilemma of being English language teachers: Interpreting teachers' motivation to teach, and professional commitment in China's hinterland regions. *Language Teaching Research, 18* (2), 152-168.

Haugen, E. (2001). The ecology of language. In A. Fill, & P. Mühlhäusler (Eds.), *The ecolinguistics reader: Language, ecology and environment* (pp. 57-66). London: Continuum.

Hwang, H. (2014). The influence of the ecological contexts of teacher education on South Korean teacher educators' professional development. *Teaching and Teacher Education, 43*, 1-14.

Johnson, K. E. (2006). The sociocultural turn and its challenges for second language teacher education. *TESOL Quarterly, 40* (1), 235-257.

Kramsch, C. (2002). Introduction: "How can we tell the dancer from the dance?". In C. Kramsch (Ed.), *Language acquisition and language socialization: Ecological perspectives* (pp. 1-30). London: Continuum.

Kramsch, C., & Steffensen, S. V. (2008). Ecological perspectives on second language acquisition and socialization. In P. A. Duff & N. H. Hornberger (Eds.), *Encyclopedia of language and education* (2nd ed., Vol. 8) (pp. 17-28). Boston: Springer.

Leather, J., & van Dam, J. (2003). Towards an ecology of language acquisition. In J. Leather, & J. van Dam (Eds.), *Ecology of language acquisition* (pp. 1-29). Dordrecht: Kluwer Academic.

Tudge, J. R. H., Mokrova, I., Hatfield, B. E., & Karnik, R. B. (2009). Uses and Misuses of Bronfenbrenner's bioecological theory of human development. *Journal of Family Theory and Review, 1* (4), 198-210.

Tudor, I. (2001). *The dynamics of the language classroom.* Cambridge: Cambridge University Press.

Tudor, I. (2003). Learning to live with complexity: Towards an ecological perspective on language teaching. *System, 31* (1), 1-12.

van Lier, L. (2002). An ecological-semiotic perspective on language and linguistics. In C. Kramsch (Ed.), *Language acquisition and language socialization: Ecological perspectives* (pp. 140-164). London: Continuum.

van Lier, L. (2004). *The ecology and semiotics of language learning*: *A sociocultural perspective*. Boston: Kluwer Academic.

Xu, H. (2012). Imagined community falling apart: A case study on the transformation of professional identities of novice ESOL teachers in China. *TESOL Quarterly, 46* (3), 568-578.

Zhang, F., & Liu, Y. (2014). A study of secondary school English teachers' beliefs in the context of curriculum reform in China. *Language Teaching Research, 18* (2), 187-204.

戴炜栋、王雪梅，2011，信息化环境中外语教师专业发展的内涵与路径研究，《外语电化教学》(6)，8-13.

范俊军，2005，生态语言学研究述评，《外语教学与研究》(2)，110-115。

黄希庭，2007，《心理学导论》(第二版)。北京：人民教育出版社。

宋改敏，2011，《教师专业成长的学校生态环境》。重庆：重庆大学出版社。

宋改敏、陈向明，2009，教师专业成长研究的生态学转向，《现代教育管理》(7)，49-52。

吴宗杰，2008，外语教师发展的研究范式，《外语教学理论与实践》(3)，55-60/31。

周颖，2012，网络教育生态系统中的英语教师生态位探究，《外语电化教学》(144)，20-25。

朱旭东，2011，《教师专业发展理论研究》。北京：北京师范大学出版社。

朱伟、王跃平，2012，生态取向的教师专业发展的四种路径，《教育理论与实践》(20)，24-27。